中国数字赋能营商环境
创新改革实践报告
（2022）

中国信息协会营商环境专业委员会

—— 编著 ——

辽宁人民出版社

图书在版编目（CIP）数据

中国数字赋能营商环境创新改革实践报告.2022 /
中国信息协会营商环境专业委员会编著.—沈阳：辽宁
人民出版社，2023.1
ISBN 978-7-205-10715-4

Ⅰ.①中… Ⅱ.①中… Ⅲ.①数字技术—应用—投资
环境—建设—研究报告—中国—2022 Ⅳ.①F832.48-39

中国国家版本馆 CIP 数据核字（2023）第 013635 号

出版发行：辽宁人民出版社
　　　　　地址：沈阳市和平区十一纬路 25 号　邮编：110003
　　　　　电话：024-23284321（邮　购）　024-23284324（发行部）
　　　　　传真：024-23284191（发行部）　024-23284304（办公室）
　　　　　http://www.lnpph.com.cn
印　　　刷：辽宁新华印务有限公司
幅面尺寸：170mm×240mm
印　　张：18.5
字　　数：330千字
出版时间：2023 年 1 月第 1 版
印刷时间：2023 年 1 月第 1 次印刷
责任编辑：郭　健　张婷婷　何雪晴
装帧设计：留白文化
责任校对：吴艳杰
书　　号：ISBN 978-7-205-10715-4
定　　价：92.00元

作者地址：北京市西城区广安门内大街 315 号信息大厦
电　　话：010-63691827

编 委 会

主 任

斯 兰

副主任

刘 波 张泽龙

委 员

杨明宇 蔡国勇 王皓熠 叶仕春 薛 方

兰 云 刘琳娜 张 素 宗迎新

序　言

人类历史上每一次科技革命，都由一项重大的通用目的技术（General Purpose Technology）引领，就像蒸汽机之于第一次工业革命，电力之于第二次工业革命，计算机之于信息时代。进入21世纪以来，数字科技正在以波澜壮阔的迅猛态势影响到经济社会的每个方面。数字时代将是农业时代、工业时代、信息时代之后的第四次浪潮。数字经济成为继农业经济、工业经济之后新的经济形态，正深刻改变着人类生产生活方式。历史证明，每一次工业革命都使经济与科技融合程度不断加深，助推经济培育新优势、发挥新作用、实现新跨越。可以说，世界处于现代信息技术引领的公平、普惠、共享经济时代。在此背景下的经济活动，是以使用数字化的知识和信息作为关键生产要素、以现代信息网络作为重要载体、以信息通信技术的有效使用作为效率提升和经济结构优化的重要推动力的一系列行为。互联网信息时代的到来，也使得大数据、云计算、人工智能、区块链等日益渗透到经济社会运转的方方面面，数字技术日益融入政府治理方式和体系中。现代信息技术革命及其在政府治理过程中的应用使得政府运转效能越来越离不开技术的强有力支持。强化数字化和信息技术在政府管理服务中的应用，加强数字政府建设，是创新政府治理理念和方式、形成数字治理新格局、推进国家治理体系和治理能力现代化的重要举措。

《中华人民共和国国民经济和社会发展第十四个五年规划和2035年远景目标纲要》提出，迎接数字时代，激活数据要素潜能，推进网络强国建设，加快建设数字经济、数字社会、数字政府，以数字化转型整体驱动生产方式、生活方式和治理方式变革。"十四五"规划纲要擘画的新篇章，为中国数字经济发展描绘了美好蓝图、明确了发展方向。党的二十大报告强调，加快建设数字中国，加快发展数字经济，促进数字经济和实体经济深度融合，打造具有国际竞争力的数字产业集群。从我国实践看，当前数字经济蓬勃发展，不仅成为经济的重要组成部分，也深刻改变了传统产业模式，数字经济成为经济增长的重要引擎。数字经济发展既对营商环境建设提出诸多新的要求，同时，数字技术本身也对优化营商环境提供了重要支撑，数字化融入治理体系，大幅提升了服务管理的效率和水平。数字经济和技术发展与优化营商环境相互促进。宏观层面，数字经济要求在传统要素之外投入更多新要素，如网络基础能力、数据中心建设和算力协同、数字化人才等。中观层面，数字经济发展推动新技术新业务新模式涌现，政府面临的市场监管新议题不断出现，如新业务市场准入、平台经济监管、数据要素治理等，要求政府调整原有治理规则，重新确立新的监管政策和制度。微观层面，相比传统企业，数字企业的生命周期和经营成本发生一定变化，如对于线上中小微商家来说，一方面在不需要获得场地的情况下即可开店经营，但同时也面临平台进入门槛、经营方式变化等新情况。

党的十八大以来，以习近平同志为核心的党中央高度重视营商环境建设，全面推进"放管服"改革，营商环境受到社会各界的广泛关注，优化营商环境工作日益成为一项基础性、长期性、系统性战略工程。我国营商环境持续优化，营商环境国际排名大幅提升。根据世界银行此前对全球经济体营商环境的评价，我国自2013年至2020年，营商环境全球排名从第96位跃升至第31位。2019年，我国正式出台《优化营商环境条例》，标志着我国市场化、法治化、国际化的营商环境建设进入了新阶段。党的二十大再次对优化营商环境作出重要部署，要求完善产权保护、市场准入、公平竞争、社会信用等市场经济基础制度，优化营商环境；营造市场化、法治化、国际化一流营商环境。正如习近平总书记所指出的，"营商环境只有更好，没有最好"。优化营商环境，永远在路上。当前，在数字化发展的大背景下，主要国际组织相继提出数字营商环境优化倡议。世界银行在2017年推出"数字营商指标"，之后又将网络接入、数字服务等数字化因素纳入。世界经济论坛2018年对42个国家和地区的数字营商环境进行排名。2022年12月19日，世界银行发布的新的营商环境评估体系Business Enabling Environment Concept Note（BEE概念书）进一步将"数字技术"（Digital Technology）作为一项跨领域的指标，融入贯穿到新的营商环境评价体系的各个细分主题之中。如何更好地在数字化经济浪潮下，持续促进营商环境优化，实现数字化与营商环境的互促共进，打造符合中国国情的一流营商环境，是我们需要回答的重大命题。

当前，"数字化"和"营商环境"已成为促进经济效率提升、推动高质量发展的两个重要基础性支撑。顺应数字产业化、产业数字化发展趋势，充分发挥好"有效市场"和"有为政府"的积极作用，离不开"数字技术"的赋能，也离不开"营商环境"这一重要制度建设的有效保障。构建适应数字经济发展的营商环境体系，积极探索以数字化促进营商环境建设的可行路径，日益重要且紧迫。在2020和2021年亚太经合组织会议上，习近平总书记多次提及数字化和优化营商环境，并倡导优化数字营商环境，激发市场主体活力，释放数字经济潜力，为亚太经济复苏注入新动力。这为我国开展相关工作提出明确方向。2022年国务院颁布的《"十四五"数字经济发展规划》进一步明确了相关要求。

《中国数字赋能营商环境创新改革实践报告（2022）》立足于营商环境基本内涵与外延，借助于中国各地区富有创新性的实践案例，从数字赋能角度研究了中国特色营商环境建设有关问题，是一次理论与实践相结合的大胆探索，书中对数字化与营商环境的关系及其对营商环境建设的作用进行了阐述，总结了各地以数字化为重要手段提升营商环境的有益探索，对有关方面开展数字化营商环境研究和实践工作具有很好的参考借鉴作用。当然，目前对于数字营商环境还没有形成统一的认识，一些基本概念和理论还有待进一步厘清和深化，需要各界广泛讨论和研究予以丰富完善。深入学习贯彻党的二十大精神，促进数字赋能营商环境改革，是在危机中育新机、于变局中开新局的重要探索，是深化供给侧结构性改革、推动高质量发展的重要方式，是中国式现代化进程中的生动实践。当前，世界百年未有之大变局加速演进，让我们共同见证数字革命下的社会主义市场经济体制伟大变革，见证促进经济行稳致远、健康发展的数字营商力量。

国家发展和改革委员会营商环境发展促进中心主任 ｜ 吴小雁

前　言

　　擘画新篇章，为中国数字经济发展描绘了美好蓝图。党的二十大报告提出要建设"网络强国、数字中国"。数字中国是数字时代国家信息化发展的新战略，是驱动引领经济高质量发展的新动力，涵盖经济、政治、文化、社会、生态等各领域信息化建设，涉及千行百业，主要包括"互联网＋"、大数据、云计算、数字经济、电子政务等内容。

　　世界范围对当前时代的确定性描述为："现代信息技术引领的公平、普惠、共享经济时代"。在此背景下的经济活动，是以使用数字化的知识和信息作为关键生产要素、以现代信息网络作为重要载体、以信息通信技术的有效使用作为效率提升和经济结构优化的重要推动力的一系列行为。

　　中国经济进入新常态阶段后，在中央的统筹部署下，通过全面深化改革，推进"放管服"改革和优化营商环境，深化中国特色社会主义市场经济体制改革。党的十八届三中全会通过的《中共中央关于全面深化改革若干重大问题的决定》首次提出："建设法治化营商环境"。此后，"营商环境"一词屡次出现在各级各类党政文件中。2019年，《优化营商环境条例》出台，标志着中国营商环境进入法治化阶段。党的二十大报告对营商环境建设明确提出两大要求：一是完善产权保护、市场准入、公平竞争、社会信用等市场经济基础制度，优化营商环境；二是合理缩减外资准入负面清单，依法保护外商投资权益，营造市场化、法治化、国际化一流营商环境。中央经济工作会议强调，要"恪守契约精神，营造市场化、法治化、国际化一流营商环境。"互联网信息时代的到来，也使得大数据、云计算、人工智能、区块链开始成为社会运转的基本方式，国家治理方式实现了从总体支配治理向技术治理的转变。现代信息技术革命及其在政府治理过程中的应用使得政府运作效能越来越依赖于技术的支撑。

在这一背景下，主要国际组织相继提出数字营商环境优化倡议。世界银行在 2017 年推出"数字营商指标"，2022 年将网络接入、数字服务纳入其新的宜商环境 Business Enabling Environment(BEE) 指标体系。世界经济论坛 2018 年发文对 42 个国家和地区数字营商环境进行排名。构建适应数字经济的营商环境体系已经迫在眉睫。从我国实践看，数字经济的蓬勃发展改变了传统产业模式，对营商环境提出诸多新的要求。

在 2020 年和 2021 年的亚太经合组织会议上，习近平总书记两次提及优化数字营商环境，为我国开展相关工作提出明确指引，《"十四五"数字经济发展规划》也进一步部署了相关要求。但目前各方关于数字营商环境的认识还比较模糊，尚未明确关键抓手，亟待加强研究，形成体系化认识。这既是我们构建自主知识体系的机遇，同样也是挑战。但无论如何，我们将见证一场伟大数字革命下的社会主义市场经济体制变迁，坚持新发展理念，加速数字技术赋能营商环境改革，不断深化供给侧结构性改革，推动经济转型升级，奋力谱写新时代经济社会高质量发展的新篇章。

目　录

理论篇

数字赋能营商环境
理论研究

Theory

第一章 绪论

按照比较公认的定义，营商环境是指企业等市场主体在设立、经营、退出整个生命周期内，在市场主体控制之外的一系列因素或条件。营商环境是市场主体生存发展的土壤，是一个国家或地区经济软实力和竞争力的重要体现，同时也是对一国市场经济运行情况的直接反映。"好的营商环境就是生产力、竞争力"，优化营商环境就是解放生产力、提升竞争力的过程。通过数字技术创新，推动人工智能、区块链、云计算、大数据、物联网、移动互联网等数字技术与优化营商环境深度融合，可以进一步催生出新技术、新产品、新产业、新模式、新业态，提升营商环境改革效能。对于今天优化营商环境来说，数字技术是赋能的核心之一。要高度重视以数字赋能营商环境治理体系变革，构建科学、高效的数字营商环境发展生态。

第一节 研究背景与研究目的

一、研究背景

数字技术正在席卷全球，在世界范围内快速滋长蔓延，成为全球经济发展的新引擎。人类经历了马力时代、电力时代，已进入算力时代。算法、算力和算料（数据）成为数字时代最基本生产基石，算料（数据）是新的生产资料，算力是新的生产力。我们所处年代，在过去的"离线的世界"外又催生了一个"在线的世界"，数字世界与物理世界将共存、融合。我们生活方式产生巨大改变，传统组织形态也将被重构，传统中心化组织结构渐渐落伍，开始向分布式、扁平化方向发展。当前数字技术在社会上的纵向应用主要包括 5 个方面，即生产方式数字化、生活方式数字化、工作方式数字化、社会治理数字化以及基础设施数字化[①]。同时，数字经济的线上化、智能化和云化平台应用范围不断扩大，支撑起经济社会的全面发展。随着数字技术的发展，数字技术与人类生存发展深度融合、休戚相关，对社会生活场景全方位渗透。

数字技术不仅成为重塑经济形态的关键手段，同时也成为影响世界各国营商环境的主要因素。例如，根据世界银行监测，2014 年以来全球营商环境改善幅度最大的主要集中在新兴经济体，排在前几名的分别是印度、中国、俄罗斯、印度尼西亚、泰国、法国、巴西。美国、日本、英国、德国等发达经济体改善幅度小，部分国家甚至出现排名下降的情况。随着数字经济的发展，传统构建在工业经济上的营商环境排名已经不能完全反映各国经济竞争情况。例如，瑞士近年来在世行营商环境评价中的排名持续下降，但其数字基础、数字媒体平台等发展遥遥领先，有力支撑了其数字经济发展。而马来西亚作为新兴经济体代表，近年来积极开展商业变革，在世行营商环境评价中的排名大幅提升至全球第 15 名，但其跨境效率、数字市场准入便利度远低于其他国家，网络覆盖率低，发展数字经济还有较多劣势。

2008 年国际金融危机以来，中国经济增速持续放缓，人口红利逐渐消

---

① 李拯：《数字经济浪潮：未来的新趋势与可能性》，人民出版社 2020 年版，第 78 页。

失，资源环境约束不断增加，依靠要素投入（土地、劳动力、资本等）拉动经济增长的传统动力趋于减弱。加快科技创新、优化要素市场化配置是转变增长动力、实现经济高质量发展的重中之重，其衡量指标是全要素生产率（TFP）[1]。在此背景下，中国通过全面深化改革，推进"放管服"改革和优化营商环境，最大限度减少政府对市场资源的直接配置和市场活动的直接干预，加强公正监管，提高政府服务的能力和水平。2019年10月，党的十九届四中全会指出，"深化行政审批制度改革，改善营商环境，激发各类市场主体活力"。以世界银行营商环境指标体系为抓手，创新中国优化营商环境思路。总体来说，优化营商环境与政府干预市场活动的方式密切相关，是一个逐步降低政企间制度性交易成本，使得市场主体更多地从事生产活动，从而提高社会整体福利的系统过程。推进优化营商环境本质上是一个以政府（部门）为责任主体的公共治理活动，是推进政府经济职能履行方式转变和持续提升其实施效能的过程。按照国际惯例，各国普遍将营商环境优化的目标定位为"构建充满活力、富有效率、更加开放的法治化、国际化、便利化营商环境"。其中，便利化目标的实现意味着尊重市场主体地位，优化企业从创立到壮大的全流程服务体系，为企业的开办和成长提供政策、信息、法律、人才、场地等全方位服务，密切跟踪新生市场主体经营发展情况，促进新生市场主体活跃度提升。其现实落脚点在于实现审批事项最少、办事效率最高、投资环境最优、市场主体获得感最强的政府承诺。根据2019年10月世界银行发布的《2020年全球营商环境报告》，我国营商环境总体评价在全球190个经济体中位居第31位，提升了15位，并且连续两年入列全球优化营商环境改善幅度最大的十大经济体。

---

[1] 于洪君：《理解"百年未有之大变局"》，人民出版社2020年版，第142页。

但也要看到，由于世界银行营商环境报告考察范围有限、标准化案例场景设计、忽视非正规市场主体等局限，对标发达市场经济国家营商环境建设水平，我国营商环境改革中依然存在尚待破解的问题：政企间一些隐形制度性交易成本依然居高不下；营商环境建设质量区域差异明显，西部地区营商环境建设明显动力不足；营商环境改革探索和制度化体系建设之间尚未形成完整链接关系；营商环境建设评价指标体系还不够完整[①]。李克强总理在国务院常务会议上多次提出进一步提升营商环境建设质量，包括企业开办时间、项目审批时间、政务服务一网通办、企业和群众办事最多跑一次和继续深化商事制度改革等任务。"营商环境只有更好，没有最好。"新时代优化营商环境必须聚焦创新政府—市场互动关系，以满足市场主体获得感为旨归。当下，政府及职能部门同市场主体之间的交往关系是典型的"一对多"模式，特别是随着放松事前许可事项改革以来，国内市场主体登记注册数量持续攀升，如何拉近政企之间的空间距离，为不同市场主体提供精准化政务服务，成为新时代服务型政府建设的重要关注点。反观国内现实，在大力推进优化营商环境的过程中，一些政府机构和职能部门作为营商环境建设的责任主体，未能及时有效履行相应的职责义务，政府"不作为""慢作为""乱作为"现象并存，部分地区营商环境建设效果尚有较大提升空间，需要以数字技术赋能为手段，进一步深入推动营商环境建设。

目前，我国已具备建设数字营商环境的基本条件。在整个"十三五"时期，我国深入实施数字经济发展战略，数字基础设施不断完善，新业态新模式不断涌现，数字产业化和产业数字化取得积极成效。在构建和优化数字营商环境的同时，要高度重视信息安全和数据产权问题。现代信息技

[①] 陈宇学、许正中：《创新驱动发展经济学研究》，人民出版社 2022 年版，第 95 页。

术和大数据的广泛运用，一方面可以为社会公众和各类市场主体提供便捷精准的服务，另一方面也可以使办事审批过程更加公开透明，提升政务服务绩效评估考核的标准化程度和可持续性，有利于建立政务服务和营商环境评价的全社会多元参与机制。以数字赋能营商环境优化，已不仅仅是营商环境本身变革的需求[①]。同样的，也正成为深化国家治理体系与治理能力现代化的抓手，对于中国社会主义经济体制转型升级具有重要意义。

二、研究目的

将数字技术引入营商环境治理，根本原因在于现代技术之于经济体制的塑造作用。经济因技术而造就一种新的生态，经济脱胎于它依赖的技术当中，不但随着技术的变化而重新适应，还随着技术的变化而继续重构经济，经济的形式、形态、结构和特征随技术变化而不断变化。具体而言，本书的研究目的在于回答三个方面的问题：

第一，数字赋能营商环境对新经济增长点有哪些促进作用。数字技术的加持，使消费模式发生了一些变化。比如，疫情期间，公共卫生医疗服务受到较大限制，患者难以像以往一样安全地前往医院获得医疗服务，面对广大患者的医疗服务需求，5G 技术可以高速和低延迟地传输数字信息和文字信息，实现患者和医生的实时线上互动，让患者足不出户就得到专家医师的诊断[②]。在此背景下，数字技术不仅作为一种信息技术在发挥作用，更为重要的是正转化为新的消费业态，与国内需求相结合。那么，应该如何理解数字技术在优化营商环境中的定位，并以此为基础推动新型消费形态的产生？此外，数字化生产可以实现产业链、消费链、供应链的智

---

① 戴翔、杨双至：《数字赋能、数字投入来源与制造业绿色化转型》，《中国工业经济》2022 年第 9 期，第 83 页。

② 贺立龙、张馨月：《数字经济发展与城市制造业技术升级：影响机理与经验证据》，《当代经济研究》2022 年第 7 期，第 102 页。

能对接，促进供需两端的精准匹配。比如，在数字化车间生产过程中，智能监测系统可实现对生产现场数据的实时监测记录与传输，对生产设备的关键数据进行分析，进而提高生产效率。同时，可以远程监测设备的运行状况，对维修备件进行智能化调度。可以看到，数字技术并非仅是一种手段，在数字技术逐渐覆盖全社会的过程中，其自身也会发展成为新的经济增长点，这是否会冲击传统的经济业态，又如何处理好新旧经济业态间的关系？同样也是重要的研究问题。

第二，数字赋能优化营商环境的方式方法、作用渠道有哪些。互联网、大数据、区块链、人工智能的运用正在推动新的全国统一大市场形成。例如，淘宝、京东等根植于现代互联网技术的电子平台，正逐渐从单纯的电子平台，成长为生产、交易、流通等多领域集合的多边市场。生产者、消费者等群体在互联网平台集中，也促使资源、技术、人力、财产等要素汇聚，打破了原本区域化的资源配置方式。目前看来，数字化技术推动资源合理配置的趋势是显著的，但仍存在数据壁垒、条块矛盾等问题限制其作用的发挥。数字技术为生产方和消费方的精准对接提供条件，帮助产品供需双方的有序对接。比如，互联网购物平台可以根据用户的检索数据生成匹配其需求的产品清单，做到准确洞察，快速响应，在满足客户的个性化消费需求的同时，为商家提供精准营销的机会，实现生产与消费的良性互动，从而全面提高产业效率[①]。这种供需关系的精准匹配，需要更多的数据和技术支撑，如何打破其中限制，是接下来数字化建设要发展的重要内容。下一阶段，如何推动数字技术发展，打破体制、技术限制，推动全国范围资源要素自由流动，可能会是重要的研究问题。

第三，数字赋能营商环境会产生哪些影响。数字技术创新极大地拓展

---

① 曲永义：《数字创新的组织基础与中国异质性》，《管理世界》2022 年第 10 期，第 159 页。

了创新网络，重新定义了创新边界，技术创新由传统的线下实体空间活动为主、身份明确的创新人员为主，转变为线下和线上结合、实体和虚体结合、内部和外部结合。越来越多的企业通过建立开放式创新平台或上云上平台，获取、整合和共享创新资源，越来越多的创新个体、创新创业团队可以通过线上平台或虚拟网络空间进行研发合作与知识产权交易。支持个体或创新创业团队通过接入互联网开放创新平台开展创新或创业活动，成为重要的创新平台和载体。例如，我国一些大型家电企业，率先建立开放式创新平台，成效明显。有的企业通过互联网建立了创新生态，连接了全世界50万核心技术方和20万社群专家，极大地拓展了创新资源，促进了企业内部与外部创新渠道的整合，建立了企业开放创新生态体系。平台经济是近些年来最突出的新兴形态之一。数字平台的扁平化组织，能够有效降低交易成本，提高产业链分工协作能力，提升产出效率。国内快速兴起的一些电商批发平台，让用户能够便捷获取各类供应商信息，在筛选确定目标产品后，可通过互联网在线发送订单，供应商可第一时间通过平台获取订单，及时发货。但是，受领域业态差异影响，目前平台分工割裂，零工群体保障不足是重要的经济社会问题，这些数字赋能营商环境下的社会现象与问题，也是需要重点关注的问题。

在重点关注上述研究问题的基础上，本书希望做出如下突破：

第一，系统归纳总结作为政府治理途径的数字技术发展谱系。数字技术包含哪些类别？大数据、云计算、人工智能、区块链等概念分别是什么含义，体现何种关系？如何在变化的社会中思考信息、技术与治理的互嵌同构问题？当下，上述这些概念范畴存在多种解释，甚至混淆不清，导致研究对象不清，学术交流困难。本书除了对数字技术发展路径作一般考察之外，着重对技术嵌入政府治理过程，特别是推动我国营商环境向市场化、便利化和法治化方向发展过程中，数字技术如何成为有效切入点和着力点做详细阐述。突出现代政府作为技术装置的综合体特征，通过对政务大数据审批平台并联作业、区块链技术追踪企业办事记录、人工智能智慧市场监管等方面作用原理的分析，找到提升政府服务市场主体能力的"金钥匙"。

第二，认真思考如何进一步激活技术潜力，更好地回应各类市场主体需求。国内区域发展差异的背后是市场主体结构和诉求的多样性，这注定了数字技术应用的梯度空间格局。特别是大量个体工商户和小微企业占比较高、行业差异显著，要考虑对这些主体采取何种差异化的手段提供服务。当下的基础工作是实现数据的转换、数据源的统一、数据一致性的维护、异构环境下不同应用系统之间的数据传送，就是把不同来源、格式、特点性质的信息在逻辑上或物理上有机地集中，从而为市场主体提供全面的信息共享服务[①]。同时，对特殊行业企业，根据其经营情况、企业规模、违法违规事项采取针对性管理服务措施。诸如，在环保部门采取的污染源自动监控系统中，有的地方规定持排污许可证的企业必须安装在线运行监控系统，采用无线智能传控技术，通过通信传输网络实现远程数据发送，并做到与环保部门管理系统联网。

第三，丰富和拓宽营商环境优化的合作治理路径研究。数字技术的兴起使得政府与市场、政府与社会的关系发生了显而易见的变化。一些市场主体和社会组织依托新技术和人才优势，积极投身公共服务供给中来，有的企业或社会组织甚至能够承担起行业市场监管的职能，成为弥补政府力量不足的"有形之手"，助推多元治理主体合作局面的形成。从数据的开放到数据的开发、应用，从数据决策治国到规避和应对数据的挑战与风险都离不开政府、市场、社会等大数据利益相关主体间的合作。上述主体合作的动机、驱动因素、合作的路径等议题都需要做出进一步的研究。因

---

① 中国行政体制改革研究会：《数字政府建设》，人民出版社 2021 年版，第 90 页。

此，在未来的研究中，要从技术应用的生态系统角度出发，关注政府内外利益相关主体对技术应用的态度、行为、互动关系和激励机制。选择国内依靠数字技术驱动营商环境优化走在前列的地方开展实践调查，通过多案例比较研究，进一步总结和识别营商环境合作治理价值。

第四，深化优化营商环境的政府跨层级统筹建设与整体联动制度研究。在推进优化营商环境的过程中，各级政府及职能部门既是主要的责任主体，也是重要的改革对象。营商环境能否得到根本性的改善和优化，关键在于政府自身的改革是否全面、彻底及深入到位。当务之急，要研究建立从中央到地方统筹建设体制与省市县整体联动机制，协同推进政府信息化发展规划、制度安排、组织架构、标准规范、平台开发、财政保障。建议中央层面成立高规格的数字政府建设综合议事协调机构，有效协调中央网信办、国办电子政务办公室、工信部、发改委国家信息中心等部门，完善中央部委与地方大数据局的工作联系机制，促进各个部门参与整体协同的数字化转型[1]。推进全国信息基础设施一体化，加快"数、云、网、端"融合创新，建设综合性公共基础设施平台，以系统共享共用和专项资金支持的方式着力帮助中西部省市提速数字政府建设，不仅要打破数据壁垒，更要填补地区间信息发展鸿沟。

第二节 典型案例的界定与遴选

近年来，党中央、国务院高度重视数字赋能营商环境建设，在营商环

---

[1] 杨虎涛：《新发展格局构建与数字经济发展：内在逻辑与政策重点》，《学术月刊》2021年第12期，第62页。

境数字化建设方面取得明显成效，各地也涌现出一批数字营商环境建设的典型做法，为在全国推广提供了经验。我们选取了全国各地 26 个具有代表性的数字化营商环境创新案例，从政府创新改革视角，讨论数字技术对地方优化营商环境的影响（表 1-2-1）。

表1-2-1　数字赋能营商环境的典型案例

区域	典型案例
河北省	数字化服务提升工程建设领域营商环境
河北省保定市	"三维双驱""全链化"助企服务
湖北省	统一电子印章　创新政务服务模式
江西省新余市	创新"三个一"数据赋能营商环境
云南省玉溪市	实战型数字底座助力营商环境
甘肃省兰州市	"四化""两转型"　兰州实现"智慧交易"
北京市东城区	全流程"紫金服务"助企发展
河北省沧州渤海新区黄骅市	数据赋能产业营商环境
深圳市南山区	数据赋能助企纾困
河北省雄安新区	数字化服务打造一流营商环境
北京市大兴区	数字赋能产业服务，平台助力企业发展
甘肃省	"2+4 数字化诉讼服务"新模式
河北省邢台市威县	"三位一体"赋能数字化营商环境
广东省中山市	数据赋能　提升营商环境服务能力
浙江省	"浙里建"——浙江工程建设数字化协同治理体系
海南省	"海易兑"创新惠企政策兑现新模式
山东省济南市	"在线帮办"精准提升企业群众办事"两度"
天津市经济技术开发区	国家级经济技术开发区"跨省通办"模式
河北省衡水市	标准引领创新风险管理服务
四川省绵阳市	创新监管体系　打造"营商环境监测平台"

续表

区域	典型案例
浙江省衢州市	"企业管家"探索"五自"监管服务新模式
陕西省宝鸡市凤县	"项目审批管家"保姆式服务
中国信息协会营商环境专业委员会	从"营商"到"宜商"打造：中国营商环境综合服务平台
北京市海淀区	区块链技术助力市场主体住所标准化登记
河北省	税务局依托 5G 消息新技术赋能营商环境
北京零点有数数据科技股份有限公司	内外兼修走出数智化电力营商环境新路径

以河北省雄安新区数字化服务打造一流营商环境、天津市经济技术开发区"跨省通办"、四川省绵阳市打造"营商环境监测平台"、北京海淀区区块链技术助力市场主体住所标准化登记、海南"海易兑"创新惠企政策兑现新模式为例：

河北省雄安新区实现京冀两地 CA 数字证书兼容互认。在全流程电子化招投标中，数字证书（CA）是投标企业的数字化身份象征，是参与招投标活动的要件，按照河北省政务服务管理办公室《关于河北省各级公共资源交易平台对接河北省公共资源交易 CA 证书互认平台的通知》要求，目前雄安新区支持 7 种 CA 在雄安新区公共资源交易服务平台参与公共资源交易活动，市场主体可登录新区服务平台，进入"交易平台"模块，选择"CA 证书登录"，点击"CA 证书申请"，在首页选择"在线新办"办理雄安新区 CA 证书。同时，新区以京津冀协同发展为契机，推动实现了京冀两地 CA 互认。持有北京地区或河北地区 CA 证书的市场主体可按照《CA 互认绑定和最新版驱动下载操作手册》完成 CA 互认相关操作。雄安新区还探索实现金融机构电子保函应用，累计开出电子保函 12000 万余元，切实降低企业资金占用成本，为市场主体减成本卸负担。

天津经济技术开发区打造首个国家级经济技术开发区"跨省通办"模式。结合国家级经济技术开发区的产业特点和企业需求，天津经济技术开发区在逐步落实建立工作机制、设置通办专窗、培训工作人员和加大宣传力度的基础之上，经济技术开发区政务服务办与北京经济技术开发区积极对接、共同研究、协同推进，于2021年3月正式制定国家级经济技术开发区之间"跨省通办"的服务模式和工作流程，并签署合作协议。在"跨省通办"事项选择方面，两地并未局限于此前国务院办公厅印发的《关于加快推进政务服务"跨省通办"的指导意见》的140项政务服务事项范围，而是聚焦两地服务对象实际需求和政务服务工作模式，在国家清单基础上，额外选取了办件量较大、业务基础较好且符合企业居民异地办事需求的20个事项，纳入天津、北京经济技术开发区"跨省通办"事项清单，后期将根据企业实际办事需求分批次扩充，并结合两地工作实际，将"全程网办"和"代收代办"作为目前阶段的主要通办模式，进一步拓展"跨省通办"的广度与深度。2021年8月天津经济技术开发区与北京经济技术开发区、广州经济技术开发区建立全国首个国家级经济技术开发区之间的"政务服务改革创新合作联盟"，在全国首开多地企业类政务服务事项"跨省通办"联动模式之先河，涵盖企业登记、生产经营、特种许可、人力资源服务等领域的268项政务服务事项，在京津穗三个国家级经济技术开发区之间实现"跨省通办"，惠及三地34万余家市场主体。

四川省绵阳市创新监管体系，打造"营商环境监测平台"。绵阳市借助大数据等技术手段，按照指标数据"可监测、可追溯、可分析"的原则，结合国、省"放管服"改革要求和营商环境评价内容，打造了"营商环境监测平台"，该平台2022年6月投入使用。监测平台充分挖掘业务系统数据的监测价值，以大数据、可视化等技术手段替代传统营商环境评价，构建了智能分析、工作任务、营商智库、智慧集数、问卷管理、数据资产、营商培训、系统管理八大子模块，实现在线核验、督查督办、智能监测、企业诉求分析等功能，有效提升营商环境动态监测效能，该平台一方面搭建了相关领导与营商环境统筹部门、营商环境统筹部门与任务牵头部门、任务牵头部门与责任部门的线上沟通桥梁，实现案例上报、问题反馈、建议提报的日常跟踪；另一方面打破数据壁垒，强化部门协同，加强数据共享，避免数据"沉睡"，切实提高行政效率，实现数据赋能。

北京海淀区区块链技术助力市场主体住所标准化登记。随着"放管服"改革及优化营商环境的不断推进，北京市海淀区市场监管局作为营商环境改革"先行先试"排头兵，联合区政务服务局、市规划自然资源委员会海淀分局，充分发挥区域科技优势，创新性引入区块链技术打通数据壁垒，搭建住所（经营场所）标准化登记数据库，在全市率先完成市场主体住所（经营场所）标准化登记改革，采用"标准化地址智能填报＋住所承诺制"模式，系统自动匹配生成标准化住所（经营场所）地址，申请人通过自主承诺住所（经营场所）的真实性和合法性，即可办理营业执照和变更登记，无须提交住所产权证明材料，进一步降低企业制度性交易成本，有力推动了企业开办申请材料进一步精简，提升登记审批效率，企业办事体验感不断增强，实现从"多次跑"变为"一次跑"。区住所（经营场所）标准化服务平台于2022年4月底正式上线运行，顺利实现智能便捷"零材料"登记的改革目标。截至2023年1月，已有710个产权方（运营机构）主动申请加入平台试点，3581处经营性房产已纳入住所（经营场所）标准化登记数据库，共计114户企业按照住所标准化登记模式完成了设立登记，已纳入住所（经营场所）负面清单地址301处。

海南省"海易兑"创新惠企政策兑现新模式。围绕政府治理和公共服务的改革需求，优化营商环境，提升市场主体获得感，海南省聚焦惠企政策兑现服务方面的痛点、难点、堵点，按照"省级建平台、市县管应用"

的原则，以企业需求为导向，创新建设"海易兑"系统。打造融合政策"梳理发布、精准推送、解读解答、申报兑现、评价跟踪"为一体的一站式全省惠企政策兑现服务系统（简称"海易兑"），打通惠企政策兑现"最后一公里"，助力企业纾困解难、可持续健康发展。通过编制《政策梳理规范》指导性文件，对惠企政策、可申报事项梳理发布，配置申报表单、审批流程等方面进行流程再造。截至2022年11月底，系统共发布国家级、省本级、市县级惠企政策1328个，梳理形成可应用于兑现的惠企事项近420个。有效解决以往政策发布渠道分散、申报入口不统一问题，逐步转变"多门申报、分散管理"为"一窗通办、全面统筹"。系统还设立了自贸港政策专区，汇集自贸港特色政策，帮助企业更快速全面了解自贸港相关的政策措施。

第三节　研究资料和研究思路

一、研究资料的获取和选择

研究资料特别是研究案例主要来自笔者近年来从事营商环境研究的积累，研究案例也大多来源于实地调研，同时也从国内相关营商环境研究及服务机构进行了收集整理，包括中国信息协会及营商环境分会、天津师范大学、国脉智库（www.echinagov.com）（图1-3-1）、华城智库科学研究院（图1-3-2）、中智管理咨询有限公司等。

图 1-3-1　国脉智库数字化营商环境案例库

图 1-3-2　华城智库科学研究院营商环境专区

二、研究思路

（一）明确数字赋能营商环境建设概况

　　良好的营商环境是一个国家或地区经济软实力和综合竞争力的重要体现。发展数字经济需要优化数字营商环境。数字经济时代，优化营商环境，必须站在国家治理体系和治理能力现代化的高度，从数字政府建设提升公共服务能力的视角，利用数字技术和互联网平台，探索新的市场监管模式与思路。建设数字政府是优化营商环境的重要抓手，数字政府建设水平与营商环境优化质量二者之间的关系日趋紧密。2020 年 10 月，我国营商环境评价领域首部国家报告《中国营商环境报告 2020》发布，梳理了优化营商环境各领域 240 余份政策文件和 210 余项改革亮点。其中，"双随机、一公开"和"互联网＋监管"逐步成为市场监管的基本方式和手段，深入推进政务服务"一网、一门、一次"改革，全面推行审批服务"马上办、网上办、就近办、一次办"，是我国优化营商环境的最大进步。这个进步得益于数字技术和互联网平台赋能。

数字技术赋能电子政务，推助数字政府建设步伐。近年来，我国电子政务水平有显著提升，电子政务发展指数国际排名从 2018 年的第 65 位提升至 2020 年第 45 位，在线服务达到全球"非常高"的水平（第 9 位）。这一排名离不开各地政府通过新一代数字技术应用与数据资源共享开放，打造多部门数据互通、联合协作的服务平台，推行"一网通办""异地可办""跨区通办"等服务创新，将部门各自"摆摊"，整合形成"看不见"的多部门联合，线上线下打通的政务服务。电子政务的发展水平对于营商环境的发展变化有明显的推动作用，数字政府发展与营商环境优化形成良性互动关系。

（二）分析数字赋能营商环境实践问题

第一，政务数据治理体系缺失。有力有序的统筹协调是做好数字政府建设工作的前提。从整体来看，存在统筹协调不畅，网络、平台、应用等资源建设管理缺乏有效配合的现象，各地、各部门信息化发展不平衡；系统建设标准不统一，国垂、省垂系统难联通，基层系统重复建设，数据多头采集、重复录入；政务信息化项目管理流程长、效率低，统筹力度不足。数据治理工作缺少统一的顶层规划与完善的标准规范，数据共享体系与机制不够健全，政务平台集成整合数据的广度、力度和深度不足，数据汇聚归集时效性不高、质量参差不齐，数据缺乏动态性和准确性，数据应用价值挖掘不足。这些都在一定程度上阻碍了数字政府建设进程，加快建立数字政府统筹协调机制势在必行①。

第二，营商环境优化尚存空间。营商环境距现代化国际化"新高地"仍有差距，在流程简化、并联审批、告知承诺等方面仍存在突出短板，电子证照应用、不动产权利人信息查询等面临政策限制，人工智能、区块链等新兴技术在营商环境领域的应用广度与深度有待拓展。同时，信息时代产生了一批新的弱势群体，主要分布在低收入人群、老人、残障人士群体中。社会弱势群体因数字技能缺失而被边缘化。例如，网上预订火车票为大多数人带来方便的同时，也让很多不懂网上购票的务工人员或老人购票遇到困难，形成新的"技术难民"。数字政府建设中充分考虑这些弱势群体的特点，为他们提供简单、易用的数字政务服务迫在眉睫。

第三，业务应用协同创新不足。运用信息技术手段推动城市治理创新的理念不到位，模式不完善，效果不明显；政务应用集约共享、协同创新力度不足，政务平台"统"而不"通"，跨领域跨部门应用场景不够丰富，政府治理精准程度、业务协同效率仍需提升。虽然公共信息资源对公众实施开放，但无法较好地满足社会的实际需要，对公众实施开放的数据的更新速度有待进一步提升，开放数据的质量仍需进一步优化。例如就教育行业、健康医疗行业而言，为了更好地满足社会的需求，其开放程度仍然有待进一步优化。一些部门依然将非动态的数据表格作为其核心的对外开放数据，借助于 API 接口等方法，开展及时更新、动态信息资源的占比不高②。此外，公共信息资源开放无法全面发挥产业革新的引领作用。大多数情况下，为了开放而实行开放的事例不在少数，信息资源开放的效果与

---

① 刘权：《数字经济视域下包容审慎监管的法治逻辑》，《法学研究》2022 年第 4 期，第 43 页。
② 刘波、洪兴建：《中国产业数字化程度的测算与分析》，《统计研究》2022 年第 10 期，第 10 页。

理想状态相差甚远。例如一些地区投入较多的资金，用于政府数据开放革新之中，然而参赛机构中，"专业户"占据较多的比例，并没有做到真正意义上的社会力量增值。

（三）借鉴国际数字营商环境建设先进经验

国家工业信息安全发展研究中心 2021 年 12 月提出的全球数字营商环境评价指标体系，能反映我国数字营商环境的实际建设情况。该评价体系包含 5 个一级指标：数字支撑体系，包含普遍接入、智慧物流设施、电子支付设施；数据开发利用与安全，包含公共数据开放、数据安全；数字市场准入，包含数字经济业态市场准入、政务服务便利度；数字市场规则，包含平台企业责任、商户权利与责任、数字消费者保护；数字创新环境，包含数字创新生态、数字素养与技能、知识产权保护。根据以上指标，G20 经济体数字营商环境排名前十的经济体分别为美国、英国、加拿大、韩国、日本、德国、澳大利亚、法国、中国、欧盟。排名第一的美国主要是在数据开发利用与安全以及数字市场准入方面具有明显优势，这得益于其将数据定位为战略资产，加强数据融合共享所采取的一系列措施以及严格的市场准入制度。我国位列第九，是前十名中唯一的发展中国家。

全球数字营商环境评价指标体系在指标设定上也更能反映出我国在数字营商环境建设方面的进步与不足。例如，在数字市场准入方面，我国在 G20 经济体中排名第二，得益于明确推出"加强制度供给""互联网 + 政务服务"等措施；在数字创新环境方面，我国在 G20 经济体中排名第十一，反映了我国在数字创新环境方面的不足。同时，全球数字营商环境评价指标体系选取 G20 经济体，能够为我国针对 G20 经济体合作提出相应政策提供参考，更适用于我国未来的经济发展方向。例如，在数字市场规则方面，我国在 G20 经济体中排名第十，可以借鉴排名第一的英国通过"市场调查"创新数字市场竞争规则的做法，完善我国数字市场规则；在数据开发利用与安全方面，我国排名第十六，可借鉴排名靠前的美国、英国等在政府数据开放、获取公民同意等方面的良好实践。构建良好的数字营商环境是一个全球性的问题，需要一个全面的、具体的、有代表性的衡量标准。因此，我国优化数字营商环境应将评价指标作为引导，以国际公认的评价指标体系为参考，以中国特色的评价指标体系为指导采取相应措施（图 1-3-3）。

2012 年，英国发布《政府数字战略》

2014 年，英国实施《政府数字包容战略》

2015 年，英国启动"数字政府平台"计划

2017 年，英国出台《政府转型战略（2017—2020）》
◆加快推进英国政府数字服务，促进跨政府部门建设共享平台，提高政府数字服务效能

2019 年，英国发布《技术创新战略》和新版《数字服务标准》
◆强调推进技术在政府中的应用和数字政务的进一步发展

2011 年，澳大利亚政府提出数字转型战略

2018 年，澳大利亚发布了《2025 政府数字转型战略》
◆提出优先建设便民型政府、联络型政府、数字适宜型政府

2015 年，新西兰公布《数字公共服务战略》
◆提出要促成变革、支持更好的服务和机构数字化转型，使人和企业成为政府服务的中心；提出了 12 项数字服务设计原则

2020 年 6 月，新加坡与新西兰、智利签订《数码经济伙伴关系协定》
◆促进数码化交易，提高业务开展效率和信任度，降低成本，破除数码业务障碍，为数字经济的发展营造更好的营商环境

中国政府自党的十八大以来
◆加快推进英国政府数字服务，促进跨政府部门建设共享平台，提高政府数字服务效能

2015 年 8 月，国务院《促进大数据发展行动纲要》
◆将大数据作为提升政府治理能力的新途径，推动政府管理理念和社会治理模式进步，逐步实现政府治理能力现代化

2016 年 9 月，国务院《政务信息资源共享管理暂行办法》

2016 年，中国《中华人民共和国国民经济和社会发展第十三个五年规划纲要》
◆提出实施国家大数据战略，推进数据资源开放共享

2018 年 11 月，中国《关于聚焦企业关切进一步推动优化营商环境政策落实的通知》
◆对优化营商环境作出了具体部署，部署重点包括深化"互联网＋政务服务"、"一网"办税、建设"百联网＋监管"系统

2018 年，国务院办公厅《关于印发进一步深化"互联网＋政务服务"推进政务服务"一网、一门、一次"改革实施方案的通知》
◆构建全国统一、多级互联的数据共享交换平台体系

2020 年，国务院办公厅《关于加快推进政务服务"跨省通办"的指导意见》
◆提升"跨省通办"数据共享支撑能力。建立权威高效的数据共享协调机制

图 1-3-3　国际与国内数字营商环境建设方案比较

（四）提出数字赋能营商环境改革做法

第一，加快数字基础设施建设。我国已建成全球规模最大、覆盖城乡、技术先进的光纤通信网络和 5G 网络，2021 年底互联网普及率达73%。但与欧美等发达国家相比，我国互联网普及率还不高，网络资费还有降低空间。首先，要部署先进信息基础设施，尤其要加快推进 5G 网络

的规模化应用，以市场化方式推进网络提速降费，提高网络基础设施的可达性和可用性。其次，着重降低中小企业用网成本，统筹工业互联网、数据中心、云计算、智能计算平台等设施建设，支持中小企业"上云用数赋智"。此外，推进物流业的数字化升级。电子商务、网络外卖、即时配送等数字经济业态，都离不开现代物流业的支撑。应加快物流枢纽网络建设，完善城乡配送网络体系，进一步降低物流成本。

第二，提高市场准入便利性。数字经济具有跨行业、跨地域、业态多变、海量分散等特点，提高市场准入便利性，有利于加快中小企业数字化转型步伐，更大激发市场活力。现有的数字经济准入体系对规范市场行为、维护用户权益和防范潜在风险起到了重要作用，但不少数字经济领域还存在准入门槛高或准入不准营的情况，存在较大改革空间。应进一步简化审批手续，提升行政审批服务效能，通过"一照多址""一业一证""证照联办"等改革举措，破解"准入不准营"难题。在这个过程中，政府相关部门应加大公共数据开放共享力度，可通过提供数据服务的方式，为平台核验各类入驻主体提供支持。

第三，建立公平竞争的市场秩序。近年来，全球范围内尤其是欧美等发达国家，都高度重视数字经济领域竞争监管，我国也在积极推进平台经济反垄断工作。从促进数字经济健康发展角度，要加强政策统筹协调，把握好监管执法的力度、尺度和效度，进一步完善网络平台治理，明确反垄断和反不正当竞争的相关规则，落实平台在用户信息核验、信用管理、产品和服务质量监督、网络和数据安全等方面的主体责任。加强数字税理论研究和实践探索，推动线上线下公平竞争。重视数字知识产权保护，加强恶意软件监管，加大网络侵权打击力度。

第四，加强网络安全与用户权益保护。随着大数据、云计算、智能应用、数字支付等技术的广泛应用，网络安全形势更加严峻。下一步，要持续推动网络安全技术创新，加强个人信息保护，严惩窃取、泄露、篡改个人信息等各类不法行为，加大案件查处和警示力度，进一步健全网络安全管理制度①。在用户权益保护方面，突出的表现就是个性化推荐、大数据杀熟等问题，但是算法的隐蔽性使得上述情况存在诸多争议和模糊地带。建议加快推动平台健全交易规则、服务协议和争议解决机制，加大平台算法及用户权益保护规则审查，完善投诉处理机制，堵住用户权益受损的制度漏洞。

第五，提升政府监管与服务能力。数字经济的经营理念、运作模式和发展路径与传统业务有所不同，需要建立面向数字经济的监管体制，进一步加强央地联动与异地协作，减少地方之间的政策差异性，避免重复监管和多头监管。加快数字政府建设，推进公共数据开放共享，全面提高在线服务能力。同时，数字经济创新活跃，需要提升法规和标准的适应性。建议加强动态监测评估，及时修订法律法规和标准要求，增强法规和标准的适应性，为产业发展提供指引。

---

① 王天夫：《数字时代的社会变迁与社会研究》，《中国社会科学》2021 年第 12 期，第 73 页。

第二章　我国营商环境发展综述

第一节　营商环境的兴起

一、国际上营商环境的兴起

"营商环境"（Doing Business）作为专业术语，最先兴起于世界银行调查报告，其被认为是促进经济发展、改善政策环境、推动降低企业负担的重要驱动力。基于对营商环境重要性的清晰把握，国际上相继出现多个旨在衡量营商环境的评估机构。例如，1979年始，世界经济论坛每年发布的《全球竞争力报告》被认为是最早构建的面向全球经济体的营商环境评估体系。竞争力排名以全球竞争力指数为基础，指标主要包括制度、基础设施、宏观经济环境、健康保障与基础教育、高等教育与职业培训、商品市场效率、劳动力市场效率、金融市场成熟度、技术就绪指数、市场规模、商业成熟度及创新能力。又如，经济学人集团旗下的经济学人智库每5年发布一次营商环境排名，通过对各经济体的政治环境、宏观经济环境、市场机会、政府对自由市场及外国投资的政策、外贸和外汇管制、税收、融资、劳动力市场和基础设施等领域的研究，对各国营商环境的质量、吸引度进行排名。与之相比，更具国际影响力的评估机构当属世界银行。世界银行营商环境评价指标体系是世界银行开发的用以衡量各国企业营商环境的重要指标，它主要由"开办企业""办理施工许可证""获得电力""登记财产""获得信贷""保护少数投资者""纳税""跨境贸易""执行合同""办理破产"等指标组成，分别用以评估经济体的开办企业便利度、办理施工许可便利度、获得电力便利度、财产登记便利度、获得信贷便利度、少数投资者保护力度与股东诉讼便利度、纳税便利度、跨境贸易便利度、执行合同中的司法便利度以及破产便利度等。《营商环境报告》主要衡量的指标覆盖中小企业生命周期内（从开办企业到办理破产）适用的法规。主要以标准案例假设的方式来收集和分析综合的定量数据，从而比较不同经济体在一定时间内的营商环境，鼓励各经济体争相采取更为有效的监管机制。《营商环境报告》的最终目标是要鼓励有效、透明和易于实施的监管机制，以促进私营部门的发展、就业以及经济增长。

二、我国营商环境的兴起

作为公共治理术语的营商环境概念近年来于我国兴起，在领导高度重视背景下，优化营商环境现已成为中国国家治理现代化的新内容和地方政府治理竞争的新场域。[①]中国国家治理体系包括经济、政治、社会、文化、生态文明和党的建设等诸多方面，营商环境建设既牵涉到现代市场体系的完善，使市场在资源配置中起决定性作用，又涉及以转变政府职能为核心的行政管理体制改革，更好发挥政府作用。我国理论界最早于 2012 年开始对营商环境进行系统研究，同年广东省率先提出优化营商环境的目标，此后中央政府先后就打造法治化、国际化、便利化的营商环境进行表态。党的十八大以来，中央在推动全面深化改革和体制机制创新中多次论及营商

---

① 娄成武、张国勇：《治理视阈下的营商环境：内在逻辑与构建思路》，《辽宁大学学报（哲学社会科学版）》2018 年第 2 期，第 59—65 页、第 177 页。

环境。党的十八届三中全会通过的《中共中央关于全面深化改革若干重大问题的决定》中首次提出"推进国内贸易流通体制改革，建设法治化营商环境"，党的十八届五中全会进一步明确了营商环境"法治化、国际化、便利化"的建设目标。从 2016 年开始，辽宁、陕西、上海等省市先后将 2017 年、2018 年作为优化营商环境年，政府智库和高校科研机构也加大了对营商环境的研究，专门的研究机构如厦门大学中国营商环境研究中心相继成立。2019 年《优化营商环境条例》的颁布更凸显了中国进一步转变政府职能的制度决心，体现了我国对保障各类市场主体平等有序发展的高度重视。在中国营商环境治理过程中，我国政府主动对标世界银行指标体系，广泛运用各类现代治理工具重塑业务流程，以提升营商环境分数，缩短与前沿指标的差距，压缩时间、减少成本。在营造国际一流的营商环境方面，按照中央部署，国家发展和改革委员会会同相关部委深入研究、分析世界银行营商环境评价指标体系，找出北京市和上海市营商环境建设的薄弱环节，有效改善和优化营商环境。同时，国家发展和改革委员会创建引领中国特色的价值取向、符合中国改革口径的营商环境评价指标体系，基于摸底全国各地市营商环境治理水平，比较与定位我国营商环境建设水平的高线与低线，通过"对标先进—创新试点—复制推广"的方式，鼓励有条件的地方进一步瞄准最高标准、最高水平开展"先行先试"，有力监督营商环境治理效率，保障营商环境持续优化，推动我国营商环境治理水平不断提升。

第二节　营商环境的意义

一、营商环境建设有利于培育有效市场

所谓有效市场就是要尊重市场规律，依照市场规则和市场价格信号，实现效率的最大化和资源的最优配置。[①]纵观改革开放四十余年进程，以经济建设和经济体制改革为着力点，从传统的计划经济体制到中国特色的社会主义市场经济体制，市场在资源配置中起决定性作用和更好发挥政府作用是贯穿其中的主题。营商环境建设以放开搞活为特色，不断破除政府对经济活动管理的体制机制障碍，不断提升企业市场主体的获得感和满意度。

其在培育有效市场方面的意义体现在以下两方面：一是遵循市场规律，减少行政干预与权力寻租空间。"放管服"改革围绕事物发展的全过程、产业发展的全链条、企业发展的全生命周期推进优化营商环境，是党的十一届三中全会以来"放开搞活"历史经验的延续和发展。近年来，我国持续推进市场准入负面清单、公平竞争审查、产权保护制度，聚焦市场主体关切，坚持市场取向价值，遵循市场规律，接轨国际通行标准，持续推动商事登记、投资项目审批、工程建设监管、跨境贸易、市场监管、双创激励等各领域改革系统集成。基于市场规律与机制构建专业服务市场体系，增加营商环境专业服务能力，以市场途径弥补政府短板，从而优化营商环境。通过持续放宽市场准入，保障市场主体依法平等进入与合理

[①] 郑尚植、赵雪：《高质量发展究竟靠谁来推动：有为政府还是有效市场？——基于面板门槛模型的实证检验》，《当代经济管理》2020 年第 5 期，第 1—7 页。

退出，吸纳更多人才涌入市场，促进更多企业参与竞争，有利于形成"大众创业、万众创新"的市场氛围，增强企业创业信心，推动企业技术创新与产业创新。同时，通过加大反垄断和反不当竞争的查处，助力健全统一开放、竞争有序的市场体系，促进各项资源的流动与合理配置，有利于形成包容开放与公平竞争的市场环境。二是完善市场规则，强化有效市场的秩序根基。营商环境建设在市场准入阶段，旨在打破差异化隐性限制，完善市场准入规则。例如，在政府采购、公共产品与服务需求市场、市政工程等领域，营商环境改革旨在根除系统内生企业的优先资格，最大限度给予所有企业同等准入机会。在企业经营阶段，例如在获取金融机构支持方面，营商环境建设旨在赋予中小企业更为公平的贷款机会，加强各类金融资金平台对中小企业发展的投资力度，完善企业经营市场规则。健全协商、调解、仲裁等形式的商事纠纷非诉讼解决机制，以更为合理的方式降低中小企业的非市场成本损失，保障企业的合法权益。在企业退出市场阶段，营商环境改革旨在建立更为公平、高效的市场退出机制，企业退出市场结束经营或者开拓新的领域，都是自由的市场经济行为，努力营造良好营商环境，将简化破产或退出程序，降低企业破产的制度性成本，节约后续资源投入，为新的企业创办奠定资源和信誉基础。在企业结束经营活动时，尊重企业自主选择意愿，以完整的市场机制、标准化的流程、最低的制度成本完成企业破产程序，总结和反思其中共性原因，在帮助企业的同时优化政府营商服务。

二、营商环境建设有利于打造有为政府

所谓有为政府是指要根据不同发展阶段的经济特征及时调整决策目标以弥补市场的不完美，要在约束经济发展的瓶颈暴露时放松这些约束，给予市场更多的成长发展空间，同时政府自身也要随着发展变化主动改革调

整职能，简政放权，以增进和补充市场。优化营商环境的主体是政府，通过营商环境建设与优化能够在稳住经济基本盘的前提下，不断提高经济增长的质量，促进经济持续健康发展。

优化营商环境极大推动了有为政府建设，主要体现在两个方面：一是政府加强法治保障，提升营商软环境的核心竞争力。所谓软环境，是人们在特定社会的生产和交往中所创造所反映出的体制上和精神上的境况的总和，具有主体性、可感性、系统性、不可测定性和影响的持久性。① 良好的软环境意味着优质的营商环境，能够有效地吸引资金、技术、人才的汇聚，助推经济的快速发展以及社会的良性运行；而软环境较差的地方，招商引资和人才引进工作很难推进，在很大程度上会影响地方的经济社会发展。营商环境建设推动政府加强营商制度建设，强化对市场主体经营活动的法治保障，以法治软环境为驱动提升地区营商环境竞争力。二是有利于提升政务服务水平，增强市场主体营商环境感受度，增强政府利企惠民的能力。营商环境建设意在凸显政府服务本位特性，强调政府应将主要的公共资源和人力资源投入到服务供给上，而不是钳制社会活力的行政审批事项上。营商环境建设与服务型政府建设深度融合，相互促进，共同塑造有为政府的角色特征。以优化营商环境进程中的技术驱动为例，"互联网+政务服务"建设极大提升了政府服务的效率。"互联网+政务服务"借助计算机、互联网、大数据、云计算等现代信息网络技术，实现了跨层级、跨地域、跨行业、跨部门的一体化服务模式，打通了便民服务"最后一公里"，实现了网上"受理、办理、反馈"的线上服务和实体大厅线下服务的密切配合，有效化解了各类市场主体和社会主体"办事难、办事慢、办事繁"等问题。政府利企惠民能力的提高，实际上是地方发展软环境优化

---

① 李春根、罗家为：《赋权与增能："互联网+政务服务"何以打造地方发展软环境》，《中国行政管理》2021年第5期，第47—52页。

的过程，软环境的改善不仅提高了企业的经营效益，更有利于汇聚八方人才，促进地方发展。

三、营商环境建设有利于建构良好的政府与市场关系

党的十九届四中全会指出，要"厘清政府和市场、政府和社会关系。深入推进简政放权、放管结合、优化服务，深化行政审批制度改革，改善营商环境，激发各类市场主体活力"。优化营商环境是一项涉及政府职能、经济体制、法律法规、社会民生、对外开放等众多领域改革的系统性工程，集中体现为政府与市场的关系问题。优质的营商环境既要实现市场在资源配置中起决定性作用，也需要政府强有力的制度、政策及执行保障。[1]

优化营商环境的内在逻辑有利于推动建构政府与市场的良性互动关系，推动政府与市场的良性互动关系是优化营商环境的应有之义和必然选择。一是有利于合理定位政府和市场的边界。从本质上来说，营商环境是一种制度环境，优化营商环境所需要的廉洁高效的政务环境、开放便利的市场环境、公平公正的法治环境等，都是现代市场经济对政府制度供给的基本要求。营商环境较差的地区往往政府干预过多，市场机制运行不畅，营商环境较好的地区则市场机制和政府作用都能得到较好的发挥。深化"放管服"改革坚持市场取向，营造准入更加平等、竞争更加充分、监管更加公正的商业环境，最大化保障市场主体合法权益，保障市场在资源配置中起决定性作用。同时强化政府权力规制，优化政务服务，提高监管水平，有助于推动公共服务高质量普惠共享，更好发挥政府作用。二是有利于塑造有效市场与有效政府的平衡作用。推动有效市场和有为政府更好结合，使政府这只"看得见的手"进一步明确职能边界，市场这只"看不见

---

[1] 黄新华、曾昭腾：《建构政府与市场关系良性互动的营商环境》，《中国高校社会科学》2020年第4期，第80—89页、第159页。

的手"发挥更大作用。优化营商环境要求政府有所为有所不为，不是放而不管或管而不放。一方面，下放权限、激活市场；另一方面，从注重事前审批为主向注重事中事后监管转变。加强政府部门信息公开和廉政建设，清理整顿不良中介，逐步放开证照办理、资格审查、职业资格认定等，使市场主体越来越有活力，亲清新型政商关系逐步建立。法治是最好的营商环境，营商环境建设将改革过程中好的做法经验固化为体制机制，形成制度性成果，在法治层面保障市场在资源配置中起决定性作用，更好发挥政府作用，稳定市场主体预期，有利于推动国家治理体系与治理能力现代化。

第三节　营商环境的发展要素

一、政务环境

政务环境作为营商环境的重要组成，其建设水平将直接影响营商环境的总体效果。政务环境是指企业从开办、运营到结束的过程中，政府及其相关部门运用公共权力为企业提供服务的环境和条件的综合，主要包含公共政策供给、制度性交易成本、市场监管行为和基础设施服务4个要素。[1]第一，公共政策供给是政务环境中的内驱性要素，正向影响基础设施服务、市场监管行为和制度性交易成本3个要素，尤其在降低制度性交易成本方面的作用和效果明显高于其他要素。第二，基础设施服务是政务环境

---

[1] 孙萍、陈诗怡：《营商政务环境：概念界定、维度设计与实证测评》，《当代经济管理》2020年第10期，第61—68页。

中的保障性要素，不仅受到公共政策供给的正向影响，而且正向影响市场监管行为和制度性交易成本，且对规范市场监管行为的影响力度明显高于公共政策供给的影响。从企业开办至申请破产，基础设施服务贯穿企业发展始终，是企业运行和建设中不可或缺的要素，更是侧面评判公共政策供给现状的重要参考。第三，市场监管行为是政务环境中的承接性要素，在受到公共政策供给和基础设施服务影响的同时，也正向影响制度性交易成本，是连接内驱性要素、保障性要素以及直接性要素的桥梁和纽带，在政务环境系统中发挥着承上启下的功能。第四，制度性交易成本是政务环境中的直接性要素，受到公共政策供给、基础设施服务和市场监管行为的影响，通过时间成本、程序成本和溢出成本的高低可从侧面映射出该区域政务环境概貌，是投资者选择资金注入地的决定性因素。

二、法治环境

市场经济法治化的必然性、法治与经济发展的成效、产权制度与经济增长是法治环境作为营商环境发展要素的主要理论依据。营商环境对法治运行及各类法治主体均提出诸多要求和条件。第一，满足基本法治的最低要求的法律制度体系是维持长期经济发展的必要条件。法律制度环境被赋予公共产品的属性，评价指向政策或立法的稳定性、民主性、公平性、科学性和可衡量的成本与产出，以及这种制度供给多大程度上能实现对市场主体的权利保障。第二，政府作为。"政府应当以什么样的方式介入市场"是长期以来学界及政府面对的难题。"放松管制成为当前世界各国政府改革的一大潮流"，在吸引投资和促进经济发展上，政府不仅要依法履行规范和监督市场的职能，更应规范和约束自我行为，即做到"依法规范执法、约束行政权力、履行政府职能、保障企业权益"。第三，运作良好的司法是支撑企业发展的重要基础，司法公正程度对企业增长速度和全要素生产率具有显著影响。公正的司法系统是评判有效保护产权的重要依据。第四，诚信守法是市场经济内在要求。客观上要求市场主体包括企业和公众将守法意识和诚信意识放在重要位置。

三、市场环境

市场环境是营商环境的基础要素。市场环境主要包括企业生产经营所面临的经济发展水平、投资风险状况和市场开放水平。开放健全的市场环境可以减小新兴企业的进入壁垒，创造更丰富的市场需求，提供更公平的竞争环境。市场环境反映了一个区域是否具备良好的商业氛围、更多的发展机会及公平有序的市场竞争水平，是企业经营选址的重要考虑因素。首先，良好的市场环境意味着政府职能从"干预型"向"服务型"转变，政府将减少对市场的干预，充分发挥市场机制的作用。其次，良好的市场环境代表发达的产品市场、要素市场及中介市场，会大大降低由不信任带来的交易成本。最后，良好的市场环境蕴含着健全的法律制度环境，能够有力约束企业的经营活动。

四、创新环境

创新是引领经济高质量发展的源动力，也是培育中国科技竞争力的新引擎。党的十九大报告指出，"创新是引领发展的第一动力，是建设现代化经济体系的战略支撑"。创新环境主要包括创新资源支撑环境、创新主体成长环境、创新产出环境、创新制度和治理环境、创新文化环境等。创新环境是我国营商环境发展的重要影响要素之一，对于优化营商环境具有重要的培育和推动作用。良好的创新环境是吸引科技型人才，发挥科技型人才集聚效应的重要因素。创新能够通过提高要素生产率直接影响经济增长，助力经济发展。[①] 创新环境往往意味着更好的知识产权保护，从而减少知识的窃取和泄露，有利于专利技术知识的传播，激发企业家创新精神，提高企业创新的积极性。良好的创新环境能够使企业在面对外部市场需求的波动时，稳定自身的研发投入，而创新环境较差地区在面对需求波动时则会降低甚至不再从事研发活动。创新环境的优化可以促进城市投资要素的集聚，带动城市创新水平的提升与营商环境的优化。

五、公共服务和基础设施

公共服务和基础设施是企业经营活动的必要条件，营商活动对公共服务和基础设施有很强的依赖性和趋向性。表现为，企业更倾向于向公共服务和基础设施条件好的区域投资，而一旦适应好的基础设施条件，便很难选择向公共服务和基础设施条件较差的区域发展。因此，公共服务和基础设施情况是营商环境发展要素的一个重要方面。公共服务包括教育、科技、文化、卫生、体育等公共事业，社会福利及配套设施，反映了政府为市场主体提供的公共基础性服务，比如水、电、气、医疗卫生等，良好的公共服务可以提升企业生产运营能力与效率，还有助于企业的投资决策行为。基础设施则是为企业经营活动提供公共服务的物质工程设施，包括公路、铁路、机场、通信等公共设施。良好的基础设施是营商环境的重要构成，为企业生产经营活动提供必要保障。

[①] 马永红、李保祥：《区域创新环境对经济发展质量的影响》，《统计与决策》2021 年第 22 期，第 120—124 页。

第四节　营商环境发展的阶段

一、探索起步阶段

我国营商环境发展变化是持续解放思想、深化改革开放的实践成果，充分体现了我们党和国家对经济建设和经济管理规律的认识和把握，展示了经济发展理念的丰富变化、政府职能的深刻转变、社会治理方式的不断创新，是政府管理体制机制不断适应经济社会发展变化的内在要求和综合成效。2013 年，党的十八届三中全会在《中共中央关于深化改革若干重大问题》中首次提出"建立法治化营商环境"目标。2015—2017 年，李克强总理连续 3 年在"放管服"改革电视电话会议中提到中国在全球营商环境排名中的变化，并以此来衡量国内"放管服"改革的进展，提出"营商环境就是生产力"的重要论断。2017 年，习近平总书记在中央财经领导小组第十六次会议上强调要"营造稳定公平透明、可预期的营商环境"。优化营商环境更是成为以习近平同志为核心的党中央提出的经济发展新方略，也成为党的十九大之后"放管服"改革的新目标。

二、全面实践阶段

2018 年以来，国务院成立了推进政府职能转变和"放管服"改革协调小组，并下设优化营商环境专题组。国务院办公厅出台了《关于部分地方优化营商环境典型做法的通报》《关于聚焦企业关切进一步推动优化营商环境政策落实的通知》等一系列政策措施，对优化营商环境作出了具体部署。地方政府也积极行动，在放宽市场准入、扩大民间投资、鼓励科技创新、大幅减税降费等方面纷纷推出有针对性的举措。按照国务院工作部署，国家发展改革委连续组织开展了多批次营商环境评价，通过评价促进改革、激发市场活力，同时也为验证评价指标体系、探索评价方法、积累评价经验打下了坚实的基础，以评促改、以评促优的积极成效正在持续显现。2019 年 9 月 19 日，国务院办公厅印发《关于做好优化营商环境改革举措复制推广借鉴工作的通知》，要求各地区、各部门坚决贯彻落实党中央、国务院决策部署，深刻认识复制推广借鉴京沪两地优化营商环境改革举措的重大意义，加快转变政府管理理念和方式，着力推动制度创新，以"简审批优服务"便利投资兴业、以公正监管促进公平竞争、以改革推动降低涉企收费，下硬功夫打造好发展软环境，持续提升政府服务水平和办事效率，加快建立健全统一开放、竞争有序的现代市场体系，打造市场化、法治化、国际化营商环境，持续释放改革红利，进一步激发市场主体活力和社会创造力。2019 年 11 月 27 日，国务院常务会议提出，加快打造市场化法治化国际化营商环境，更大力度为各类市场主体投资兴业破堵点、解难题。会议部署落实优化营商环境的路线图、时间表，关注企业痛点问题，有助于提振市场信心。会议指出，优化营商环境就是解放生产力、提升竞争力，是增强市场活力、稳定社会预期、应对经济下行压力、促进发展和就业的有效举措。要按照条例要求，聚焦市场主体关切，坚持问题导向、重点突破，持续推进简政放权、放管结合、优化服务。

三、优化提升阶段

2019 年 10 月 22 日，国务院总理李克强签署国务院令，公布《优化营商环境条例》，自 2020 年 1 月 1 日起施行。《优化营商环境条例》认真总结近年来我国优化营商环境的经验和做法，将实践证明行之有效、人民群众满意、市场主体支持的改革举措用法规制度固化下来，重点针对我国营商环境的突出短板和市场主体反映强烈的痛点难点堵点问题，对标国际先进水平，从完善体制机制的层面作出相应规定。2020 年 5 月 18 日，中共中央、国务院印发《关于新时代加快完善社会主义市场经济体制的意见》（简称"《意见》"），对新时代加快完善社会主义市场经济体制的目标、方向、任务和举措进行系统设计，为在更高起点、更高层次、更高目标上推进经济体制改革提供行动指南。《意见》提出国企改革、公平竞争、要素市场化配置、宏观经济治理、收入分配和社会保障制度、制度型开放、法治体系建设等 7 个关键领域的改革举措。2020 年 7 月 15 日，国务院办公厅印发《关于进一步优化营商环境更好服务市场主体的实施意见》（简称"《实施意见》"），《实施意见》指出，近年来我国营商环境明显改善，但仍存在一些短板和薄弱环节，特别是受新冠肺炎疫情等影响，企业困难凸显，亟需进一步聚焦市场主体关切，对标国际先进水平，更多采取改革的办法破解企业生产经营中的堵点、痛点，强化为市场主体服务，加快打造市场化法治化国际化营商环境。《实施意见》提出了持续提升投资建设便利度、进一步简化企业生产经营审批和条件、优化外贸外资企业经营环境、进一步降低就业创业门槛、提升涉企服务质量和效率、完善优化营商环境长效机制等 6 方面要求。2021 年 1 月 4 日，国务院总理李克强主持召开国务院常务会议，听取《优化营商环境条例》实施情况第三方评估汇报，要求进一步打通落实堵点，提升营商环境法治化水平。一系列顶层制度设计的出台，标志着我国营商环境建设进入优化提升阶段。

第五节　我国营商环境建设取得的突出成效

一、精简审批事项与流程，解决市场准入堵点

我国坚持营商环境改革的市场化原则，以市场主体作为"放管服"改革的着力点，大力破除不合理的体制机制障碍，不断精简审批事项与流程，解决市场准入堵点问题。一是全面清理行政审批事项，同时国务院规范行政审批中介服务事项。国务院通过采取削减中介服务事项、破除中介服务垄断、切断中介服务利益关联、规范中介服务收费、实行中介服务清单管理等措施，极大促进了中介服务市场的健康发展。2016 年，国务院彻底终结了非行政许可审批，在很大程度上消除了"制度后门"和"灰色地带"空间。例如，重庆市开展"三个全面清理"，即清理清单之外违规设立的行政许可、违规设置的隐形门槛和其他形式的市场准入负面清单，加快与国家市场准入负面清单接轨，打破歧视企业的各种藩篱。其次，大力推进建设项目审批改革，打通我国营商环境建设的堵点。2018 年前，制约全球营商环境排名提升的一个重要指标是建筑项目审批时间长、手续烦琐、效率较低。为此，2018—2019 年，我国采取了系列改革措施，提升投资和建设项目审批效能。主要做法是，坚持从试点到全面推开，稳步开展工程建设项目审批改革。2018 年 5 月，国务院办公厅印发《开展工程建设项目审批制度改革试点通知》，在北京等 16 个试点地区实施全过程、全覆盖改革，实现工程建设项目审批时间压缩一半以上。

二、创新监管理念与方式，解决市场经营痛点

在央地互动的实践路径下，告知承诺、并联审批、证照分离等简政放权政策得以持续扩散；中央亦大力推广新兴监管工具，破解事中事后监管的阻滞因素。[①] 放管结合，创新监管方式，加强事中事后监管，推行信用监管、"双随机、一公开"监管、"互联网＋监管"、综合执法监管等新型监管模式，建立全国性的社会信用平台、企业信用信息监管平台和失信联合惩戒机制，提升了监管公平性和有效性。对新兴产业实行包容审慎监管，促进了创新创业和新旧动能转换。推动制定公平简便的监管规则和标准，清理对不同企业歧视性或差异性的监管做法，破除了不少妨碍公平竞争的体制机制障碍，促进市场公平准入和公平竞争。在放开事前行政审批的同时，各级政府加强了事中事后的监管，推动实现"放管结合"。首先，全面推行"双随机、一公开"监管，拓宽了市场监管覆盖面。"双随机"指随机抽取检查对象、随机选派执法检查人员，"一公开"指抽查情况及查处结果及时向社会公开。自 2016 年起，"双随机、一公开"连续被写入政府工作报告。2018—2019 年，"双随机、一公开"监管进入全面推广的发展新阶段。2018 年 6 月，国务院常务会议决定，全面推行"双随机、一公开"监管。2019 年 2 月，国务院印发《关于在市场监管领域全面推行部门联合"双随机、一公开"监管的意见》，提出到 2019 年底市场监管部门完成双随机抽查全流程整合。其次，完善以信用为核心的监管机制，提高市场监管效力。面对 1.1 亿多庞大的市场主体，我国市场监管队伍和力量严重不足，监管效力和执行力面临严峻挑战。除监管方式创新外，还需创新监管机制，提高监管效力和执行力。因此，以信用为核心的监管机制

---

① 宋林霖、陈志超：《中国语境下的营商环境优化：核心议题与治理路径》,《中国行政管理》2021 年第 1 期，第 147—149 页。

应运而生。新型市场监管机制——以信用为核心的监管机制在我国社会信用体系建设的加速推进过程中逐步得到深化。所有企业和个人都有统一的社会信用代码，全国信用信息共享平台和企业信用信息公示系统已经建立并有效地发挥作用。政府建立健全了事前信用承诺、事中信息公示、信用分级分类监管以及事后信用联合奖惩的全流程信用监管机制等。此外，积极推进"互联网＋监管"建设，促进"互联网＋监管"与信用监管有机结合。一方面，依托国家"互联网＋监管"等系统，推动监管平台与企业平台联通。另一方面，根据平台信用等级和风险类型，实施差异化监管，对风险较低、信用较好的适当减少检查频次，对风险较高、信用较差的加大检查频次和力度。此外，监管评估机制不断完善。各地政府以管出公平、管出效率、管出活力为目标，落实监管责任，创新监管方式，构建公平公正、公开透明的事中事后监管体系，全面实施"双随机、一公开"监管，加强信用体系建设，努力形成政府监管、社会监督、市场自律的协同监管新格局。并通过发挥"评价"指挥棒的作用，对监管效能进行评估，聚焦问题，以评促改，以评促优。

三、加强政务服务建设，解决服务市场难点

各级政府以"互联网＋政务服务"建设为抓手，以大数据、云计算、人工智能等新技术为创新引擎，大力推行现代信息技术赋能的政务服务改革。一是深化政务服务改革优化营商环境取得新成效。近年来，各地、各部门坚持"放管服"三管齐下、互为支撑，持续优化办事流程，提高政府服务便利度。持续减程序、减证明、减时间、减成本，创新服务方式。二是数字政府建设不断完善。优化营商环境与数字政府建设存在一种积极的正向关联，现阶段营商环境的不断改善突出体现为数字政府的不断完善与电子政务的快速推进。通过实行"一网一门一次"改革、推行"互联网－

政务"服务，全国一体化在线政务服务平台已上线运行，实现了"一网通办"、异地可办，在线服务平台与实体政务大厅的加速融合，网上办、就近办、一次办不断成为现实，办理用水用电、不动产登记等事项的效率大大提升，政务服务更加便捷高效、利企便民，市场主体和社会公众办事便利度增强，企业获得感随之提升。首先，积极实施行政审批服务便民化，增强社会的改革获得感和满意度。2018 年 5 月，中央办公厅和国务院办公厅印发《关于深入推进审批服务便民化的指导意见》，着力打造"宽进、快办、严管、便民、公开"的审批政务服务模式。地方在优化行政审批服务方面，也进行了许多创新性的探索和实践。比如，浙江推行"最多跑一次"改革，基本实现"最多跑一次是原则、跑多次是例外"。江苏推行"不见面审批"改革，形成"网上办、集中批、联合审、区域评、代办制、不见面"的办事模式。其次，以打造全国政务服务"一张网"为重点，推行"互联网 + 政务"服务。在我国政务信息系统和平台建设方面，主要存在的问题是政务服务平台建设管理分散、办事系统繁杂、事项标准不一等。2018 年 7 月，国务院印发《关于加快推进全国一体化在线政务服务平台建设的指导意见》（简称"《意见》"），强化了对政务服务平台建设的顶层设计、系统集成。2018 年底，国家政务服务平台主体功能建设基本完成。2019 年底，国家政务服务平台上线运行，各省（自治区、直辖市）和国务院有关部门政务服务平台与国家政务服务平台实现对接。《意见》提出，到 2022 年底前，全国范围内政务服务事项除法律法规另有规定或涉密等外，全部纳入平台办理，全面实现"一网通办"。

第六节　尚存在的不足和问题

一、营商环境国际化水平存在差距

营商环境的国际化是将政府政策和规制手段与国际一流水平进行比较，尽可能减小差距，给外国投资者以坚定的投资信心与稳定的发展预期，简化在华投资流程及审核环节，对企业一视同仁，确保其自由参与市场公平竞争的权利。[1] 近年来，一系列顶层制度的设计规划很大程度上推动了我国营商环境国际化水平的提升。但是，与世界一流国家相比，我国国际化营商环境现状还存在较大差距。一是隐性壁垒与投资者歧视依然存在。尽管国务院政策明确规定商事服务对不同性质投资者一视同仁，除负面清单所列行业，其他行业外资不设壁垒，但是在实践中外资企业在办理注册登记时经常会遇到"玻璃门""弹簧门"和"旋转门"情况，一些行政部门在办理审批时会提出一些政策规定之外的潜规则，对行政相对人提出额外要求，无形中增加了投资创业的制度成本，甚至对投资信心产生打击。二是通关程序较为复杂。对外贸易是外资来华投资的主要行业之一，海关、国税、银行等与通关紧密联系的系列服务是营商环境在外贸领域的具体体现。尽管我国近年在上海、深圳等东部沿海地区开展了通关改革，尽可能减少通关环节，实行提前申报，将通关时间控制在两小时以内，但是不同地区之间差异依然较为明显。内陆地区的通关服务由于不同系统或

---

[1] 苏冷然：《营商环境国际化：理论基础、实践差距与应对》，《当代经济管理》2021年第3期，第9—16页。

部门均有独立信息收集与处理平台，彼此信息互通存在一定障碍，统一办理暂未得以实现，通关时间相对世界发达国家而言较长。如何将全国通关管理与服务流程相统一，让在不同海关入关的货物得到平等待遇，是未来需要努力的方向。三是税负还存在一定降低空间。长期以来，我国企业的宏观税负在全球范围处于较重水平，沉重的税负压力影响了企业可支配资金与再投资计划，市场竞争力不足。经过近年的减税降费，制造业收益明显，但是，一些服务业在新的规则之下纳税压力不降反增，特别是一些小微企业，生存压力较大。受到疫情带来的物资短缺与恐慌心理影响，很多国外投资者对华投资决策信心有所动摇，这就更需要政府以切实行动来展现吸引投资的诚意，并有选择地将一些临时举措制度化常态化，帮助投资者增强信心，尽最大努力减轻疫情带来的负面影响。

二、营商环境市场化水平有待提升

国务院于 2015 年 4 月首次提出要加快构建市场化营商环境。随后，市场化营商环境一词在各类政策文件中被反复强调，各地区也如火如荼地深入推进市场化营商环境建设，以期借助市场化营商环境建设推进地区民营经济健康发展。市场化就是要破除不合理的体制机制障碍，更大地激发市场主体活力和社会创造力。竞争是激发市场主体活力和社会创造力的根本，而公平竞争则是市场经济的本质和核心。平等对待各类市场主体，是营造市场化营商环境的首要任务。市场化本身有一个逐步发展的过程。改革开放 40 多年以来，尤其是党的十八大以来，中国始终坚持社会主义市场经济改革方向，不断完善社会主义市场经济体制，市场化改革取得重大进展，中国特色社会主义市场经济体制已经初步建立。但由于起点低、起步晚，仍存在不少问题。如市场体系仍不够健全，市场竞争不够中性，市场开放力度还有待于进一步加大，市场准入门槛还有待于进一步降低，等等。例如，在市场准入环节，企业开办"准入不准营"和建筑施工许可手续多耗时长仍是亟待破解的两大堵点，一些不必要的审批许可、资质资格认可、变相审批问题仍然存在，特别是一些地方对民营企业、异地企业设置的差别待遇、歧视性限制，形成地方保护和市场壁垒，对公平准入形成制约。在生产经营环节，近年来减税降费减轻了企业负担，但税费水平仍高于世界平均水平；融资难融资贵问题，仍是制约民企、中小企发展的痛点堵点。一些地方招商引资时办事便利，手续简单，但在企业或项目落地后，却提出不同监管要求或手续不全等问题，使企业面临罚款停业。一些地方和部门服务意识不强，办事推诿扯皮，企业和公众意见较大。在企业退出环节，企业注销手续多时间长，企业破产办理更是耗时耗力，特别是一些传统企业出现资不抵债，债务无力偿还，难破产也破不起，无法退出，成为僵尸企业，如何解决仍是难题。

三、营商环境法治化水平有待提升

党的十八届三中全会在《中共中央关于全面深化改革若干重大问题的决定》中提出了"推进国内贸易流通体制改革，建设法治化营商环境"的重要要求。法治是营商环境的核心和关键，近年来我国在完善相关营商环境法律法规方面做出了不少努力。但从客观实际来看，我国营商环境法治化建设仍存在许多突出问题。

第一，营商法律体系不健全。市场经济本质上是法治经济，政府通过法律制度规范市场秩序、保障市场主体权益是现代市场经济运行的基础条件和显著特点。目前，我国营商法律体系尚不健全，主要体现在几个方面：一是法律体系的整体规划还不够科学，法律体系层次较多，立法体系不完善，缺乏科学合理的长期立法规划。二是一些领域的立法滞后于经济社会发展和改革创新实践需要，或是与实际发展需要存在脱节，无法达到优化营商环境的目的。三是由于立法过程考量不全面，不同法律之间互相冲突，从而导致一些问题没能尽快协调解决。第二，法律法规对政府权力的约束力不够。现代法治要求把国家权力纳入法律的轨道之中，权力能够受到法律规则的有效制约。市场的有效运行需要健全的法治体系，具有稳定性、连续性和长期性的市场法律制度能够确保营商环境在相当长一段时期内具有稳定性和可预期性。但在某些领域我国还存在以行政手段干预经济发展的现象，市场主体除了要面对经济发展自然形成的垄断外，还要面对行政垄断，地方政府和部门为保护地方和部门利益而抑制、限制相关企业竞争，这不仅不利于市场经济的健康发展，影响经济发展效益，同时也容易滋生腐败等社会问题。第三，产权保护制度不完善。有效而稳定的产权制度环境是非公有制企业发展的基础。近年来我国在产权制度保护方面取得很大进步，但与现代市场经济发展要求相比，还存在一定差距。主要体现在：现有立法对不同所有制企业产权保护情况各有不同，公有制经济产权以国家信用为后盾能够得到比较充分的保障，而非公有制经济产权保护仍有不确定性。另外，我国知识产权保护工作起步较晚，还存在很多不足，相关政府部门与企业知识产权保护意识不强，对知识产权保护工作缺乏系统、长远规划。

第三章 数字赋能营商环境建设

第一节 数字化概念的内涵

随着人工智能、大数据、云计算、移动互联网和物联网等数字科技的蓬勃发展，数字化正在深刻影响企业的内外部环境。当前，无论是企业、政府，还是科研单位，几乎所有的行业领域都在谈论数字化、数字化转型、数字化升级。

"数字化"研究领域最早出现的关键词是 1989 年的"地理信息"。高频关键词出现较密集的时间段有 1996—2004 年以及 2018—2021 年。其中，1996—2004 年出现的高频关键词有数字技术、信息服务、企业管理等，2018—2021 年出现的高频关键词有动态能力、数字平台、价值共创、案例研究、数字创新、数字经济等。随着时间发展可以清晰地看出，"数字化"领域关注的技术类别中，最开始是信息技术，中期是数字技术，最近是新兴数字技术。2018—2021 年出现的关键词表明，当下"数字化"领域的前沿研究热点聚焦在价值创造方式以及数字经济与创新方面。中文"数字化"方面，《新华汉语词典》仅收录了"数字"词条，释义为代表数目的文字或代表数目的符号，尚未收录"数字化"。在最早的数字化主题文献中，数字化多用于测量与计算，指依靠计算机技术把各种形式的信息转换成二进制数字代码，以方便处理加工、储存传输，并在需要时进行还原，从而实现信息快速处理与交流的过程。由此，以二进制数字形式表达的作品被称为数字作品，经过数字化处理并通过数字网络传输的产品被称为数字产品。在这层含义上，基于二进制的计算机历史有多长，"数字化"的历史就有多长。

1994 年，袁正光将数字化描述为一场新的革命，其含义超越了此前沿袭的"用 0 和 1 来表示信息"的概念。袁正光在《数字革命：一场新的经济战》中，首次从整合的视角总结了数字化对于各个行业的影响。此后，数字化更多地表现为数字技术发展及应用的一种社会趋势和过程状态。例如：余江等提出，数字化创业是指大量使用数字化技术参与创业机会的识别、捕捉、实现和改进的过程；金珺等提出，数字化开放式创新是指企业通过大数据、云技术等数字技术，有目的地管理知识流和资源流的跨组织边界流动，以实现企业自身创新的过程；傅颖等提出，数字化就是数字技术和物理组件对企业数字资源、基础设施和战略的影响；等等。综上，本书界定"数字化"为"使用计算机技术将自然信息与表述信息（所有字符、图、文、语言等）转换为以 0、1 为代表的数字信号的过程，以及由此给生产生活方式带来的广泛影响"。由图 3-1-1 可知，"数字化"聚类有数字化、企业管理、数字经济、价值共创、电子政务与知识产权。图谱中的关键词与各个聚类均紧密相关。除代表聚类的关键词外，出现频次最高的关键词依次为数字技术、数字创新、数字金融及数字平台等。从聚类结果及高频关键词共现结果来看，"数字化"的研究方向较为聚焦，成规模的子领域有数字经济、企业管理与价值共创。这表明，此前"数字化"领域的研究侧重于数字经济背景下数字技术对企业管理模式及价值创造方式的影响，而数字技术驱动下的技术创新与平台经济研究也具有一定的理论积淀。此结果与实践的结合较为紧密，与中国当前良好的数字经济土壤密切相关。

图 3-1-1 "数字化"关键词共现与聚类叠加图谱

在现代实践中，数字化的数据通常是二进制的，以便于计算机的处理，但严格来说，任何把模拟源转换为任何类型的数字格式的过程都可以叫作数字化。从上述定义可以看出，任何转化为数字格式的过程都叫作数字化，尽管这个定义已经比较清晰，但还是没有那么生动、形象，采用概念对比的方法，从多个维度揭示数字化的本质内涵。实际工作中，与数字化相关的概念有很多，比如电子化、信息化、结构化、多媒体化、自动化、网络化、数据化、智能化、平台化、生态化、数字孪生，还有产业数字化、数字产业化、业务数字化、数字业务化等。数字化相关概念的一个共同特征就是都有一个"化"字，"化"在这里属于一个动作词，意味着某个对象转化为其他的形式或状态，也就是某个对象被塑造、融化，或者升华为一种新的形式、新的状态。万物皆数，数是一切经营和管理的本质。将各种非结构化的物理世界转化成统一结构化的数据流后，将实现可管理、可预测、可控制，对数据的处理永远比物理世界更高效和更低成本，好比金属冶炼时将各种"矿石"变成液体后才能产生化学反应一样。

第二节　数字化的基本特征

数字化首先是个技术概念，是指将任何连续变化的输入如图画的线条或声音信号转化为一串分离的单元，在计算机中用 0 和 1 表示。而在今天，人们对于数字化概念的理解，特指工业时代向数字时代的转化，数字技术是一个分水岭，把人类从工业社会带入数字社会。数字化是通过"连姿"实现各种技术创新、各种方式组合的；是利用人工智能、移动技术、通信技术、社交、物联网、大数据、云计算等，把现实世界在虚拟世界中重建。从这个视角去理解，数字化是指现实世界与虚拟世界并存且融合的新世界，具有三个本质特征。

第一，连接——连接大于拥有。凯文·凯利（Kevin Kelly）在《失控：全人类的最终命运和结局》中表达了一个思想，他认为互联网的特性就是所有东西都可以复制，这就会带来如他在诠释智能手机为代表的移动技术两个特性——随身而动和随时在线那样，人们需要的是即时性连接体验。这个思想观点，帮助我们理解数字化"连接"的本质特征。今天，人们已经习惯于在线连接去获取一切，如电影、音乐、出行等，不通过付出而是通过连接去获得，人们选择后者是因为更为便捷、成本更低、价值感受更高。数字化以"连接"带来的时效、成本、价值明显超出"拥有"带来的这一切。

第二，共生——现实世界与数字世界融合。数字化是通过连接和运用各种技术，将现实世界重构为数字世界，数字世界与现实世界融合是第二个本质特征。我们引用"数字孪生（Digital Twin）"概念来诠释这个特征。2011年，迈克尔·格里夫斯（Michael Grieves）教授在《智能制造之虚拟完美模型：驱动创新与精益产品》中引用了其合作者约翰·维克斯（Jone Vickers）描述该概念模型的名词，也就是数字孪生体，并一直沿用至今："数字孪生是指充分利用物理模型、传感器更新、运行历史等数据，集成多学科、多物理量、多尺度、多概率的仿真过程，在虚拟空间中完成映射，从而反映相对应的实体装备的全生命周期过程。"格里夫斯在产品全生命周期管理课程上提出了"与物理产品等价的虚拟数字化表达"的概念：一个或一组特定装置的数字复制品，能够抽象表达真实装置并可以此为基础进行真实条件或模拟条件下的测试。该概念源于对装置的信息和数据进行更清晰表达的期望，希望能够将所有的信息放在一起进行更高层次的分析。简单来说，数字孪生就是对真实物理系统的一个虚拟复制，复制品和真实品之间通过数据交换建立联系，借助于这种联系可以观测和感知虚体，由此动态体察到实体的变化，所以数字孪生中虚体与实体是融为一体的。就如"数字孪生"般，数字化正是将现实世界重构为数字世界，同时，重构不是单纯的复制，更包含数字世界对现实世界的再创造，还意味着数字世界通过数字技术与现实世界相连接、深度互动与学习、融合为一体，共生创造出全新的价值。

第三，当下——过去与未来压缩在现在。数字化技术是关于连接选择的问题，与谁连接，何时连接，所以，一些人认为，数字化路径更接近于电脑游戏而不是历史叙事，不再是从过去到现在，再到未来，用洛西科夫（Douglas Rushkoff）的观点，"数字化时间轴不是一个时刻过渡到另一个时间，而是从一个选择跳到另一个选择，停留在每一个命令行里，就像数字时钟上的数字一样，直到做出下一个选择，新的现实就会出现在眼前"。

数字化本身，过去与未来都压缩在当下，更多维度，更大复杂性交织在一起，不仅仅是变化，变化本身的属性也发生了改变。工业时代，机器革命的出现，使得人们不再度量自然存在状态，而是关注机器带来的效率与速度，其核心价值就是，如何以更高的效率获得更大的产出。所以，在工业时代，用最少的时间产出最多，获得的规模最大，成为衡量人们是否成功的准则。大规模生产成为核心标志，最重要的就是效率。人们常说"时间就是金钱""效率就是金钱"。信息时代，快速变化、信息过载等的影响，导致人们最关注价值感知。产品的价值与意义显得尤为重要，人们不再单纯去关注效率与速度，因为变化的速度已经成为一个基本要素，更加需要关注的是，当下为人们的生活和意义赋予的价值是什么，附加值会有多高，一切都变得完全不同了。互联网技术带来的消费革命、在线繁荣，以及对传统行业的不断冲击之后，数字化成为了人们日常生活的一个观点、一个概念和一种存在，这也是我们需要去认识数字化的核心关键。理解数字化，已经成为理解我们所生活世界的一个基本生存状态。有学者总结"数字化的特征就是数字孪生、无限收敛性、自我迭代性"。①

数字化的三个本质特征"连接""共生""当下"，是区分数字化生存与工业时代的根本不同之所在。理解数字化的本质，可以归结为三句话：连接改变了生存方式，共生改变了发展方式，当下改变了价值方式。数字化对工作生活产生的冲击和影响，归根结底还是数字化能够为人类造福、创造价值。数字化给生活带来的好处，莫过于电子商务。数字化的重心已经从消费侧转移到生产侧和产业侧，比如工业生产、石油开采、农业种植等行业领域。数字化可以让我们掌握参与生产经营的人、物、环境等信息，然后组织可以借助对真实、完整信息的掌握，借助数据分析、人工

---

① 陈冬梅、王俐珍、陈安霓：《数字化与战略管理理论——回顾、挑战与展望》，《管理世界》2020年第5期。

智能等技术和工具，采取最为迅速、有效的应对措施。总结起来，只有借助数字化，才能了解人类社会和自然世界的过去和现在，也才能及时发现其中存在的问题，并形成对于未来发展趋势的预测和见解。数字化让世界万物之间的联系越来越紧密，同时也加速了世界进化。因此，提高效率、降低成本是一切商业模式创新的本质。万物皆数。数是一切经营和管理的本质。将各种非结构化的物理世界转化成统一结构化的数据流后，将实现可管理、可预测、可控制，对数据的处理永远比物理世界更高效和更低成本。将企业所涉及的一切经营活动进行数字化是一切创新的基础；由软件重新定义硬件，将所有的硬件数字化，数字化后才能自动化、智能化。信息化是工具层面，数字化是生态层面。信息化相当于传统农业种植过程中每道工序用的工具；数字化相当于工厂化养殖种植的生态系统，将一切养殖、种植过程高度抽象成水，水能流动、能控制，所有经营活动变成水处理的研究，实现高科技的现代化农业。信息化系统是由软件厂家研发并提供的，而数字化平台是企业未来长期的核心竞争力，将由企业自主创新。信息化是上一套系统，数字化是建一个平台；信息化工具是一个个功能点的问题，数字化平台是底层平台能力开放的问题。

第三节　数字化进程中的中国特色

习近平总书记指出："数字技术正以新理念、新业态、新模式全面融入人类经济、政治、文化、社会、生态文明建设各领域和全过程，给人类生产生活带来广泛而深刻的影响。"近年来，数字技术创新和迭代速度明显加快，在提高社会生产力、优化资源配置的同时，也带来一些新问题新挑战，迫切需要对数字化发展进行治理，营造良好数字生态。"十四五"规划纲要专门设置"加快数字化发展 建设数字中国"章节，并对加快建设数字经济、数字社会、数字政府，营造良好数字生态作出明确部署。深入学习贯彻习近平总书记重要讲话精神，落实"十四五"规划纲要部署，中央网络安全和信息化委员会日前印发《"十四五"国家信息化规划》，提出要建立健全规范有序的数字化发展治理体系。这将推动营造开放、健康、安全的数字生态，加快数字中国建设进程。

政府保持了持续一致的社会治理力量。新中国成立后的前三十年经验积累为中国在数字化时代的跃迁奠定了扎实的基础。数字化本质上是管理经验的工程化和自动化。数据和算法都是由人创造的，一个时代的革命性发展与之前的基础密切相关。改革开放前三十年，为中国数字时代的腾飞打下了三个扎实的基础。目前国内对改革开放前三十年计划经济为我国之后发展所产生的积极作用，已经有比较成熟的研究。

一是建立了独立自主、相对完整的工业体系；二是建立了全国统一的市场，并形成了产业经济分区；三是海量计划经济的调控为政府的数字化管理积累了扎实的经验。在看待数字中国崛起的过程时，我们要看到新中国成立后的前三十年在基础工业积累、自主创新体系的形成过程中所做出的贡献，以及在统一市场、基础人才积累、普及教育及推进社会阶层平等方面所奠定的坚实基础。特别是要看到这三十年艰难探索中培养了大批能够在后来实事求是，脚踏实地，敢闯敢干的组织干部，这批人无论是留在体制内，还是后来加入到了市场经济建设的大潮中，在早期改革开放和后来的数字化转型中都发挥了非常重要的作用。

近年来，我国大力推进 5G、物联网、云计算、大数据、人工智能、区块链等新技术新应用，坚持创新赋能，激发数字经济新活力，数字生态建设取得积极成效，有力促进了各类要素在生产、分配、流通、消费各环节有机衔接，实现了产业链、供应链、价值链优化升级和融合贯通，为建设网络强国和数字中国奠定了重要基础。同时，数字化快速发展中也出现了一些新问题新挑战，亟须明确治理对象，加强数字化发展治理，规范平台经济发展。习近平总书记指出："我国平台经济发展正处在关键时期，要着眼长远、兼顾当前，补齐短板、强化弱项，营造创新环境，解决突出矛盾和问题，推动平台经济规范健康持续发展。"近年来，我国平台经济在经济社会发展全局中的地位和作用日益凸显，发展的总体态势是好的、作用是积极的，同时也存在一些突出问题，比如，一些平台企业发展不规范、存在风险；平台经济发展不充分、存在短板；互联网平台垄断问题日益突出，从长远看会影响行业整体的良性发展。完善法律法规和监管机制，引导平台经济领域经营者依法合规经营，有利于维护消费者合法权益和社会公共利益，促进数字经济持续健康发展。多措并举提高数字化发展治理能力，加强顶层设计，强化政策制定与部署落实。构建规范有序的数字化治理体系，需要做好顶层设计，把握发展与治理的平衡点，建立全方位、多层次、立体化监管治理体系，实现政府与企业、政府与个体的有效结合与良性互动，推动有效市场和有为政府更好结合。数字化发展涉及领域众多，需要各部门协同配合，针对各行各业研发、生产、销售、应用等全过程，实现发展与治理的融合推进。同时，要落实好已有政策，确保落地见效。"发展中的数字政府表现出与过去所不同的重要特征，并由此带来政府作为一种组织的持续创新与转型，在技术层面表现出对信息资源更加富有效率的分配，在组织层面则进一步推动政府实现赋能、协同与重构，从而推进国家治理的现代化革命。"①

①黄璜：《数字政府：政策、特征与概念》，《治理研究》2020年第3期，第2页、第6—15页。

第四节 数字技术与信息系统

一、数字技术

数字化时代，对中国来说很重要。中国在前两次工业革命（蒸汽机和电力时代）都完全落后于发达国家，第三次以电子计算机为代表的工业革命中，中国也没有占得先机。但如今迎来了第四次工业革命，是用信息化技术促进产业变革的数字化时代。在数字化时代，中国不再落后而是赶上这个浪潮。正如习近平总书记所说："我们（现在）比历史上任何时期都更接近中华民族伟大复兴的目标，比历史上任何时期都更有信心、有能力实现这个目标。"

"数字技术的应用，改变了传统的商业逻辑，为产业发展注入新的活力。充分认识产业数字化转型的价值维度，厘清传统产业数字化转型的理论逻辑，对于我国推动产业数字化进程具有重要的指导意义。"①

数字化时代，对从事信息技术和管理的人们来说，这是一次难得的际遇。任何一次工业革命，核心技术的发展都是重要的驱动力。数字技术包括数字编码、数字压缩、数字传输等技术，通过数字技术，可以将客观事物转换成计算机世界里的编码语言。许多年前，大家观赏的影视，从录像带到DVD（Digital Video Disc）就是典型技术，而电影《黑客帝国》是对数字技术最具有浪漫主义色彩的描绘。不过相比之下，数字技术

---

① 肖旭、戚聿东：《产业数字化转型的价值维度与理论逻辑》，《改革》2019年第8期，第61—70页。

更关心的是物体本身的解码，对于更多业务实现，并没有过多地涉及。
"数字经济时代，创新管理研究面临重大挑战：数字技术的可重新编程性
（Reprogrammable functionality）和数据同质化（Data homogenization）特性
改变了产品创新、过程创新、组织创新和商业模式创新的方方面面。"[1]

到底什么是数字化技术？马云在德国汉诺威展演讲的时候，说过这样
一句话，"IT tech and digital tech，is not the tech difference of the way people
think，the way people deal with the world"。这句话其实被许多 IT 从业者挑战
过，认为马云不懂技术。也有不少人认为，数字化技术只不过是个噱头，
因为其本质还是日益发展的信息技术，大部分人很难具体看到信息技术与
数字化技术到底什么差别。关于这点，很难说是否正确，不过我们认为这
可能恰恰是"数字化技术"与"信息技术"的差异之处。在许多技术人员
眼里，技术一定是与某种技能相关联的，确实，从第一次工业革命到第三
次工业革命，任何一项技术一定会伴随某种硬技能。数字化时代固然采用
大量的新型技术，从多年前开始提倡的云计算，到后来的大数据分析、物
联网、人工智能，这里都包含了技术的提升。不过，相比这些"硬技能"
来说，这些技术的复杂应用所形成的场景化技术服务，则形成了另一个技
术领域，包括云服务、电子支付这些技术领域的形成。但同时也有许多人
认为这不过是信息技术的衍生，例如第一次技术革命，我们通过蒸汽机产
生了火车和轮船，从而也衍生出了许多交通工具的技术，但是我们不能认
为"交通工具技术"也是一次变革。但我们也需要看到，这次不同于以
往的一个很大差别，在于以往的工业革命后，我们的生活习性是被"技术
绑架"了，且不说我们至今依然无法改变汽车的反人类的方向盘设计，就
拿我们眼前的计算机键盘来说，也是一种不科学的排布方式。但数字化时

---

[1] 刘洋、董久钰、魏江：《数字创新管理：理论框架与未来研究》，《管理世界》2020 年第 7 期，
第 198—217 页、第 219 页。

代的很大不同，在于这些技术转变成了对人类习性的一种靠拢，所以我们可以发挥想象力，把支付融入到虚无的手机应用中，汽车也会变成无人驾驶，可以想象得到，以后的汽车可能会更适合人类的肢体习性。数字化技术相比信息技术，从技术上来说，是一种技术融合，把生物技术、信息技术以及其他领域的技术融合的一种综合技术，同时也更强调对业务模式产生变化的服务设计技能、数据分析技能以及对信息技术的应用技能。

二、信息系统

信息系统（Information System）是由计算机硬件、网络和通信设备、计算机软件、信息资源、信息用户和规章制度组成的以处理信息流为目的的人机一体化系统。信息系统经历了简单的数据处理信息系统、孤立的业务管理信息系统、集成的智能信息系统三个发展阶段。主要有五个基本功能，即对信息的输入、存储、处理、输出和控制。输入功能：信息系统的输入功能决定该系统所要达到的目的及系统的能力和信息环境的许可。存储功能：存储功能指的是系统存储各种信息资料和数据的能力。处理功能：基于数据仓库技术的联机分析处理（OLAP）和数据挖掘（DM）技术。输出功能：信息系统的各种功能都是为了保证最终实现最佳的输出功能。控制功能：对构成系统的各种信息处理设备进行控制和管理，对整个信息加工、处理、传输、输出等环节通过各种程序进行控制。

信息系统是一门新兴的科学，其主要任务是最大程度地利用现代计算机及网络通信技术加强企业的信息管理，通过对企业拥有的人力、物力、财力、设备、技术等资源的调查了解，建立正确的数据，加工处理并编制成各种信息资料及时提供给管理人员，以便进行正确的决策，不断提高企业的管理水平和经济效益。企业的计算机网络已成为企业进行技术改造及提高企业管理水平的重要手段。

一个完整的管理信息系统（Management Information System，MIS）应包括辅助决策系统（DSS）、工业控制系统（CCS）、办公自动化系统（OA）以及数据库、模型库、方法库、知识库和与上级机关及外界交换信息的接口。其中，特别是办公自动化系统（OA）、与上级机关及外界交换信息等都离不开企业内部网（Intranet）的应用。可以这样说，现代企业 MIS 不能没有 Intranet，但 Intranet 的建立又必须依赖于 MIS 的体系类型。从信息系统的发展和特点来看，可分为数据处理系统（Data Processing System，DPS）、管理信息系统（Manage-II'lent Information System，MIS）、决策支持系统（Decision Sustainment System，DSS）、专家系统（人工智能的一个子集）和虚拟办公室（Officc Automation，OA）五种类型。由管理的层次性可将经理信息系统、营销信息系统、制造信息系统、财务信息系统、人力资源信息系统、信息资源信息系统分为两个层次。这是一种有逻辑的 MIS 而不是物理的 MIS，也叫组织信息系统。

第五节　数字技术在营商环境建设中的地位与作用

数字技术是优化营商环境的利器。政务服务包罗万象，以人民为中心、全心全意为人民服务，不仅需要满足人民提出的需求，更要从设计人民参与、设计服务产品和设计应用场景等角度，主动满足企业和老百姓"办事不难""办事不繁""办事又快又好"的要求。"数字技术的快速迭代与普及推广为政府数字化转型提供了强大的科技驱动力，通过技术赋能和技术赋权双重机制推进数字政府建设。"[①] 数字技术在完善政务服务产品

---

① 孟天广：《政府数字化转型的要素、机制与路径———兼论"技术赋能"与"技术赋权"的双向驱动》，《治理研究》2021 年第 1 期，第 2 页、第 5—14 页。

的功能设计、提升服务效能方面有独特的作用。如何塑造更加公平安全的营商环境，如何利用数字技术营造更好的营商环境，是数字经济时代优化数字经济营商环境的必经之途。我国经济社会发展和民生改善比过去任何时候都更加需要科学技术解决方案，都更加需要增强创新这个第一动力。优化营商环境也不例外，必须具备数据思维、平台思维，运用数字技术推动营商环境数字化转型升级，实现精准判断，营造稳定公平透明的营商环境。

优化营商环境永远在路上，需要技术不断进步，从技术层面来说，提升"互联网＋监管"水平。在数字政府建设中，加大对物联网、云计算、大数据、人工智能、区块链、5G等重点领域的研发投入和应用，运用数字技术优化政务服务流程，完善社会信用体系的建设，将公共数据与社会平台的数据进行安全、有序、有选择的融合，形成"线上调用、线下核验"的业务协同。政府运用数字技术优化营商环境，可以采用购买服务的方式。比如，引入海量数据算力平台，构建以各领域创新应用为最终目标的大数据生态体系，对监管业务和科学管理决策进行仿真模拟，推动政府监管更加精准、高效和智能。政府与互联网平台合作，用技术维护守信、守约、合法的营商环境，可以实现政府、企业和社会协同发展。

"数字＋营商环境"是指利用数字技术改造赋能后的传统市场环境。具体的赋能方式有生产赋能、交易赋能和管理赋能。其中，生产赋能是指将云计算、人工智能等数字技术融入传统制造业的生产端。数字营商环境中，数字技术对营商环境的生产赋能，一方面可以推动市场主体在生产部门内，通过工步引导、机器视觉等技术，结合深度学习算法，实现生产的定制化与资源配置的高效化；另一方面可以促成产品设计、流程设计等部门与生产部门的数据协作，大大缩短产品研制周期，发挥"1+1>2"的作用。交易赋能则是利用数字技术支撑的数字平台，为以往只能进行线下交易的传统市场主体，提供更加高效便捷的交易渠道。数字平台既可以是市场主体的自建网络平台，也可以是市场环境中交易双方依附的第三方网络平台。管理赋能是将数字技术融入传统营商环境中政府的监管与服务中，使其升级为数字政务、智慧政务。经过以互联网技术为代表的数字赋能，政务的办理可以从线下转到线上，突破地理和部门限制。数字政务还可以做到政务公开，促进政务标准化。

数字设施技术环境组成了数字营商环境的底层架构，为其他三要素提供底层技术支撑，它包含了硬件与软件技术设施环境两部分。其中，硬件设施主要有两类。第一类硬件设施是信息基础设施，包括卫星、光缆等各种网络通信设施，它实现了数字营商环境中不同主体的线上连接。第二类硬件设施是物流基础设施，包括公路等交通基础设施和相应的运载与仓储设备，它实现了数字营商环境中不同主体的线下连接。不同于硬件设施存在实体的特点，软件设施栖身于数字世界。软件设施同样也分为两类：第一类是提供支付、信贷、信息流通等功能的各种网络平台，它们是信息基础设施的运行成果与功能延伸。第二类是以大数据和人工智能为代表的高新技术，此类技术的进步创新可以提高数字市场主体的运转效率与统筹协调能力，并不断助力其迭代升级。尽管在硬件设施方面存在一定的重合，与传统营商环境相比，数字营商环境中的设施技术环境的突出特征在于虚拟化。数字营商环境得以延续的核心设施是存在于虚拟数字世界的软件设施，而硬件设施的主要作用是为软件设施提供支撑。

数字设施技术的加持使得数字贸易成为可能。第一，信息基础设施提供了数字贸易最基础的技术支撑——通信技术支撑。通信技术可以实现市场主体的远距离沟通，这大大突破了时空限制，节约了交易成本。第二，优良的物流基础设施为数字贸易提供了运输技术支撑。合格的仓储物流不仅可以缩短贸易标的的运输时间，更可以保障路途中标的的安全。另外，现代物流基础设施还可以满足冷链运输的需求，这为过去一些因自身特质无法进行跨境贸易或远距离配送的贸易标的开辟了新的贸易渠道与市场。第三，数字营商环境必需的移动支付平台、数字金融平台、在线交易平台等软件基础设施为数字贸易提供了平台技术支撑。平台技术是数字贸易过程中最重要的功能载具，例如移动支付平台解决了数字贸易过程中的结算问题，补全了交易链条最重要的一部分。第四，以人工智能算法、云计算、区块链为代表的高新技术可以为数字贸易产品产业的迭代升级提供技术支撑。随着数字贸易的规模化，数字市场主体要做到精准服务与高效运营，必须采用以人工智能等高新数字技术为支撑的智慧车间、精准推送、数字物流等新模式。总之，数字营商环境的组成要素之一——数字设施技术环境为数字贸易的进行提供了通信、物流、平台和产业升级等不同层面的技术支撑，是数字营商环境在数字贸易中拥有基础性地位的重要原因。

数字技术的快速发展和数字化改革的持续推进，为构建适应数字时代我国营商环境治理体系提供了新的可能。郁建兴称，数字时代带来了新的市场环境和产业发展的变化，对数字基础设施和治理规则提出了新要求。但是，无论是世界银行的指标体系还是国家发改委的指标体系，都主要聚焦于反映工业时代的生产要素，对于需要更新的经济土壤作为支撑的数字时代而言，其适配程度较为薄弱。因此，《关于开展营商环境创新试点工作的意见》中提到的加强数据共享和电子证照应用支撑成为亮点。

一方面，新型数字基础设施是否完善越来越成为企业投资行为的重要考量。新型数字基础设施既涵盖了传感终端、5G网络、大数据中心、工业互联网等，也包括利用物联网、边缘计算、人工智能等新一代信息技术，对交通、能源、生态、工业等传统基础设施进行数字化、网络化、智能化改造升级。因此，《关于开展营商环境创新试点工作的意见》明确要求加快打破信息孤岛，扩大部门和地方间系统互联互通和数据共享范围。另一方面，与数字经济有关的各种配套制度将深刻影响企业的投资意愿。从企业投资角度看，数据开放程度、知识产权保护、数据隐私保护以及数字规则建设等都是重要因素。场景和数据开放是育商招商的重要力量，我们在《关于开展营商环境创新试点工作的意见》中看到，政府将继续优化数据资源授权模式，探索实施政务数据、电子证照地域授权和场景授权，将产生于地方但目前由国家统一管理的相关领域数据和电子证照回流试点城市；同时，完善数字规则，加强数据保护，推动更多数据资源实现安全高效优质的互通共享。值得指出的是，在营商环境建设中不仅需要加入"数字"维度，而且在技术层面，也可以利用算法模型获得的指标，通过无感监测获取相关数据，实现营商环境的实时动态监测。以往营商环境的数据采集较多采用线下问卷的方式填报，存在专业性不足、准确性较低、财务成本过高等问题，导致第三方机构或上级政府很难准确掌握各地的营商环境真实情况。今后，各级政府可基于前期业务数据化的工作基础，采用一种全新的方式采集营商环境的相关信息，实现从行政填报到自动监测的转型升级。

应对数字技术带来的风险挑战。当前，以5G、人工智能、区块链、大数据等信息技术为代表的新一轮科技革命和产业变革加速推进，成为推动经济社会发展的主要动能。数字技术的广泛应用，在不断改变人们生活和交往方式的同时，也深刻影响人们的行为和思考方式以及价值观念和道德观念，带来了潜在风险。例如，个人信息和数据泄露带来个人隐私保护风险、算法推荐加剧"信息茧房"、人工智能技术带来伦理安全风险等。应对数字技术带来的风险挑战，向互联网服务管理模式提出了新的更高要求。

第六节　数字赋能开创探索中国特色营商环境建设新路子

　　数字经济时代的新型营商环境成为广泛关注的议题。国家发改委于2022年1月发布的《"十四五"数字经济发展规划》提出，要更加优化数字营商环境、加速弥合数字鸿沟。数字经济时代对一个国家的经济社会治理能力提出更高要求。市场化、法治化、国际化、便利化的营商环境是一个国家、一个地区经济社会高质量发展的重要因素。有学者指出："将数字化赋能划分为授予权力、提高能力、激发潜力三个维度，为数字化赋能提供了测量维度参考；第二，探索了数字化赋能的关键是数字化能力的提升，提炼出的分析能力、连接能力、智力能力等3种数字化能力为后续能力视角的研究提供重要借鉴；第三，连接了数字化赋能与大规模定制理论并提炼出大规模定制技术创新的过程模型，丰富了互联网情境下大规模定制实现的前因和过程研究。"[①]改革开放40多年来，我国传统意义上的营商环境在不断改善。当前，全球经济格局正在进入新的调整和竞争态势，要顺应信息化的时代大势，亟须从优化传统营商环境向构建智能化的数字营商环境转变。传统意义上优化营商环境的方式，主要是"走出去"招商引资、制定土地和税收优惠政策、"五通一平"、引导转变社会观念等。但在当今时代，数字化方式正有效打破时空阻隔。因此，需要利用信息技术发展的最新成果促进政务信息、商务信息、社会信息的便捷传输、透明运

[①] 周文辉、王鹏程、杨苗：《数字化赋能促进大规模定制技术创新》，《科学学研究》2018年第8期。

行和高效沟通，推动市场主体全生命周期服务形成闭环，全面提升市场一体化水平，有效降低制度性交易成本，真正筑牢高标准市场体系的微观基础，使构建数字营商环境成为国家治理体系和治理能力现代化的重要组成部分。"数智化"的数字营商环境所具备的天然优势，可有效助力营造透明、公平、高效的政务和商务服务体系。"数"，是指数字信息科技的"数"；"智"，是指智能化、智慧化应用的"智"。把科技成果与应用、手段和目的有效结合，才能真正实现"数智化"，发展数智经济，建设数智社会。与传统的营商环境相比，数字营商环境可以使办事审批过程更加公开透明，可以提升政务服务绩效评估考核的标准化程度和可持续性，有利于建立政务服务和营商环境评价的全社会多元参与机制。

目前，中国已具备建设数字营商环境的基本条件。在整个"十三五"时期，我国深入实施数字经济发展战略，数字基础设施不断完善，新业态新模式不断涌现，数字产业化和产业数字化取得积极成效。当然，在构建和优化数字营商环境的同时，应高度重视信息安全和数据产权问题。现代信息技术和大数据的广泛运用，既可以为社会公众和各类市场主体提供便捷精准的服务，客观上也会带来信息安全和数据产权问题。要建立政府、平台、企业、行业组织和社会公众多元参与、有效协同的数字治理新格局，形成治理合力，鼓励良性竞争，对数据进行科学确权和有效保护，维护公平有效的市场。要加快建立数智化监管体系，实现事前事中事后全链条全领域监管，完善跨区域协同机制。"数字时代优化营商环境需要发挥数据赋能效用，构建数字营商环境体系。数字营商环境是数字时代数字政府建设的重要内容、数字经济发展的必然趋势和数字社会治理的内在要求。全面推进数字营商环境建设，需要加快数字基础设施建设、推动数据全面开放共享、优化平台系统结构功能和提升在线政务服务能力，从而提升数字营商环境整体效能。"[①]

　　针对数字营商环境的评价标准问题，随着全球数字经济蓬勃发展，数字营商环境的优化也成为各国关注的重点。优化数字营商环境，应当了解国际评价指标，从具有代表性的评价指标体系中了解自身数字营商环境的优势与劣势。在此基础上，构建适合国情的评价指标体系，指导数字营商环境建设。世界银行、国际电信联盟等国际组织都将数字营商环境相关指标纳入各类国别评价框架，提出了数字营商指标、ICT 发展指数等指标。其中世界银行提出的数字营商指标是具有一定权威性的评价指标体系，并已在法国、韩国等 21 个国家试点开展指标应用。该评价体系包含 5 个一级指标：网络连接程度，包含普遍接入、频谱和域名；数据隐私和安全，包含个体权利、数据跨境流动、数据安全和执法；物流，包含最低限度的门槛、关税以及增值税和商品与服务税；支付，包含支付服务提供商许可、支付授权和处理安全；数字市场规则，包含消费者保护、中间商责任、电子签名。但从评价内容重点、数据采集以及评价方法来看，世界银行提出的评价指标体系不适用于中国这样人口众多、市场环境复杂的经济体，这也是其没有选择中国作为试点国家的重要原因。为了衡量我国数字营商环境的建设情况，国内已有多个组织构建了更加适用于我国国情的数字营商环境评价指标体系。

　　国家工业信息安全发展研究中心 2021 年 12 月提出的全球数字营商环境评价指标体系，更能反映我国数字营商环境的实际建设情况。该评价体系包含 5 个一级指标：数字支撑体系，包含普遍接入、智慧物流设施、电子支付设施；数据开发利用与安全，包含公共数据开放、数据安全；数字市场准入，包含数字经济业态市场准入、政务服务便利度；数字市场规

---

① 周伟：《数据赋能：数字营商环境建设的理论逻辑与优化路径》,《求实》2022 年第 4 期，第30—42 页、第 110 页。

则，包含平台企业责任、商户权利与责任、数字消费者保护；数字创新环境，包含数字创新生态、数字素养与技能、知识产权保护。全球数字营商环境评价指标体系在指标设定上也更能反映出我国在数字营商环境建设方面的进步。例如，在数字市场准入方面，我国在 G20 经济体中排名第二，得益于明确推出"加强制度供给""互联网＋政务服务"等措施；构建良好的数字营商环境是一个全球性的问题，需要一个全面的、具体的、有代表性的衡量标准。因此，我国优化数字营商环境应将评价指标作为引导，以国际公认的评价指标体系为参考，以中国特色的评价指标体系为指导采取相应措施。"数字创新过程中数字能力的嵌入，改变了产品和服务提供价值的过程；中国海量的用户基础及其异质性与多层化成为中国企业未来推动数字创新、建立主导优势的重要机遇。"[①]

近年来我国数字营商环境建设取得长足进步，体现出中国特色的营商环境建设的新路子。

一是我国营商环境的数字化构建取得明显成效。国家层面印发《进一步深化"互联网＋政务服务"推进政务服务"一网、一门、一次"改革实施方案的通知》，搭建了以国家政务服务平台为总枢纽的全国一体化政务服务平台，接入地方政府服务"小程序"，有力提升了企业纾困、证照办理、车辆服务等诸多领域的政务服务水平。截至 2021 年底，该平台实名用户已超过 8 亿人，国家政务服务平台使用量达 338.9 亿次。需要特别指出的是，异地就医结算备案、社会保障卡申领等服务事项实现"跨省通办"，出生、就业创业、社保就医、退休养老等高频事项实现一次办理，努力让群众办事"像网购一样方便"。

二是传统营商环境的数字化提升实现突破。各地"掌上办""一网通

---

① 余江、孟庆时、张越、张今、陈凤：《数字创新：创新研究新视角的探索及启示》，《科学学研究》2017 年第 7 期。

办"等电子政务平台不断上线运行，大数据、云计算、人工智能等新技术在政府治理中得到逐步应用，各级政府部门线上办理服务事项的水平快速提升。作为衡量国家电子政务发展水平的核心指标，在线服务指数得到各国高度重视，我国在线服务指数排名已达全球第9位，在线服务达到全球评价"非常高"的水平。在这个过程中，各地也涌现出一批数字营商环境建设的典型做法，为在全国推广提供了经验。例如，上海市聚焦惠企政策、普惠金融、专项资金、用工就业、服务贸易等领域，整合优化应用场景，推出更多的点单式申请、非接触办理。北京市实现不动产登记、房屋交易及税收征管领域"一网通办"服务。深圳市上线企业"秒批"系统，将企业设立审批时限由一天大幅压缩至几十秒内，有力推动着我国营商环境迈向数字新高度。

三是适应数字经济发展的软、硬环境支撑逐步完善。伴随数字经济新模式新业态不断涌现，与数字经济相适应的"游戏规则"迫切需要加快搭建。加之，当前全球数字经济发展的主动权还掌握在发达国家手中，数据治理"游戏规则"也主要由发达国家制定。我国加快数字营商环境建设，特别是制度、标准层面的软环境建设，已成为提升数字经济国际竞争力的当务之急。软环境瞄准国际一流水平不断创新突破。法律制度层面，电子商务法、数据安全法等相继发布实施，数据要素交易制度基本建立。技术标准层面，我国在国际上参与各类技术标准制定的情况越来越多，截至2021年底，在国际标准化组织ISO中承担技术机构秘书处的数量已达79个，较2020年增加73个，在技术创新中的国际地位明显提升。数据安全层面，大力开展APP违法违规收集使用个人信息专项治理行动、电信和互联网行业提升网络数据安全保护能力专项行动，特别是个人信息保护法出台，对数据安全起到强有力的保障作用。

四是我国通过数字营商环境建设构建产业和技术竞争新优势，已成为一条实现弯道超车、后来居上的现实可行的路径。我国人口多、数据资源规模大、数据应用领域广，因此在数字营商环境建设、数字经济发展方面有一定优势，为我国抢抓新一轮科技革命机遇、实现高质量发展创造了难得的有利条件。要充分激发市场主体活力、打造数字经济新优势。数字化转型需要配套的数字营商环境作为保障，针对我国现实情况，全面优化数字营商环境需重点围绕加快数字基础设施建设、提高市场准入便利性、建立公平竞争的市场秩序、加强网络安全与用户权益保护、提升政府监管与服务能力等方面展开。

数字营商环境的优化升级能够驱动数字贸易生态圈的拓展。数字营商环境优化包括数字设施技术更新、数字市场规模扩大与结构改良、数字政策政务革新、数字司法治理升级等多方面的进步，这些优化不仅代表着数字营商环境在数字贸易中拥有更加稳固的基础性地位，还能吸引更多数字贸易市场主体的加入，而更多市场主体间自发的互相监督可以激励生产效率提升，减少违规行为，维持生态圈的健康与活力。此外，最重要的是，数字营商环境的优化有助于挖掘数字贸易中买方的新需求，诞生新的生态圈共生单元，开拓数字贸易新市场，扩大已有市场的资源存量，相当于提供更多可供数字贸易市场主体挖掘的增量，减小其争夺存量的压力和引致恶性竞争的可能性。而随着数字贸易生态圈的拓展，新技术、新业态的出现也有利于数字营商环境的进一步优化，实现良性循环。根据世界银行《2020 年营商环境报告》，中国的营商环境在全球 190 个经济体中的排名从第 46 位升至第 31 位。中国整体营商环境排名的提升，离不开迅速发展的数字营商环境。例如，在数字设施技术环境方面，拥有技术支撑作用的大数据中心等硬件设施和 5G 技术、人工智能等软件设施已被我国政府列为新基建的重点发展领域。

第四章　基于数字赋能的营商环境构建研究

时至今日，以大数据、人工智能、区块链等新技术为代表的第四次工业革命正以前所未有的速度、深度与广度飞驰而来，新技术的运用渗透到社会经济的方方面面。[①] 大数据等新技术日益呈现出欣欣向荣、蓬勃发展的态势，国家治理的技术化趋势已经十分明显，营商环境治理亦不例外。通过数字技术赋能，营商环境治理得以适应复杂的市场环境，拥有了巨大能动性和灵活性，从而在很大程度上改变了传统的被动式政府治理格局。显然，通过数字赋能营商环境创新改革已成为实现政府治理现代化的必由之路。可以说，在未来一段时间内，基于数字赋能而进行营商环境构建仍将是各级政府的重点工作。

第一节　现代治理方法在营商环境中的地位

从整体上来看，现代治理方法在营商环境构建中拥有着重要的基础性地位，是优化营商环境的主要抓手。对于国家与政府而言，现代治理方法可以理解为治理主体在解决公共问题、实现治理目标、促进经济社会发展

[①] 张丙宣：《政府的技术治理逻辑》，《自然辩证法通讯》2018 年第 5 期，第 95—102 页。

的过程中所采取的方法、措施、机制、技术等的总称。[①] 对于营商环境而言，现代治理方法包括两种。一种是各级政府为优化营商环境而发布的具有普遍约束力和指导性的政策文件，既包括中央政府发布的《优化营商环境条例》等统领性政策文件，也包括地方政府发布的诸多具体执行性政策文件，如浙江省政府发布的《浙江省营商环境优化提升方案》；一种是通过具体的政策工具和方法如评价指标体系构建、行政许可清单管理、行政审批简化、在线政务服务等途径来优化营商环境。地方各级政府正是通过上述方法来达到规范市场与政府关系、激发市场活力、高效优质服务市场主体的目的的。在实践中，国家发改委摸索创建引领中国特色的价值取向、符合中国改革方向的营商环境评价指标体系，通过"对标先进—创新试点—复制推广"的方式，有力监督营商环境治理效率、保障营商环境持续优化，并鼓励通过技术赋能优化政府流程，加快推进线上线下深度融合、智慧监管等[②]；地方层面，各级政府普遍运用大数据、区块链等新技术，将营商环境建设置于数字化浪潮的大背景下展开，涌现了浙江省"最多跑一次"、江苏省"不见面审批"、上海市"一网通办""一网统管"等技术赋能营商环境改革创新实践。

进一步说，在上述现代治理方法中，以新技术赋能成为各级政府最为常用的治理方法，并在各地营商环境改革创新中具有不可或缺的重要意义。通过数字技术赋能，各级政府转变传统治理思路，充分运用互联网、大数据等思维，在降低企业经营成本、提高政务服务便利度、缩减办事时间等方面取得了显著治理成效，我国营商环境的全球排名高位提升。正如有研究所指出的，技术赋能是实现"放管服"改革推进营商环境优化的先

---

① 郎佩娟：《国家治理方法的变革与适用》，《国家治理》2019 年第 22 期，第 3—10 页。

② 宋林霖、陈志超：《中国营商环境治理：寻求技术逻辑与制度逻辑的平衡》，《行政论坛》2022 年第 5 期，第 44—51 页。

导。[①] 所谓"技术赋能",简单来说,就是运用先进的技术手段,通过技术扩散、场景改造和提供平台等方式,赋予个人和组织行动能力。[②] 一方面,技术赋能有助于政府履行其职能,通过技术嵌入可迅速且精准识别营商环境治理中的问题,提升治理效能,并有助于治理效果的动态评估与执行调试;另一方面,技术赋能为政府优化营商环境提供了丰富有力的政策工具,实现了治理工具的革新。同时,通过技术赋能,企业、社会组织、公众可广泛参与营商环境优化和建设,并逐步提升自身效能感和控制力,能更好参与营商环境治理。总体而言,在优化营商环境方面,技术赋能极大增加了政府治理能力,在提升政务服务效率,推进市场监管创新和商事制度改革方面发挥了关键性的作用。

在提升政务服务效率方面,营商环境建设中的"一窗受理""最多跑一次""不见面审批"等高效政务服务模式均离不开大数据、云计算等新技术的支撑与赋能。将数字手段和信息技术手段融入政务服务之中,让群众少跑腿,企业享便利,通过在线政务服务平台建设突破了政务服务事项办理的时空限制,并提高了行政许可申请便捷度和审批服务的处理效率。《数字中国发展报告(2021年)》显示,"掌上办""指尖办"已成为各地政务服务标配,"一网通办""跨省通办"取得积极成效,超90%的省级行政许可事项实现网上受理和"最多跑一次",平均承诺时限压缩超过一半以上。比如北京市以企业需求为导向,以便捷高效为目标,依托国家和北京一体化政务服务平台,大力推行申请、受理、审批、归档等政务服务流程电子化,并重点聚焦电子印章、电子证照等关键环节开展攻坚,按下便民利企"快捷键"。同时,依托在线政务服务平台,可实现网上申报、信息

---

① 彭向刚:《技术赋能、权力规制与制度供给——"放管服"改革推进营商环境优化的实现逻辑》,《理论探讨》2021年第5期,第131—137页。

② 王丹、刘祖云:《乡村"技术赋能":内涵、动力及其边界》,《华中农业大学学报(社会科学版)》2020年第3期,第138—148页、第175页。

推送、数据共享、并联审批等业务全流程的网上办理，进一步方便相关业务流程的办理。在疫情防控期间，为帮助企业更快速、更便捷、更精准地在线享受惠企政策、直达办事服务，国家政务服务平台于2021年底上线"助企纾困服务专区"，利用大数据手段为企业"精准画像"，推动助企纾困政策对企业精准化匹配、个性化推送、一站式办理，让企业办事"少跑腿、高效率"。

在推进市场监管创新方面，数字技术赋能是关键一招，"双随机、一公开"监管、"互联网＋监管"、信用监管、非现场监管、精准监管等监管手段与模式均直接体现了技术赋能（图4-1-1）。数字技术赋能可在一定程度上弥补市场监管力量的不足，降低监管成本。数字、网络、智能技术可以打破时空限制，实现全天候、适时监管。信息技术自动化、智能化、留痕等特点可以提升市场监管的标准化、规范化、便利化，减少市场监管中选择性执法和自由裁量权，从而实现公正高效监管。通过技术赋能，一方面打破了传统监管中的"信息不对称"，如通过大数据技术可主动发现市场交易中的违法行为，有助于实现精准监管。另一方面，技术赋能可促进市场监管数据之间的共享共用，打破跨层级、跨部门、跨区域、跨系统、跨主体之间的信息壁垒，消除"信息孤岛"，并在汇总整合和关联分析市

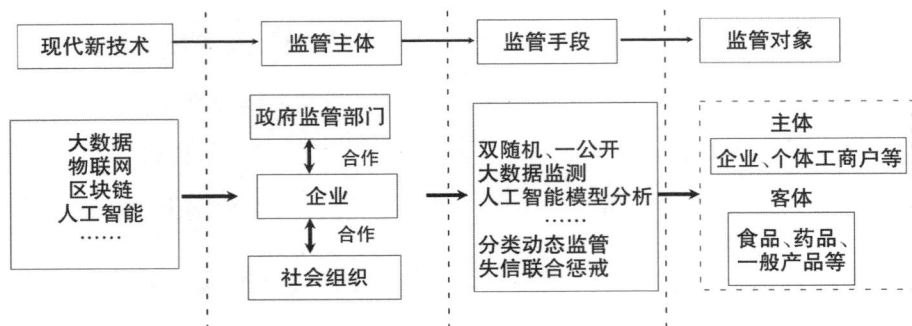

图4-1-1　数字技术赋能市场监管创新

场监管相关数据的基础上，及时掌握企业经营活动的规律，实现对重点领域的监管。在技术赋能的推动下，"协同联动、智慧执法、全民参与"的智慧监管格局正日趋形成。

在商事制度改革方面，正是通过技术赋能，企业开办、涉企备案类事项、涉企许可类事项等日益简便，"证照分离""告知承诺""优化审批服务"也得以顺利推进。利用大数据、人工智能等技术，可实现企业登记便利化、风险管理自动化，在宽进的同时提高政府服务的针对性、有效性，有效降低错误登记风险，减少申请人跑办次数，增强风险预判能力，切实做到放出活力、管出公平。以杭州市为例，在积极统筹运用数字化认知、数字化思维、数字化技术的基础上，杭州市着力打造商事登记"准入准营一网通"平台，将数字化、一体化贯穿商事登记全过程、市场主体全生命周期，有效破解了深化商事制度改革的难点堵点。比如在企业开办方面，杭州市按照"一个环节"整合企业开办各环节，实现营业执照领取、公章刻制、税控设备和发票申领、社保参保登记、公积金缴存登记、银行开户预约一站式服务、"分钟制"办理，固化"一网、一窗、一次"的标准。[①]

第二节　数字赋能营商环境建设的方法论

简单来说，方法论是关于认识世界和改造世界的方法的理论。营商环境建设作为政府在简化行政审批、放宽市场准入、降低制度成本、强化监督检查等多个方面的活动，体现了各级政府对于市场与政府关系的新认

---

① 冯世联、李承哲、赵侨琪：《杭州商事制度改革的数字化实践》，《中国市场监管研究》2021年第11期，第63—65页。

知，以及对于此关系的改造和调适。对于数字赋能营商环境建设而言，其背后也有一定的方法论支撑，体现着多元主体尤其是政府对于技术应用的认知，以及政府通过技术应用对政府流程的系统性改造。数字赋能营商环境建设是大数据、人工智能等新技术赋能政府治理的表现，涵盖主体、工具、机制和效能等多个要素。从现有实践来看，数字赋能营商环境建设的主要方法论为组织权变理论。

组织权变理论是 20 世纪 60—70 年代由经验主义学派发展而来的一种管理理论。"权变"，即权宜应变，要求管理者审时度势，动态把握环境因素变化，并根据不断变化的内部条件和外部环境随机权衡，寻求符合特定环境条件的管理模式、方案或方法。最早系统性研究权变理论的学者是美国管理学家弗莱德·菲德勒，其提出了著名的"权变领导模型"，核心概念即是有效的管理应根据情势变化相应地改变管理模式。[①] 传统的行为科学管理等理论往往注重组织的内部管理，追求普适的管理原则与模式，希望通过发掘管理的"规律性"获取一种最为简单实用的通用管理方法，从而一劳永逸地实现对所有组织的有效管理。然而当组织面对瞬息万变的外部环境问题时，这些理论却显得力不从心。

正是在这种情况下，人们不再相信管理会有一种最好的行事方式，而是必须随机制宜地处理管理问题，于是形成一种管理取决于所处环境状况的理论，即权变理论，"权变"的意思就是权宜应变。组织权变理论的基本思想在于，每个组织的内在要素和外在环境条件都各不相同，因而在管理活动中不存在适用于任何情景的原则和方法，即：在管理实践中要根据组织所处的环境和内部条件的发展变化随机应变，没有什么一成不变的、

---

① 王磊：《分布式治理：技术嵌入基层治理的理论基础、权力逻辑与治理样态》，《电子政务》2022年 11 月 8 日，第 1—12 页。

普适的管理方法。[①] 在动态的环境变化中，组织想要保持良好的绩效，其结构设计就必须满足特定的情境需求，如组织所使用的技术、组织的市场地位等。同时，组织权变理论将技术视为实现组织绩效的环境因素，并将组织对技术的采用视为特定情境下的理性决策。

结合实践来看，数字赋能营商环境建设主要受到技术的应用环境、组织需求和技术适应性的影响。换言之，正是在这三大因素驱动下，数字赋能营商环境建设得以形成和萌发。就技术的应用环境来看，作为开放系统中的一个子系统，政府组织并非孤立的，必然会受到环境的影响，并需要根据周边的环境做出决策并进行行为上的适时调整。而数字赋能营商环境建设正是产生于我国数字化转型的社会经济环境下。随着大数据、区块链等新技术的发展，互联网、大数据、人工智能和实体经济深度融合，我国整个经济社会处于前所未有的数字化转型中。以大数据技术为例，"互联网＋金融""互联网＋医疗""互联网＋传统制造"等新经济业态皆以大数据的运用为技术基础，"十三五"时期，大数据产业规模年均复合增长率超过 30%，2020 年超过 1 万亿元，大型数据中心跨地区经营互联网数据中心业务的企业已达到 295 家。作为市场主体的企业也在积极利用数字技术进行创新，进行业务模式转型和商业结构的调整，传统的商业逻辑和市场格局也随之发生改变。在此环境下，政府职能部门也开始尝试在营商环境建设中使用数字技术，并取得了突出成效。可以说，以"最多跑一次"为代表的营商环境改革创新，正是新技术应用环境下政府治理系统化、整体化、协同化、网络化和智能化的创新发展，以满足企业和公众对公共服务的需求并实现公共价值的增值效应。

就组织需求来看，在现代市场环境下，市场主体行为日趋复杂，应对

---

① 《权变理论》，《管理观察》2019 年第 36 期，第 183 页。

稍有不慎，便易引发连锁反应，对社会经济运行产生巨大影响，尤其是在"技术发展与风险增长成正比"的数字社会下，如何处理技术嵌入与运行所带来的社会风险成为政府部门不得不面对的新考题。正如上文所指出的，数字技术的日益成熟和嵌入改变了传统的商业逻辑和市场格局，构筑并形成于计划经济体制中的传统市场监管和公共服务手段已经难以为继。因此，为应对挑战和风险，政府迫切需要引入大数据等数字技术来增强自身监管能力，以能够利用有限的资源来应对监管的复杂性，并通过政策工具的创新来调适自身与市场的关系。同时，党的十八大以来，推进政府治理体系和治理能力现代化成为一项时代命题，而通过技术赋能提升治理能力成为其题中应有之义。在营商环境建设中，数字技术的广泛应用可有效破解地方保护主义和部门本位主义问题，推动政府"共商共建"营商环境，提升政府营商环境建设整体绩效。换言之，通过技术赋能将数字技术与营商环境有机结合，可形成数据赋能的数字营商环境理念，助推营商环境优化升级。总之，在政府组织需求驱动下，数字赋能营商环境改革创新正是对以往政府服务碎片化、低效化、市场监管手段传统滞后的有力回应。

就技术适应性而言，政府主要通过以下两方面措施手段成功实现了技术嵌入，完成了对技术的适应性调整。其一，通过数字信息系统建设和整合来提升自身对数字技术的驾驭和掌握能力，并以此为平台赋能监管治理。以市场监管领域为例，联通汇聚全国信用信息共享平台、国家企业信用信息公示系统、全国 12315 平台等重要监管平台数据的国家"互联网＋监管"系统已初见雏形，部分地区也已构建了横跨数十个部门的监管工作平台，如杭州市由市政府办公厅和市场监管局牵头，全市 39 个部门共同参与建设了统一的杭州市企业信用联动监管平台。可见，数字信息系统的建设为政府适应和使用新技术提供了良好的嵌入口，极大提升了政务服务和监管治理效能。其二，通过政企合作，快速提升了政府技术应用的集约化、一体化水平，并在营商环境建设方面发挥了重要作用。企业经过长期的市场竞争，在云计算、大数据、区块链等领域积累了丰富经验，具有明显的技术优势，能够快速完成技术和成果转化，克服传统建设重技术、轻业务，重建设、轻应用等问题。当下，在浙江、广东、上海等地，政府利用企业的技术优势，不断推动技术嵌入向纵深方向发展。

第三节　数字营商环境的概念模型和逻辑模型

一、数字营商环境的概念模型

2020 年 11 月，习近平总书记在亚太经合组织第二十七次领导人非正式会议上发表重要讲话，首次提出了"数字营商环境"，并强调"倡导优化数字营商环境，激发市场主体活力，释放数字经济潜力，为亚太经济复苏注入新动力"。从概念上来看，数字营商环境就是利用数字赋能于营商环境建设，以数字化、智慧化技术优化营商环境，在数字政府和智慧政府建设中利用互联网平台和移动终端，将数字化和智慧化技术运用到行政审批、市场监管等政务服务场景中，促进营商环境不断优化升级。[①]不同于传统意义上通过招商引资、制定土地和税收优惠政策、"五通一平"等方式来优化营商环境，在当下，数字营商环境更注重通过利用数字信息技术发展的最新成果来促进政务信息、商务信息、社会信息的便捷传输、透明

---

① 周伟：《数据赋能：数字营商环境建设的理论逻辑与优化路径》，《求实》2022 年第 4 期，第30—42 页、第 110 页。

运行和高效沟通，推动市场主体全生命周期服务形成闭环，全面提升市场一体化水平，从而达致优化营商环境的目的。尤其是在新冠肺炎疫情冲击之下，市场变化对于各级政府的治理能力提出了更高要求，使构建数字营商环境成为国家治理体系和治理能力现代化的重要组成部分。结合实践和相关理论研究，基于数据赋能的数字营商环境包括基础设施智能化、政务服务在线化、数据运营无界化等三大要素，而这三大要素也共同构成了数字营商环境的概念模型。

首先，是基础设施智能化。数字营商环境的核心理念是以最低的成本为企业和公众提供更好的服务，而实现这一核心理念的前提在于数字化基础设施的改善。不同于公路、铁路、机场等突破物理空间限制的传统基础设施，在数字营商环境建设中，基础设施主要指以大数据、人工智能、工业互联网、物联网等为代表的现代信息技术群。数字营商环境基础设施智能化，意味着通过对海量市场数据的深度挖掘和智能分析，可以全面动态掌握市场各个领域的运行状况，增强政府对市场环境的数字理性感知，从而实现治理的精准化和智能化，为市场主体提供廉洁高效的政务服务。比如在市场监管领域，人工智能的发展可以更好地自行模拟和构建市场监管模型，以主动发现违法线索并做出研判，有效推进市场监管精准化。

其次，是政务服务在线化。在大数据时代，数字营商环境建设能够为企业和公众提供整合式的线上政务服务，从而实现营商环境便利化的目的。不同于线下政务服务大厅"一窗口一事办理"的"见面审批""群众跑腿"的政务服务，线上政务服务突破了政府与服务对象的物理空间阻隔，实现了"不见面审批"和"数据跑路"，在提高政府服务效率的同时也使得企业和公众办事"像网购一样方便"。通过大数据、云计算、人工智能等新技术在营商环境建设中的逐步应用，各地"掌上办""一网通办"等电子政务平台不断上线运行，政府部门线上办理服务事项的水平快速提升。比如上海市聚焦惠企政策、普惠金融、专项资金、用工就业、服务贸易等领域，整合优化应用场景，推出更多的点单式申请、非接触办理。

最后，是数据运营无界化。简单来说，数据运营无界化即通过数字技术的嵌入与赋能，打破跨层级、跨部门、跨区域、跨主体和跨系统之间的数据壁垒和数据孤岛，实现信息交流和共享的便捷化。一方面，政府部门之间的数据共享可以打破部门间的信息孤岛，整合相关数据为快速反应和应对提供决策和数据支持，并增强组织间的协同能力，提高政府治理和公共服务水平。同时，部门数据之间的高效共享可以在企业和公众业务办理方面进行快速响应，缩短等待和响应时间，真正实现"一网通办，最多跑一次"的政府承诺，有效提升政务服务效率和政府对外形象。另一方面，政府与企业、公众间的信息交流与及时共享，既可以方便企业、公众知晓政府的最新营商法规政策，也有助于政府了解企业、公众对营商环境的期盼诉求，协商共建营商环境。

二、数字营商环境的逻辑模型

数字营商环境不仅是中国优化营商环境实践的最新动态和实践路径，更重要的是把握了数字社会和数字经济发展的大趋势。结合目前实践来看，数字营商环境的逻辑模型包括对数字经济的适应性建设、数字化治理工具的有效赋能、数字空间政府形态的发展目标等三重要素。[①]

首先，数字营商环境是对数字经济的适应性建设。数字营商环境是对数字环境下商业新模式、新业态的适应性建设，是数字空间开展商事活动需求的营商环境。第四次工业革命在全球范围内带动了大数据、人工智能等新一代信息技术的迅猛发展，传统的以土地、劳动力等为关键生产要素

[①] 孙源、章昌平、商容轩、米加宁：《数字营商环境：从世界银行评价标准到中国方案》，《学海》2021 年第 4 期，第 151—159 页。

的农业经济和工业经济，逐渐过渡为以数据为核心生产要素的数字经济。近年来，我国数字经济产业不断壮大，关键技术创新取得一系列突破。2021 年，我国软件信息技术服务业的业务收入增长了 17.7%，领先行业平均水平，有全国影响力的工业互联网平台已经超过 150 个，"5G+ 工业互联网"在建项目超过 2000 个，已经形成了 20 个典型应用场景和 10 个重点行业领域的实践活动。显然，数字经济时代的数据驱动化、交流平台化等模式正在塑造全新的生产生活方式，从市场需求的角度而言，数字营商环境正是对数字经济和数字社会的必要性适应。

其次，数字营商环境是利用数字化治理工具对政府治理进行赋能，在市场主体的准入、生产经营、退出等过程中利用数字化技术优化政务流程、开展数字化监管、简政放权等。换言之，数字营商环境的形成正是得益于数字化技术的强力支撑和嵌入。从成效上看，数字化技术赋能体现在三个方面：一是在整合政务信息系统基础上重构了行政审批流程和技术标准，并通过推进部门间数据共享实现了"一号申请、一窗受理、一网通办"的便捷、高效、人性化服务；二是丰富了市场监管手段和工具，通过技术赋能，前端封控的行政审批手段、粗放式的行政检查手段、低效的行政惩戒手段得以变革，各级政府普遍开始实施以信用激励与约束为主体的激励性监管手段，打造以信用监管为核心的市场监管手段体系；三是逐渐满足了企业的个性化需求，如浙江省通过"浙里办"手机 APP，收集企业用户行为数据，并结合大数据分析进行需求预测，精准定向推送政策及办事指南。

最后，作为对政企关系的重新变革与治理，以及政府治理能力的直接体现，数字营商环境是数字政府建设的重要内容和发展目标之一。"数字政府"绝不只是"数字技术的监管"和"监管的数字技术"，而是一种适应数字时代的要求，对政府理念、机构、职能、流程再造的治理模式，其目标是建设政务数据开放共享、部门业务高效协同、社会治理精准有效、公共服务便捷高效、决策支撑科学智能、安全保障可管可控的智慧化服务型政府。[①] 比如数字政府建设提高了行政审批的透明度和法治化水平，在一定程度上减少了官员个体对于商事管理的干扰，降低了官僚主义对营商环境的负面影响。

第四节　需求分析和目标定位

一、需求分析

资源是开展一切行政活动的基础。数字营商环境作为政府通过数字技术使用而对市场经营环境的一种改造活动，同样需要一定的资源支撑。换言之，只有满足了其各项现实需求，数字营商环境建设才能顺利展开，否则只能成为"空中楼阁"。也即是说，数字营商环境需要一定的现实条件支撑，方能对市场产生积极作用。结合实践来看，数字营商环境的建设需求主要包括以下几个方面。

首先，数字营商环境建设需要一定的数字基础设施支撑。我国已建成全球规模最大、覆盖城乡、技术先进的光纤通信网络和5G网络，2021年底互联网普及率达73%。但与欧美等发达国家相比，我国互联网普及率还不高，网络资费还有降低空间。在数字营商环境建设中，大数据、人工智能、云计算的应用以及政务数据之间的共享共用往往需要一定的硬件

---

① 孙友晋、高乐:《加强数字政府建设推进国家治理现代化:中国行政管理学会2020年会会议综述》,《中国行政管理》2020年第11期，第147—150页。

支撑，否则效率再高的技术、再大量的数据也难以投入使用。因此，在未来一段时间内，要加快数字基础设施建设，尤其要加快推进 5G 网络的规模化应用，以市场化方式推进网络提速降费，提高网络基础设施的可达性和可用性，同时需要统筹工业互联网、数据中心、云计算、智能计算平台等设施建设，支持中小企业"上云用数赋智"。需要注意的是，在此过程中，中央政府加强顶层设计，统筹规划，形成全国"一盘棋"的良好局面，避免地方重复建设造成资源浪费。

其次，数字营商环境建设需要一定的法规标准支撑。数字营商环境建设是一项"牵一发而动全身"的系统性工程，涉及市场运行的方方面面和企业的全生命周期，以及政府的部分手段措施是否有足够的法律法规支撑。从实践来看，现有政策重在规范整体要求，但对事前准入制度、公平竞争规则以及信息保护制度等的具体要求仍有待完善。另一方面，国内数据确权、开放、共享、交易和安全等相关法律法规和标准体系尚不完善，数据资源潜力尚未有效激活，海量数据并未充分转化为政府治理效能，且数据标准不一也严重阻碍了政府部门之间、政企之间的数据共享。同时，尽管区块链等数字技术理论上可以实现数据溯源，但距落地和普遍应用仍有一定距离，数据共享过程中的数据安全仍难以保障。以上，均需要通过出台相应的法律法规来进一步完善。

再次，数字营商环境建设需要建立合理适当的评估数据采集方法。科学合理的衡量评估有助于更好地推进数字赋能营商环境治理，发现不当做法并进行纠偏。在目前的营商环境评估中，评估数据采集来源主要为各国政府统计数据、国际组织的公开数据、问卷或访谈调查、合作机构提供数据等，大多采用的是以断点、截面数据为主。因此，营商环境评估报告也以年度甚至更长周期进行发布，在数据采集上存在覆盖面不够广、数据连续性不足等问题，再加上指标体系的调整，更使得评估结果的连续性、动态性严重不足。在数字营商环境测评中，应注意避免这一问题，并改革数据采集方法。比如应注重构建数字营商环境评估的"知识源聚合网络"，加强多源异构数据的整合比对，以科学严谨的数据挖掘分析为评估前提，并辅之以传统访谈或问卷调查等方法，形成市场主体对数字营商环境要素感知的第一手数据。

最后，数字营商环境建设需要一定的财政经费投入。数字营商环境建设中，数据信息系统的建设、技术人才的引进、数据信息的整理分析与使用，均需要一定的财政资金支撑。为此，可以划拨专项经费进行财政支持，或者建立和落实营商环境建设的预算保障制度，将建设经费和与此相关的工作经费全部纳入各级财政预算予以保障。

二、目标定位

打造"法治化、国际化、便利化"的国际一流营商环境固然是数字赋能营商环境改革创新的终极目标，但具体而言，在上述三重终极目标主导下，数字赋能营商环境改革创新须坚持下述目标定位。

其一，数字赋能营商环境改革创新需致力于提升政府政务服务水平。市场主体、人民群众对政务服务的满意度是营商环境的试金石。对于数字营商环境而言，政府要牢固树立"店小二"意识，坚持以服务市场主体需求为导向，为市场主体提供"保姆式"服务，实现更多惠企政策"不来即享"。同时，应以数字政府建设为引领，将新型智慧城市建设成果有效运用到优化政务服务之中，推进层级间、条块间、部门间的数据资源整合、共建共享，最大程度为市场主体提供优质便捷高效的服务，让更多事项办理"少花钱、少跑腿"，甚至"不花钱、不见面"，以高效率的政务服务推动高质量的经济发展。

其二，数字赋能营商环境改革创新需致力于提升政府市场监管能力。

在数字赋能的基础上，应逐渐健全并完善事中、事后监管机制，将市场监管的重心由传统的规范市场主体的活动资格为主，转向规范和监管市场主体的行为为主，最大程度释放市场活力和社会创造力。另一方面，在市场监管过程中，要积极利用好数字技术，打造基于大数据、人工智能的智慧监管，从而有效提升市场监管的精准度和公正度，避免重复监管和多头监管。比如深圳构建智慧市场监管平台，并成立大数据中心和智能指挥中心，由大数据中心对全部业务数据和交互数据进行归集、梳理、分析和运用，为市场监管提供数据支撑，智能指挥中心具有分析研判、监控保障、任务处置、调度指挥、应急值守等五大功能，可精准锁定监管目标，科学确定监管内容，有效提升市场监管质量（图4-4-1）。

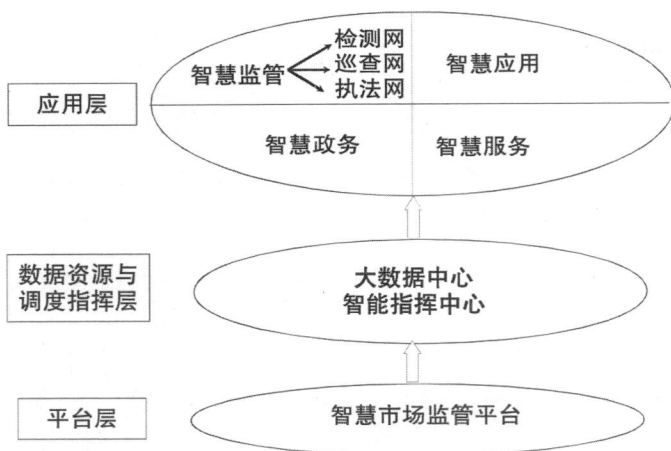

图 4-4-1 深圳智慧市场监管平台

其三，数字赋能营商环境改革创新需致力于增强市场主体的获得感。从目前的实践来看，数字营商环境的营建具有十分明显的发展优势，未来也应当紧紧围绕增强市场主体的获得感这一"牛鼻子"，推动我国整体营商环境向更高水平跃升。一要推进惠企信息的精准通达，实现商事管理与服务的个性化、精准化；二要提高用户体验，实现裁量压缩，增强各审批、监管事项的公平公正性；三要加强政策统筹协调，把握好执法的力度、尺度和效度，进一步完善网络平台治理，明确反垄断和反不正当竞争的相关规则；四是应持续利用数字技术赋能来减审批、减流程、减环节、压时限，变"串联审批"为"并联审批"，全程减轻企业负担，切实解决企业在业务办理中的痛点和难点问题；最后，应以市场主体获得感为评价标准，以"一网通办"为抓手，建立企业全生命周期服务体系，打造"有求必应、无事不扰"的一流营商环境。

第五节　数据共享、数据服务及系统集成合作

建设数字营商环境是数字社会治理的内在要求。数字社会是人类社会形态演进中，继农业社会、工业社会、信息社会之后，以数字信息技术的广泛应用与迭代发展为时代特点，以第四代信息科技革命的技术突破为核心要素，集数据挖掘、数据贮存、数据分析、数据决策于一体的数字技术社会形态。显然，在数字社会中，数据已经成为一种重要的生产要素和治理要素。事实上，数字营商环境即是在建立一种"用数据说话、用数据决策、用数据管理、用数据创新"的政府治理机制。从实践中来看，无论是"最多跑一次""不见面审批""一网通办""一网统管"等模式，还是"掌上办""指尖办"等模式，均建立在政府掌握大量数据并进行数据充分共享的基础之上。换言之，数据构成了数字营商环境建设的核心治理要素，没有相应的数据信息，优化营商环境也只能"巧妇难为无米之炊"。总而言之，数字营商环境的作用机制正是建立在"数据共享、数据服务及系统集成合作"这一逻辑链条之上。其中，数据共享是基础，只有在数据充分

共享的基础上才能实现数据服务，而数据服务推进了更大范围内的系统集成合作。

首先，就数据共享而言，数字营商环境建立在数据充分流动的基础之上。以政务服务数据共享为例。政务服务数据共享是指各政府职能部门以提高政务服务效率和质量为目的，充分利用现代化的数据处理技术，将其在政务服务过程中收集、生成的业务数据按照规定可复用的方式进行记录、存储，并通过一定的共享机制，实现部门间业务数据的按需共享，从而为后续的数据服务和部门间业务协同打下基础。[①] 政务服务数据共享的宗旨在于提高政务服务效率和质量，提升政务服务供给能力。作为政府数据的子集，政务服务数据的特殊性在于其动态产生于政务服务过程，能够客观、全面地反映政务服务事项申请、受理、办理、办结等所有环节。在实践中，除涉及申请主体个人或组织隐私相关的数据外，如果能实现职能部门之间的政务服务数据按需共享，就可以有效提升事项办理中申请主体的申办效率及受理、审批人员的服务效率，并促进跨部门政务服务与管理流程的优化及相关业务的重组，提升服务质量。尤其是在一些项目审批过程中，因为涉及的材料多、部门多、流程多，若各相关职能部门间业务数据不流通、不共享，申请主体就需要在各个环节提供其前置环节办理结果的证明，并重复提交各类申办材料，受理窗口则需不断核验这些材料，既浪费资源又存在隐患，难以发挥数字技术的赋能优势。一旦实现业务数据按需流通共享，则前后环节便能自动触发、无缝对接，从申办及提交初始材料开始，让数据跑路，沿着业务流程形成一条政务服务链，节约申办成本及受理成本，提高政务服务质量。政务服务数据共享架构见图4-5-1。

其次，在实现数据共享与开发利用的基础上，才能进行高质量的数据

[①] 徐晓林、明承瀚、陈涛：《数字政府环境下政务服务数据共享研究》，《行政论坛》2018年第1期，第50—59页。

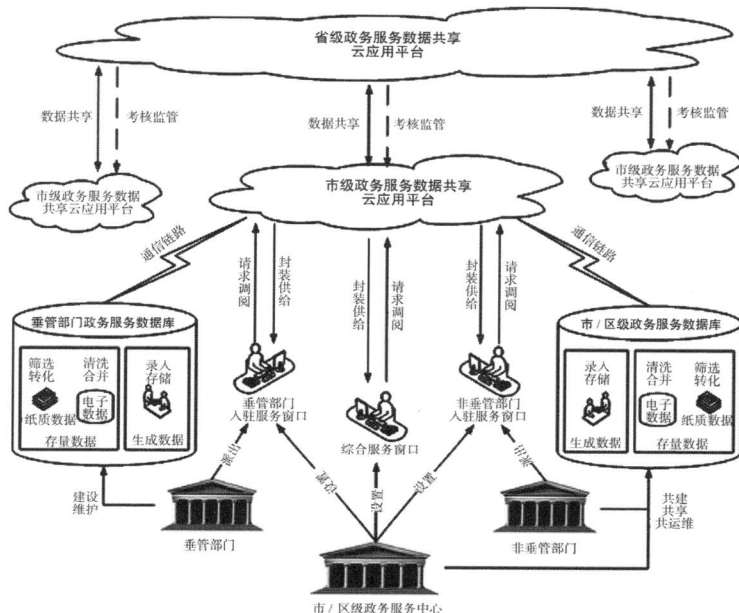

图 4-5-1 政务服务数据共享架构

服务，从而为优化营商环境"添砖加瓦"。结合实践来看，在数字营商环境中，数据服务集中体现为政务服务的"跨省通办"和市场监管中的"审管衔接"。就政务服务的"跨省通办"而言，其既是推进"放管服"改革、优化营商环境的重要内容，也是便利群众生活、企业生产经营的必然要求。一方面，异地办事"马上办、网上办、就近办、一次办"，能实现减时间、减环节、减材料，让政务服务便捷度和满意度不断提升；另一方面，政务服务"跨省通办"有助于转变政府职能、提升政务服务能力，促进政务服务供给与企业、群众需求有效对接，进一步提升国家治理体系和治理能力现代化水平。尤其是对于市场主体而言，推动企业登记注册和涉企经营许可等事项"跨省通办"，简化优化各类跨地区投资项目审批、工程建设项目审批等流程手续，方便企业开展生产经营活动，提升跨区域政务服务水平，才能更好激发市场主体活力。此外，数据服务还体现为政务服务中的"跨层级联办事项"。比如安徽省通过打通各层级各部门业务交互渠道，省司法、新闻出版等部门推出多个跨层级联办事项，企业和群众可通过多渠道就近申请，实现办件信息多级传输、各级部门逐级审批、办理结果线上反馈，无须办事人多级申请、多层级跑腿。

就市场监管中的"审管衔接"而言，构建前道审批与后道监管执法部门间有效衔接、协同联动的运行机制，是深化落实"放管服"改革、优化营商环境，推动有效市场和有为政府更好结合的有力抓手。这一机制的实现，正是依赖于不同部门、不同层级间的数据共享共用。比如苏州市依托自贸试验区载体平台，在工业园区首创"审管执信"闭环管理体系（图4-5-2），构建审批、监管、执法全链闭环、权责清晰、信息共享、高效协同、数据赋能的新模式，有效破解了政府在纵深推进"放管服"改革过程中面临的审管衔接不畅、数据孤岛等痛点，避免了市场主体"多头跑、往返跑"现象。"审管执信"闭环管理体系的最大优势，就是让审批部门和监管部门通过信息化平台，实现了网络联通和即时互动，在让部门之间的联系更加紧密的同时也方便了市场主体的业务办理。

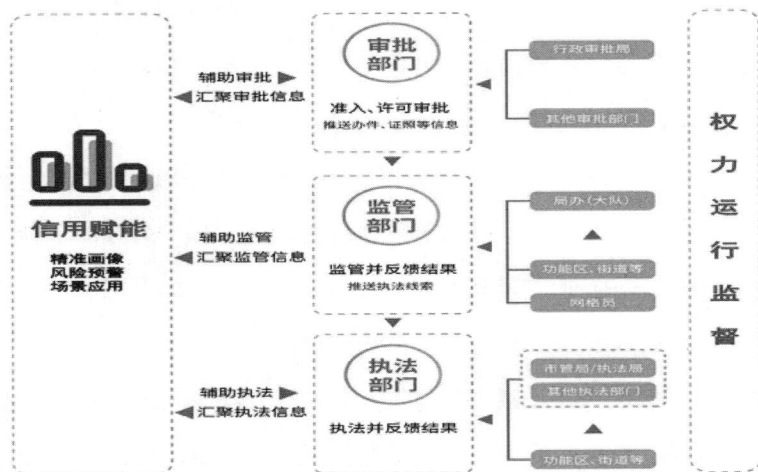

图4-5-2　苏州市市场监管"审管衔接"机制

最后，从以上论述可以看出，数据共享、数据服务推进了更大范围内的系统集成合作，即不同政务信息系统之间的整合共享，而政务信息系统之间的整合共享也对数字营商环境产生了正反馈，市场主体的活力不断被激发。2018年，国家发改委作为政务信息系统整合共享工作推进落实领导小组组长单位，宣布全国信息共享"大动脉"已经初步打通，实现了71个部门、31个地方与国家共享交换平台的对接，建立了数据共享"大通道"，构建了涵盖47万项目录的数据资源体系，打通了40余个国务院部门垂直信息系统，初步实现了16个重点领域的"数据通""业务通"，推进了信息共享体制机制和技术创新。[①] 在地方上，以山东省为例，其建立省级电子政务建设和运维全口径备案制度，实行项目归口管理，从源头上杜绝"边整合共享、边新建孤岛"现象。同时，山东省构建涵盖省、市、县三级共计35万余条信息资源目录体系，实现与国家政务信息资源目录系统对接，并建成政务信息资源共享交换平台，完成国家、省、市三级平台级联，全省县级（含）以上政务服务大厅全部与省市共享交换平台联通。当前，山东省已基本完成省政府门户网站与山东政务服务网、政务信息公开网的融合，完成10家省级部门自建业务系统与各级政务服务平台对接，形成全省政务服务总入口主体框架。

第六节　范例分析

围绕数字赋能营商环境建设，各地政府展开了轰轰烈烈的实践，取得了良好成效，其中不乏典型案例。本节主要选取广东省东莞市作为典型范

---

① 张勇进、章美林：《政务信息系统整合共享：历程、经验与方向》，《中国行政管理》2018年第3期，第22—26页。

例进行分析，其原因在于，东莞市几乎在所有优化营商环境的措施中都应用了数字技术，并取得了显著成果，如在全国率先推行"银政通"、O2O涉税事项办理中心等先进做法。因此，对东莞市数字赋能营商环境建设的主要手段措施进行梳理，并总结经验。

一、主要措施及成效

近年来，东莞市聚焦市场主体，以企业需求为导向，以市民服务中心建设为牵引，以深化商事改革为重点，着力解决群众、企业办事的"堵点""痛点"，让营商环境建设成果落实到城市能级提升上。概括来说，东莞市数字赋能营商环境建设的措施主要包括以下几方面。

首先，推进企业需求服务精准化。在开办企业方面，东莞市率先自主研发"银政通"企业开办一体机，工商登记、税务办理、公章刻制、社保和公积金业务以及银行开户6个环节一站搞定，开办企业全流程压缩至1个工作日。在工程建设项目审批制度改革工作方面，东莞市将实施完全告知承诺制的政府投资项目审批时间压缩至40日，社会投资项目审批时间压缩至30日，比国家提出的改革目标120日分别缩短了67%和75%。在企业用电、用气报装服务方面，通过实体营业厅、网上营业厅、微信等渠道实现办理流程及所需材料的全面公开、办理进度实时查询，同时加强燃气报装数据与不动产登记数据共享，探索燃气报装与不动产登记、变更一次性办理，压缩办理流程及办理时间。

其次，推进全市政务服务一体化。东莞市不断深化数字技术赋能，依托一体化政务服务平台，完善35个镇街园区政务服务中心建设，形成政务服务大厅、政务服务网、移动平台、自助终端多位一体的政务服务体系，推动政务服务"一网办、一门办、一窗办、一机办"，全市2774项事项实现"全程网办"，791项事项"全国通办"，线上线下提升企业群众办事便利度。其中，公安业务"一窗通办"是东莞市的"全国首创"，打破了公安的警种限制，融合了户政、出入境、交警等近200项业务。该模式还被国务院办公厅列入深化"放管服"改革优化营商环境经验做法推广工作备选事项。同时，东莞市启用市民服务中心，目前已进驻50个部门，设置270个窗口，上线2700多项服务事项，成为广东省进驻部门最全、进驻事项最多、综合窗口集成最高的办事大厅之一。此外，东莞市进一步精简行政审批，推进政务服务便利化，推出"免证办""不见面审批""容缺办""一件事一次办"主题服务、"延期后补"服务、"周末延时服务"及帮办代办服务，为企业群众办事松绑减负。

最后，聚焦后续监管规范化。近年来，东莞充分利用既有改革成果和电子政务资源，推行"一照通行""证照分离"改革，实现多个证照"一次申办"，多张表格"一表申请"，多头审批"一键分办"，多种结果"一码展示"，大大提升了涉企事项办事效率。为了进一步给企业"松绑"，东莞还推出"粤商通"手机端涉企服务平台，通过手机登录即可完成企业开办完整流程，全面拓展市场主体登记应用场景，进一步降低了申请人的经济和时间成本。2021年，东莞修订《东莞市市场主体住所（经营场所）登记管理办法》，全面取消负面清单，实现住所登记领域证明事项全面告知承诺制。同时，东莞应用全市统一标准地址库规范申请，依托市"智网工程"强化后续监管，全链条保障住所登记真实、规范。2022年，东莞出台《东莞市深化"放管服"改革持续优化营商环境2022年实施方案》，进一步直面市场主体需求，不断优化营商环境。其中，深化"一照通行"涉企审批服务改革、深化"证照分离"改革等均列入了2022年重点改革任务。

二、经验总结

首先，坚持系统集成。2018年，东莞市获广东省委全面深化改革委员会批准，成为广东省开展营商环境综合改革的试点城市，并出台了《东莞市营商环境综合改革试点实施方案》，从政务服务改革、商事制度改革、建设工程项目审批制度、企业投资管理体制、打造完备优质的要素环境、推进贸易便利化改革、激发和保护企业家精神、深化市场监管综合改革等8方面，清单化、系统化推出了38条改革措施。在此基础上，东莞制定了东莞市营商环境综合改革任务分工表，细化目标任务，强化执行和督导，推动各项改革落细落实。

其次，坚持技术支撑。在纵深推进"放管服"改革，持续优化营商环境的过程中，东莞市始终坚持技术支撑、技术创新。目前，东莞市已建成政务数据大脑，打通全市74个部门共344个信息系统，实现跨部门跨系统数据资源协同共享；建成1073 km骨干传输网，实现万兆到市、到镇；"云数网"数字底座形成有力支撑，政务服务"一网通办"走在全省前列；试点推行"中小融平台"，强化平台与金融机构对接，帮助企业从线上获得融资，企业只需线上提交融资申请，辖区内金融机构将第一时间进行对接，做到融资服务掌上"淘"。

再次，坚持问题导向。为优化营商环境，东莞市持续推进放管服改革工作，坚持问题导向，找准难点、痛点和堵点问题，研究制定创新措施，积极做好为企业和群众服务的"店小二"，并聚焦常态化、长效化、精细化治理，着力补短板、促提升，加快推进数字赋能营商环境建设。比如针对商事制度改革中出现的问题，东莞引入数据治理思维，打造市场监管协同创新平台，推进协同监管、信用监管、智慧监管三大工程，构建以法治为基础，以信用为核心，以信息化为支撑，企业自律、社会共治、多方协同的创新型现代化市场监管体系。

最后，坚持高位谋划。为强力推进营商环境优化，东莞市将其与政府职能转变相结合，成立了市推进政府职能转变和"放管服"改革协调小组，并由市长担任组长，常务副市长担任常务副组长，副市长等市领导担任副组长，办公室设在市府办。协调小组包括全市 30 个单位，下设 5 个专题组，具体研究本领域社会影响大、企业和群众意见集中的专项工作，协调小组办公室统筹研究推进重要领域、关键环节的重大政策措施，积极协调推动解决重点难点问题。如经过实际调研，高位谋划，东莞市推出了"银政通"企业开办一体机、市政公用基础设施报装"一键装"、信用联合奖惩"一网通"、"一件事"一次办、惠企政策精准服务"一站享"和"不动产登记＋金融"一体办等六大"放管服"改革品牌，督促各责任单位锐意进取，真抓实干。

第五章　数字赋能营商环境的实施

第一节　实施的内容

进入 21 世纪，人类社会迈入第四次工业革命，"互联网+"、大数据、人工智能、云计算等数字技术深刻影响着政府改革，以数据驱动为核心特征的数字政府正在成为各国政府改革的核心议题。在此背景下，将数字技术内化于政府改革，通过技术创新与制度创新的有机融合，重塑组织结构、调整权力关系，整合信息资源、再造业务流程，为提升公共服务供给水平提供了路径，进而为推动营商环境优化创造了条件。

第一，信息共享、业务协同，实现服务供给的整体化。建立政务协同平台，提供专属接口和标准流程，使各部门在利用专属接口，按照标准流程提供相关信息后，可以实现层级间、部门间的信息协同。在此基础上，建立起基于政府内部信息共享的高效办事网络，为整合业务事项，优化办事流程提供支撑。

第二，把握需求、优化流程，实现服务供给的精准化。收集、分析、挖掘数据信息，准确识别市场情况，精准提炼企业等市场主体需求。在掌握市场需求的空间分布、群体分布与变化趋势基础上，针对性地清理、简化、整合业务事项，推进服务供给流程减少层次、缩短路径，实现"一窗式受理""一次性办结"。

第三，转变观念、重塑价值，实现服务供给的主动化。以企业等市场主体需求为导向，推动公共服务由"供给决定需求"向"需求引导供给"转变。[①]将供需双方的数据信息进行多维度、多层次匹配，使服务供给最大程度满足个性化与精细化的市场需求，切实解决企业等市场主体面临的实际困难。数字政府为解决公共服务碎片化、粗放化和被动化问题提供了契机，推动着政府不断提高制约企业等市场主体达到其最高生产率的服务供给水平，从而实现营商环境的优化。

第二节　项目开发优先级的确定

首先，应当优化完善数据中枢。构建高质量公共数据资源体系。推动全面梳理本单位公共数据资源，在大数据中心平台上完成编目和挂接，逐步建立统一的公共数据资源目录体系，实现相关系统、数据向大数据中心全量汇聚，并依目录要求实行动态管理。打造统一公共数据服务平台和门户。加快建设大数据平台，统筹公共数据治理和应用需求，打造统一公共数据服务平台和门户，推动依托统一门户获取各类数据、使用各类数据的治理工具和服务。依托统一平台开展数据归集、共享、治理、分析及融合应用，逐步实现公共数据处理过程全周期数字化管理。依托国际科技信息中心，建设基于科技大数据的科技文献共享、科技信息服务平台，完善科技信息资源共享、科技信息研究，服务科技创新的数字资源需求。

---

① 朱光磊：《全面深化改革进程中的中国新治理观》，《中国社会科学》2017 年第 4 期。

创新共享方式，推动公共数据服务化。建立公共数据资源模型化分析、接口化调用等数据服务化标准规范和管理制度，推动数据共享从"数据搬家"模式向"产品服务"模式转变，提升共享数据可用性、准确性、实时性和安全性。[①] 依托统一的大数据平台将数据资源封装成数据产品提供给其他单位使用，并获取其他单位提供的数据服务产品。强化基础数据库统一应用。完善人口、法人、房屋、自然资源和空间地理信息、公共信用、电子证照等基础数据库管理服务机制。凡是涉及上述基础数据的，均使用建立的统一基础数据库，避免重复建设。完善主题数据库体系。开展面向对象、面向场景的公共数据梳理和分析，科学规划设计主题数据库内容和结构，逐步建立内容统一、结构合理、权责清晰、管理可控的主题数据库管理体系，全面归集静态数据和动态数据，加强动态运行数据监测和预警分析，突破数据治理难点，赋能公共服务、城市管理和经济社会发展。强化公共数据治理，建立健全"一数一源"数据责任体系、数据标准规范体系和数据治理成熟度评估体系，制定数据分级分类、质量管理、安全管理等标准规范，建立内部数据评价机制，提升数据质量。[②]

建立公共数据全生命周期管理体系。根据基础数据库、主题数据库的应用管理需求和统一数据服务平台的运行需要，配套制定公共数据全生命周期管理制度及标准规范体系，明确管理责任，实现数据采集、流转、加工、使用全过程规范管理，为数据治理和可持续运作提供必要的制度保障。推动公共数据有序开放共享。依托大数据中心建设数据公共服务基地，面向全社会、各行业提供线上线下相结合的公共数据服务，逐步将公共数据服务纳入公共服务体系。健全公共数据开放管理机制，在法律法规

[①] 肖唐镖：《中国技术型治理的形成及其风险》，《学海》2020 年第 2 期。

[②] Tene O, Polonetsky J.Taming the Golem: Challenges of Ethical Algorithmic Decision-Making, North Carolina Journal Of Law&Technology, Vol.1, 2017, p.128.

允许范围内有序开放公共数据。升级"块数据"管理平台，为人口基础数据库提供权威准确、安全可靠、实时更新的数据源。

其次，应当统筹建设能力中枢。建设数字通用平台。依托共性平台能力，统筹建设身份认证平台、电子证照共享管理平台，保障身份认证的准确性、合规性。集约化建设人工智能推理和训练平台，优化网络和算力资源，汇聚各区各部门 AI 算法，构建公共算法库，通过标准接口服务方式共享智能算法和分析能力，提升各应用场景对图片、视频、自然语言等智能分析能力。统筹建设区块链计算中心，加强区块链在数据共享和政务应用领域的示范和推广，推动区块链在政务领域典型场景的应用。建立协同计算平台，优化业务数据获取流程，为业务应用提供高效快捷的协同联动能力。加快推广 BIM 应用。建立较为完善的 BIM 政策体系、技术标准体系、数据标准体系、实施标准体系和自主可控的 BIM 系列软件，大力推进 BIM 技术在智慧建筑、智慧社区、智慧管廊、智慧交通、智慧水务等领域的综合应用。加强 BIM 与 GIS、大数据、云计算、物联网、区块链、人工智能等技术的集成应用，形成以 BIM 模型为数据载体的城市数字建筑"细胞单元"，助力提升精细化管理水平。

最后是创新打造业务中枢。推进建设业务中枢系统。推动业务流程整合优化，建立对外统一、对内协同、向下沉淀的多部门、多层级、多业务管理体系。建立业务的流程、对象、事件、规则和评价中心，形成统一业务调度体系，支持业务全链条快速部署，为政务服务"一网通办"、政府治理"一网统管"和政府运行"一网协同"提供支撑。[1] 开展业务创新平台试点。探索构建业务和流程敏捷创新能力，推进统一业务应用创新试点。通过提供低代码、图形化开发能力，加快推动新业务的流程构建、快速开发和试点上线。

---

[1] 赵友华、蔡振华:《人工智能时代行政决策体制优化的技术范式与风险因应》,《理论月刊》2020年第 2 期。

第三节　系统开发的时间安排

到 2035 年，逐步实现数字赋能营商环境，让数字政府、数字经济、数字社会和数字生态实现协同高质量发展。

第一，建成数字政府引领。政务服务"一网通办"全面深化。线上线下一体化政务服务体系更加完善，政务服务"一网通办"由"可用能用"向"好用爱用"不断深化。政府治理"一网统管"基本实现。建成一体化决策指挥平台，推进跨层级、跨地域、跨系统、跨部门、跨业务协同治理。[①]"一网统管"实现经济调节、市场监管、社会管理、公共服务、生态环境保护等领域行业应用 100% 全覆盖。政府运行"一网协同"基本形成。各级党政机关数字化转型取得显著成效，移动协同办公系统在党政机关使用覆盖率达 100%，各级、各部门协同管理更加顺畅高效。

第二，建成数字底座标杆。大数据中心、政务云、政务网络全面提质扩容，构建时空信息平台，实现全域全要素叠加。[②]每万人拥有 5G 基站数超 30 个，大数据中心折合标准机架超 2 万个，时空信息平台应用数量超 200 个，重要建筑、市政基础设施、水务工程项目 BIM 模型导入率达 100%。

第三，打造数字生态样板。推进数据条例相关配套制度建设，完成数据要素市场化配置改革试点，培育数据要素市场，实现数据交易活跃度和数据服务业规模领先。公共数据服务体系逐步健全，公共数据资源社会开

[①] 封帅：《人工智能时代的国际关系：走向变革且不平等的世界》，《外交评论（外交学院学报）》2018 年第 1 期。

[②] 侯浩翔、钟婉娟：《人工智能视阈下教育治理的技术功用与困境突破》，《电化教育研究》2019 年第 4 期。

放数据集不少于 5000 个，"一数一源"覆盖率达 85%。网络安全建设、运营、管理和标准规范体系进一步健全。对外合作不断深化，打造数字化领域合作新范式。

第四，助推数字社会高品质建设。基本建成以人为本、公平普惠、便捷高效的数字民生服务体系，数字化、智能化助力"民生七优"效能凸显。全民畅享数字生活新模式，数字化产品进入千家万户，并与经济社会各行业深度融合应用。公共服务各领域"适老性"改造取得阶段性进展，数字鸿沟逐步弥合，群众幸福感、获得感显著增强。

第五，赋能数字经济高质量发展。攻克一批具有自主知识产权的数字关键核心技术，形成一批国际领先标准。数字经济核心产业增加值占 GDP 比重达到 30%，软件业务收入突破 1 万亿元，5G、人工智能、软件与信息服务业等数字经济细分领域发展领跑。建成一系列支撑产业数字化转型的公共技术服务平台。

到 2050 年，数字化转型驱动生产方式、生活方式和治理方式变革成效更加显著，实现数字化到智能化的飞跃，全面支撑治理体系和治理能力现代化，成为更具竞争力、创新力、影响力的全球数字先锋。

第四节　数字资源的分配

构建标准统一的数字底座、集约高效的智能中枢和泛在连接的统一门户，高效赋能全场景智慧应用，实现全域感知、全网协同、全业务融合、全场景智慧，全面支撑"四位一体"的数字建设。

第一，数字底座。统筹建设的一体化信息基础设施体系，为全要素数字化、运行实时可视化、管理决策协同化和智能化提供强有力支撑，并与政务云、政务网、政务大数据中心全面实现互联互通。感知体系：全覆盖的感知设备和感知平台体系，全面感知人和物，为全要素数字化提供基础支撑。网络体系：统筹集约、全面覆盖的通信网络基础设施体系，实现泛在高速网络连通，为全要素连接提供支撑。云体系：集约、安全、韧性的混合云生态等基础设施，实现计算、存储的云边端统筹供给。大数据中心IDC体系：统筹布局的一体化大数据中心体系，形成以大数据中心和各单位边缘计算数据中心为主体、超级计算为特色的全市算力一张网。

第二，智能中枢。基于数字底座打造的共性支撑平台体系，为加快"三融五跨"全场景智慧应用的迭代升级提供支撑。数据中枢：统筹和调度数据的平台（如基础库、主题库、专题库、BIM/CIM 数据治理等），推进数据汇聚、融合和深度利用，为业务应用协同化和智能化提供数据支撑。[1] 能力中枢：集约建设的共性通用能力平台（如人工智能、区块链、统一身份认证、统一电子印章、统一空间编码、BIM/CIM 公共服务等）的集合，为各部门智慧应用敏捷开发提供支撑。业务中枢：依托数据中枢的数据应用服务能力和能力中枢的通用能力，整合各部门共性业务功能形成的对象中心、事件中心、流程中心、评价中心、BIM/CIM 全流程协同等，为业务高效协同和快速部署提供支撑。

第三，智慧应用。基于数字底座、智能中枢平台，分级分类建设的智慧化应用系统。部门智慧应用：各部门依自身管理和服务职能建设的智慧应用，可为一体化智慧应用提供重要支撑。区级一体化智慧应用：各区结合民生服务、基层治理等需求，在区级层面建设的跨层级、跨地域、跨系

---

① Grove，W.M.，P.E.Meehl.Comparative Efficiency of Informal（Subjective，Impressionistic）and Formal（Mechanical，Algorithmic）Prediction Procedures：The Clinical-Statistical Controversy，Psychology，Public Policy，and Law，Vol.2，No.2，1996.

统、跨部门、跨业务的一体化融通智慧应用，并与部门智慧应用充分融合、高效协同。市级一体化智慧应用：依托区级一体化智慧应用和部门智慧应用，围绕城市管理和服务的痛点、难点、热点问题，在市级层面打造的一体化多场景应用。

第四，统一门户。面向群众、企业、党政机关工作人员等不同对象打造的主要入口和交互界面。面向群众打造的政务服务"一网通办"及相关服务的统一入口。面向企业打造的一体化涉企服务统一入口。面向党政机关工作人员打造的政府运行"一网协同"统一入口。政府治理"一网统管"统一入口，全面支撑大屏、中屏、小屏应用。

第五节　项目实施成功度的评价标准

总体而言，评价标准可分为五个方面。

第一，创新驱动、先行示范。坚持把创新摆在重要位置，推动管理手段、管理模式、管理理念创新，促进信息技术与政府管理和服务深度融合，实现在更多重点领域试点示范，为加快建设网络强国发挥典范作用。

第二，以人为本、服务为民。坚持把增进人民福祉作为数字政府和智慧城市建设的出发点和落脚点，积极创新公共服务提供方式，切实推动政务服务便民利民，缩小数字鸿沟，让人民群众共享数字政府和智慧城市建设成果。

第三，统筹规划、整体联动。构建条块结合、一体协同的数字政府和智慧城市建设总体架构，全面落实国家数字政府建设工作总体部署和要求，纵向加强与国家融合贯通；横向加强一体协同，加快形成"一盘棋"

建设格局。

第四，标准引领、安全高效。充分发挥标准规范引领作用，构建包含政务服务、数据资源、业务接口、数据共享、数据安全等在内的统一标准规范体系。[①] 建设全要素、多层次的安全防护体系，打造自主可控、安全高效的技术路线。

第五，政企协同、共建共治。完善政企合作模式，加强政府统筹协调和组织引导，鼓励各部门加强和行业优势企业的长期战略合作，提升数字政府和智慧城市建设活力，构建共建共治共享的社会治理新格局。

具体来看，分为两个层面：一是以评价指标引领数字政府建设，二是以建设数字法治政府持续优化法治化营商环境。

第一，以评价指标持续引领数字政府建设。营商环境评价指标体系紧紧围绕着效率这一价值目标而设定。从价值观与方法论来看，营商环境评价指标体系总体科学客观，符合技术理性，对于提升被评估的国家或城市的治理体系和治理结构作用巨大。

引领建立全国统一的数字化登记平台。关于"登记机构和登记系统"的规则要求，为了方便查询，降低信息收集成本，应当建立统一的登记机构和登记系统。应该尽快互联互通，整合共享各个省市已有的登记平台，打造全国统一的登记平台。引领税务申报系统升级更新。按照"缴纳税费"指标所包含的时间和成本的要求，必然要整合企业所得税的两套申报系统，将各个税种的申报系统统一到一个应用平台，并对整个申报系统进行统一的后台管理。而且，还可尝试建立标准操作纳税的时间模型，与企业办税人员的实际操作时间进行比对，来判断纳税人的操作提升空间。

引领政府提供智能高效的公共服务。比如"办理破产"指标可以引领

---

① 王元卓等：《基于开放网络知识的信息检索与数据挖掘》，《计算机研究与发展》2015年第2期。

网拍在破产程序中的应用，以更加智能高效的公共服务来降低破产成本。更重要的是，要基于此类公共服务中所获得的政务数据和社会数据，逐步研发趋势预测、标杆分析、问题解析和对策设计的追踪服务模块，开发能够应用多种特定情境和场景的营商算法，为企业提供更加精准优质的营商服务。引领建立更具代表性的评价案例和数据库。指标体系在科学性和可比性方面仍存在一定局限性，数字政府建设则可以适度弥补这些局限性。[1] 一方面，它可以通过政府数字平台来更加广泛地收集评价指标所需要的数据，在一定程度上解决案例的单一化问题；另一方面，它可以通过对不同地区赋予不同算法权重的方式来调整指标的分值分布，在一定程度上解决指标代表性不足问题。

第二，以建设数字法治政府持续优化法治化营商环境。在当前的数字政府建设中，政府数字化转型的价值取向局限于效率目标，对数字治理的伦理性和公平性关注较少，法治维度非常缺乏，存在"数字专制主义"的法治风险。显而易见，政务环境与市场环境之间存在一种密切的关联互动。这种法治风险必然会被政府在数字化治理过程中传输到整个市场领域，严重损害整体营商环境。可以说，数字政府的法治化是构建法治化营商环境的前提，必须以法治化的数字政府来打造最优的营商环境。

以法律制度规范政府对企业的数据的收集、管理和使用行为。通过立法明确规定政府对企业一定范围和事项有关数据的收集、管理、使用的权力，进行明确具体的"数据确权"。"数据确权"是数字政府建设的基础性问题，直接关系到数据的流动性和有效使用，明确政府对一定数据的创制权、管理权和使用权，是落实数据质量责任、确保数据在政府内部有序流动的必然要求。建立政府数据库分享和使用主体的数字身份识别平台，制

---

[1] Burrell J.How the Machine "Thinks": Understanding Opacity in Machine Learning Algorithms, Big Data & Society, Vol.3, No.1, 2015, pp.1−12.

定与之相配套的身份识别安全标准和认证标准，对于非经济监管部门分享和运用企业数据的范围和权限进行必要限制，防止无关部门不正当使用企业数据，避免泄露企业商业秘密，保密商业信息，保障"数据安全"。尽早制定《数据和虚拟财产保护条例》，对企业数据权利进行有效保护。"政府数据权力"相对应的范畴是"企业数据权利"和"个人数据权利"，这是能够在一定程度上规范政府数据收集权力的两个概念，但是尚无相关法律法规对此进行有效的制度保障。[1] 例如，企业行使自身经营自主权所形成的数据，企业享有完全的所有权，政府部门一般不宜强制性收集。运用比例原则对政府收集企业数据的行为进行考量和审查。所谓比例原则，是指在法律适用过程中，应当尽量以最小的成本付出获取最大的收益，手段与结果必须合乎比例，不宜用"大炮轰蚊子"的方式。

建立专门的企业数据收集服务机构、异常数据审查处理机构和政务数据共享协调机制。成立专门服务于企业的数据收集机构，既要一般性地对所有企业履行数据提供义务提供相应的指导咨询，又要特别性地主动上门到大量小微企业收集有关数据，减少企业因提供数据造成的成本负担。[2] 成立专门对收集到的企业数据进行研究分析的审查机构。一方面，通过对企业数据的深入挖掘分析，对本地营商环境的发展变化进行动态监测，对产业发展进步提供精准预测预警，为具体的经济监管决策和措施提供科学依据。另一方面，通过对企业数据的细致审查，对因异常行为产生的"异常数据"予以排除或者降低权重，避免因"算法未知"导致政府监管方向偏差和监管措施失当。建立政务数据共享协调机制，避免多头主体反复要求企业提供相同数据，加大企业数据提供负担。建议尽快修改完善《政务

---

① Mullainathan.Human Decisions and Machine Predictions, The Quarterly Journal of Economics, Vol.133, Iss.1, 2017.

② 吴进进、符阳：《算法决策：人工智能驱动的公共决策及其风险》，《开放时代》2021 年第 5 期。

信息资源共享管理暂行办法》，确立国家统一数据共享交换平台以及标准体系，阶梯性地规定政府部门拒绝共享情形及其不当行为的法律责任。

贯彻法治原则来破除"算法黑箱"、防止"算法滥用"和"算法未知"。具体来说，应当在数字政府建设中运用和贯彻法治原则。一是公开透明原则。建议修改完善《中华人民共和国政府信息公开条例》有关规定，将政府重要监管系统的"算法"列入"政府信息"，要求相关政府部门主动公开；对于特定行业进行监管的"算法"，则可以由相关企业依法申请公开。二是正当法律程序原则。政府部门建立与企业相关的数据监管系统，应当广泛征求和听取相关企业的意见，并且向相关企业说明建立这一系统的法律依据、监管目的以及算法的多种变量取舍。执法部门通过数字化手段检查、调查、督察所收集的证据，应当听取相关企业的陈述和申辩，保障企业的程序性权利。三是平等保护原则。在美国，联邦法院将搜索引擎的算法视为"言论"，算法中关于性别、种族等不当变量的设定构成"歧视性言论"，违反了平等保护原则。[①] 在我国，政府监管系统的算法也要尽量避免以性别、地域、学历来设定变量，防止"算法滥用"。

第六节 实施成功的案例分析

在数字时代背景下，信息流、资金流、物流都需要进行加速重构，依托数字技术赋能下的营商环境建设，需要做好数字基础设施建设，尤其是在现代网络金融支付、数字物流等方面，要做好基础工作。首先，在宽带网

---

① 周靖：《科学技术概论（第三版）》，南京大学出版社2020年版，第55页。

络基础设施上，根据国际组织的相应指标，域名是宽带网络基础设施的一大重点，具体包括通用的顶级域数量，国家顶级域数量以及获取保护的域名数量。网络接入指标也是宽带网络基础设施的重要组成部分，具体包括固定宽带接入、移动宽带接入以及网络速率等。并且，用户的普及指标也是其中一大内容。其次，在金融支付设施上，主要包括个人拥有的金融账户以及移动钱包比例。移动支付设施上，包括相关的支付许可、支付安全等内容。最后，在物流设施上，主要结合物流绩效指标、物流可靠性，以及跨境交易过程中的物流包裹监管制度，这些也是数字经济发展过程中的基本前提。

数字经济的进一步发展，需要包容、开放、创新的外部制度环境，营造良好的营商环境，需要为数字经济的发展创设开放包容的氛围。[1] 具体而言，在创新环境中包括以下几点：第一，人口数字素养，主要包括地区居民受教育年限，以及区域内拥有数字技能人口的比例，这些数据可以反映出当地对于数字化人才供给的情况。第二，对创业风险的态度，创业文化是重要的孕育摇篮。第三，金融制度，尤其对于金融行业来说，风投资金可得性、市场资本化程度、私人部门信贷比重等都与数字经济创新环境的发展有密切关系。同时，结合当前世界知识产权的发展现状，信息与通信技术（ICT）与组织模式融合创新以及移动应用程序的产出等指标，也被纳入全球创新指数评价之中。

对于数字经济来说，网络效应是其一大特点，相应的平台企业应围绕用户注意力展开竞争。其一，要基于大数据技术所提供的分析服务，围绕数字市场监管展开，在营商环境中，既要保护市场公平竞争，又要关注服务业本身的竞争状态，市场集中程度，以及就数字技术下目前热议的数字平台垄断

---

① Jorge Galindo, Pablo Tamayo.Credit Risk Assessment Using Statistical and Machine Learning: Basic Methodology and Risk Modeling Applications, Computational Economic, Vol.15, No.1-2, 2000, pp.107-143.

问题。其二，要做好消费者保护。消费者保护成效是数字营商环境评价的一大指标，具体涉及消费者的权益保护、平台责任分割，以及电子签名等。

在数据与安全方面，数字技术与安全问题相伴而生，并且数字技术所带来的安全监管难题，也会影响人们对于数字经济的信任程度。目前关于数字技术的安全环境主要集中在以下几点：第一，数字技术使用过程中的服务器安全。第二，网络数据会对个人数据进行充分抓取，而如何做好个人数据保护也是需要思考的一大重点。第三，数据在经营互动过程中会产生跨境流动，而一些数据安全关系到国家安全。第四，如何做好数据的安全执法，在数据执法环节，尤其要重点关注数据在处理控制以及数据加密、安全培训等方面的内容。

基于数字赋能进行营商环境构建，能够发挥数字经济强大的发展潜力和创新力，也能够为创新创业提供更为广阔的发展空间和更为宽阔的发展渠道。对此，要做好监管和服务环境建设，具体内容如下：第一，要提升监管的包容性。新事物的产生往往与旧事物有较大差异，如果对新业态要求过高，会阻碍新事物的进一步发展，对此政府在对数字商务模式进行监管时，要彰显一定的包容性。第二，要提升监管质量。在推行监管程序过程中，除了要公开透明、依法执行以外，还需要把握监管尺度，彰显法治实效。第三，推进在线服务。在线服务能够更好地拓宽政务服务边界，提升事务办理的便捷性。

在数字经济不断发展的背景下，许多国家都认识到了数字化转型的重要性与必要性，认识到优化数字营商环境对于打造新的经济增长引擎、培育发展新动能的重要促进作用。许多国际组织逐渐将数字营商环境纳入对国别营商环境评测体系中，而我国也已经将营商环境作为推进经济发展的一大重点，这使得传统营商环境得到了极大发展变革。传统营商环境下，主要依靠政府，而我国不断推进政府的数字化转型并取得了显著成效，这也为营商环境的进步发展提供了空间。在国家层面上，国家政务服务平台从上线到试运营阶段成绩显著，在相关的税收征管事项审批、执照办理等方面的工作效率得到了极大提升。此外，与数字经济市场主体创新发展相适应的营商环境也在不断完善，国家关于数字知识产权保护力度显著增强，这些都为基于数字赋能的营商环境构建奠定了重要的发展基础。

从数字经济的发展情况来看，我国数字产业化的基础更加坚实，并逐步从消费领域向工业互联领域拓展，在网络能力方面达到了全球领先。我国建成了全球规模最大的光纤 4G 和 5G 网络，其中 5G 基站更是超过 80 万个，创新能力持续增强。我国工业互联网产业经济规模在 2019 年就达到了 2.1 万亿元，其赋能价值进一步彰显。以工业互联网为代表的产业数字化转型的实现，更为实体经济实现高质量发展提供了必要保证，数字贸易也进入高速发展阶段，并成为带动服务贸易增长的一大重要动力。

基于数字赋能的营商环境构建，以广东省为例。

近年来，广东省紧扣"放、管、服"改革，持续推进政务服务数据治理的优化提升，全面推进"互联网＋政务"服务，开展了一系列的业务创新，并在数字政府建设和应用方面不断取得突破与进展，为广东省营商环境的优化创造了良好的发展机遇。

做好目标定位，完善顶层设计。目前政府部门开展数据治理和数据应用，更多的是以服务本部门的日常工作为重点推进，而基于数字赋能的营商环境建设需要将政务数据资源有效地整合共享，使其服务于数据治理，这需要将基础性工作统筹完善。而数据治理的核心在于运用现代化媒介，只有借助这项工作，才能更好地推进国家治理工作模式的更新与进步，更好地适应数据治理的发展现状。未来发展过程中，要继续强化协调整合，破除传统的单一区域或层级部门的改革，推进部门间的业务协调，使平台系统有效对接，实现跨区域、跨层级、跨部门、跨系统的整合，更好地优化营商环境，去除营商环境中的限制性因素。从组织层面上看，营商环境不佳的一大原因在于政府碎片化的业务流程，各部门之间协作困难，难以就企业的需求进行整合。针对这种情况，要建设以服务为导向的整合性政府组织，充分调动相关组织机构的职能手段、人员、资源，提升服务质量，促进业务的协同化和资源的集成化。加强顶层设计，做好省市层面的有效统筹，推进各级政务服务大厅和平台建设，做好改革延伸，从上到下进行指导监督，规范服务流程，促进业务升级。从广州营商环境改革路径来看，广州营商环境 1.0 改革强调"简政放权"、2.0 改革聚焦"指标突破"、3.0改革实施"流程再造"、4.0 改革下足"绣花功夫"，形成了一大批创造型引领型改革举措在全国、全省复制推广。未来，广东将牢牢把握创新试点的重大契机，推动营商环境改革迈入 5.0 时代，以"激发活力"为主线，为企业创新发展松绑减负，培育激发市场主体活力和社会创造力。目前，广州市场主体的总量已突破 300 万户，在国家营商环境评价中排名前列。

推进数据共享，强化基础设施。在数字技术赋能的背景下，政府要进一步提升办事效率，使数据有效地共享，确保其与业务职能相融合，与营商环境相适应。要根据具体业务的规则与联系，在横向、纵向两方面进行共享，使数据资源在共享过程中不受具体的层级、地域限制，以业务共享和流程链接为抓手，处理当前的问题，更好地实现业务协调推进联动。此外，要做好基础设施建设，优化整体建设基础。对此，广东不断强化惠企政策，例如，佛山市率先探索政府补助资金"秒速直达"企业个人改革，通过搭建"佛山扶持通"平台，实现政府补助"秒报秒批秒付"。在申报环节提供一键"秒报"；在审批环节，通过大数据人工智能审批实现自动在线"秒批"；在资金拨付环节，打通审批与支付系统，实现补贴资金"秒付"直达。截至目前，"佛山扶持通"平台已发布惠企政策 900 多项，注册企业近 6 万家、注册个人突破了 35 万人，累计发放财政奖补资金超

110 亿元，其中超 17 亿元政府补助资金"秒到账"。

转变服务方式，改善政务环境。要调整公共服务的输出和输入模式，优化服务方式，发挥技术支撑的整体优势，以人民为中心，重新构建政府服务模式，促进服务模式的长期绿色运转。要发挥端口到端口服务模式的价值，使群众能够公平、公正地获取信息。要优化整体的业务流程，尤其要针对职能部门的审批环节多、材料交错复杂的问题，主推跨区域、跨层级、跨部门协同，打通业务流程，梳理业务服务，取消多余的中间环节，合并重复和关联环节，真正做到以企业需求为导向，破除营商环境中的体制性障碍。可以借鉴 O2O 模式，使进一步统一渠道、进一步互补流程之间达到无缝衔接。

优化合作环境，创新数字要素。在优化营商环境过程中，数字技术是重点，不但能够提升政府的运作效果，而且能够推进政府组织的协调整合，提升政府的政务工作效能，推进营商环境的优化持久发展。对此，要做好线上公开，将具体的服务事项、办事指南、业务办理流程等进行公示，促进政务服务的规范化、透明化。要开展一体化全流程的在线服务，便捷企业服务方式，拓宽服务内容，有效汇集各领域的数据信息，提供精准的推送服务，变传统的被动式服务为主动式服务。此外，要推进政府办公和服务的数字化、自动化、智能化，借助新兴数字技术，为决策提供数据支持，优化事项办理流程，更好地提升决策效率，强化政府监管质量。

基于数字赋能的营商环境建设，需要结合区域自身的发展基础与发展要求，做好基础设施建设，强化信息资源的共享与应用。政府要加强对信息安全风险的管控力度，从而更好地为营商环境的优化建设提供支持。数字技术赋能背景下，工作人员要转变思维方式，增强数字技术操作能力和应用水平，更好地保障政府的数字化运作，为当地营商环境优化建设提供有效支持。

第六章　我国数字赋能营商环境建设的问题探讨及发展思路

第一节　体制环境

营造良好的营商环境已成为各级政府推动行政体制改革、实施治理创新，其至是提升区域综合实力和竞争力的突破口、主抓手的"高频词汇"。通过强有力的改革措施，我国营商环境得到持续改善和优化。

在众多"放管服"改革和"优化营商环境"的改革措施中，利用信息基础设施、互联网和"大、物、移、云、智"等新一代信息技术，开展"一站式""网上办理"等政务服务成为其中的亮点。各地政府纷纷推出适合自身发展特色的实践模式，如浙江省"最多跑一次"改革、江苏省"不见面审批"、北京市"接诉即办"等。尤其是在新冠肺炎疫情期间，各级政府利用大数据等信息技术，开展"无接触""不见面"等政务服务方式，发展普惠金融解决"首贷难""续贷难"等问题，实现"政策找人"救助困难群众的精准服务，不断优化政府部门监管和协同等创新举措，取得了显著成果。这些举措既是利用新一代信息技术实现数据共享、打通"数据孤岛"，改造传统政务服务和优化政务流程的有效手段，更是各级政府适应数字社会发展趋势的"数字空间"政府建设和"三元空间"治理的重要措施。随着人类社会快速全面地进入数字社会，我们正面临以"数字化、智能化"为代表的技术革命、工业革命和治理革命三大革命叠加的"百年未有之大变局"，这将深刻"改变市场、组织机构，以及政府与公民关系的治理方式"。在此背景下，如何营造适应数字化环境中的营商环境将成为数字经济发展、三元空间治理的重要内容。

一、我国优化营商环境的体制改革

改革开放四十多年以来，我国各级政府围绕经济增长和社会发展，通过不断改革创新，在优化营商环境的实践中逐步形成了中国特色。从 20 世纪 80 年代开始，我国经历了七次政府机构和行政体制改革，虽然每次改革的内容和重点不同，但贯穿始终的主线是理清政府和市场在资源配置中的关系，以建立适应社会主义市场经济体制的治理体系为改革目标。通过以行政体制改革为引领的系列实践，在制度创新和技术创新的双重驱动下，我国营商环境经历了从建设经济发展硬环境，到经济发展软硬环境兼顾，再到发展数字化营商环境的不同阶段。制度层面体现了我国经济结构改革和政府体制机制改革的时代背景，这是营商环境优化的必要条件；技术层面包含了发展数字技术以来大数据、人工智能等技术的突出成就，保证了营商环境进阶的可行性。经济发展硬环境阶段是由政府主导塑造投资环境，当时，历经数次组织机构调整后的政府运作效率得到明显提升，制度上的供给与创新也更好地适应市场经济，政府推动经济发展的定位不断强化，地方政府在"GDP 竞争锦标赛"的刺激下，重复性建设、地方产能过剩、基础投资过热的问题凸显。待到软硬环境兼顾的阶段，则转变为由多元主体共同塑造营商环境，经济发展的重心从追求高速发展转向优化结构，营商环境的重点从简单的提供基础服务转变为优化服务，比如东莞的"六最"改革等，都围绕商事审批制度的改革提高企业办事效率，地方政府的竞争也转向"为创新、高质量发展而竞争"。

前两个阶段营商环境的优化是基于物理空间进行的，或是设施建设，或是时间、手续的压缩，在第四次工业革命中诞生的大数据、人工智能等技术，推动形成了"数字空间"，数字化的社交、数据化的消费逐渐成为新的主流模式，人们的生产生活方式呈现出从物理空间到数字空间的过渡态势，政府也逐渐趋向于以同样数字化的模式为企业提供服务，由此各地方政府开始进行"政府的数字化创新"，数字营商环境应时而生，出现了"只进一扇门""一网通办"的数字化营商环境创新。在地方实践上，杭州的"最多跑一次"、广东的"指尖上的政府"等突破传统的优化营商环境的模式，这些地方性的创新已经取得了显著的成果。

二、数字营商环境的出场语境

数字营商环境的出场语境主要体现在两个方面：一是数字经济和数字社会的发展构建了数字营商环境的需求语境；二是我国数字政府实践构建了数字营商环境的应用语境。

随着信息技术的发展，我国数字经济蓬勃发展，为数字社会建设奠定了良好的基础。电子商务、共享经济等新的商事业态不断涌现，人们从"物质生产—消费"逐渐向"信息生产—消费"转变，迈向"万物联网""万物智能"的发展方向。智慧城市、数字政府等不断提升数字社会建设程度，在物理世界、人类社会和精神世界之外形成了一个全新的虚拟世界、缺场空间。信息技术驱动下的社会结构快速变化，新的社会组织形态不断出现，社会经济系统在"比特"世界中延伸，各种类型的社会形态得以快速连接和交流。我国人民面临一个与数据和信息更加亲密接触的时代，数字化生存、数据化消费将成为常态。数字经济和数字社会的发展打破了传统商业的业态和运行规律，产生了全新的社会组织形态和无数个体与机构的复杂交易行为，线上线下的交互、融合与渗透日益加深，越来越多的商事主体活动建立在海量的微观交易和数据交互之中。数据采集和汇聚越来越向少数平台集中，商事活动的规模效应和垄断方式也发生了极大的改变。同时，数字经济环境下的基础设施、权益保护、税收方式等均与传统商业活动有较大不同。

面向海量微观交易、海量数据汇集和动态交互，学者认为数据时代从资源配置、市场交易模式、科技创新和产业规则等四个维度对营商环境提出了更高的要求，传统营商环境和商事治理体系将无法满足"三元空间"经济发展的需求。我国行政体制改革快速适应数字化发展的需求，从2017年开始各级政府采取积极措施，推动数字政府建设，并快速将数字政府从"放管服"改革的举措之一上升为适应"三元空间"治理的战略部署，通过机构调整、系统建设、数据治理等系列措施，将政务服务和治理活动向数字空间迁移，并重塑物理空间、社会空间的治理模式，构建了多智脑、多元微端、快速触达的数字政府治理手段，向快速、个性、精准、智慧的三元空间治理范式转型。正是在这样的语境下，我国首次提出数字营商环境的概念，并在商事管理和服务过程中取得了一系列突破。

第二节　国际机构对我国营商环境的评价

一、国际机构对营商环境的评价

目前，国际上公认最早构建的面向全球经济体的营商环境评估体系是世界经济论坛自1979年始每年都发布的《全球竞争力报告》，迄今已有39

年历史。在报告中，竞争力排名以全球竞争力指数为基础，指标主要包括制度、基础设施、宏观经济环境、健康保障与基础教育、高等教育与职业培训、商品市场效率、劳动力市场效率、金融市场成熟度、技术就绪指数、市场规模、商业成熟度及创新能力。另外，世界经济论坛自 2008 年开始发布的《全球贸易促进报告》则是通过"贸易促进指数"，对全球 136个经济体在市场准入、边境管理、交通与数字化基础设施、运输服务及商业运营环境等方面表现进行评估，中国在 2016 年评估中位居第 61 位。

经济学人集团旗下的经济学人智库（The Economist Intelligence Unit，EIU）每五年也发布一次《营商环境排名》，通过对 82 个国家的政治环境、宏观经济环境、市场机会、政府对自由市场及外国投资的政策、外贸和外汇管制、税收、融资、劳动力市场和基础设施等十大领域的研究，对各国营商环境的质量、吸引度进行排名。每一大领域下有 5—16 不等的二级指标，共有 91 个二级指标，每个二级指标得分范围为 1—5 分。值得一提的是，EIU 对营商环境的排名不仅基于国家的过去表现，而且基于经济学人对国家营商环境未来五年的预判。此外，自由之家（Freedom House）、传统基金会（Heritage Foundation）也对营商环境进行过评估，并主要以国家风险、经济自由、国际竞争力等宏观环境为内容。

为衡量各国营商环境情况，推动各国积极制定有利于商业活动的监管法规，世界银行特此成立 Doing Business 小组，负责营商环境指标体系的构建，并从 2003 年起每年发布一份营商环境报告，对全球 190 个经济体的营商环境进行了排名，并对一些国家营商环境的改革进行说明。报告通过选取各个经济体最大城市的中小企业（人口超过 1 亿的经济体选取两个城市），在将企业置于标准化案例假设的基础上，呈现关于企业生命周期各个不同阶段各种适用法规的量化指标，包括开办企业、办理施工许可证、获得电力供应、登记财产、获得信贷、保护少数投资者、纳税、跨境贸易、执行合同、办理破产等十个指标（表6-2-1）。

表6-2-1　世界银行营商环境指标体系

一级指标	二级指标
开办企业	手续（数量）、时间（天数）、成本（人均收入百分比）、最低实缴资本（人均收入百分比）
办理施工许可证	手续（数量）、时间（天数）、成本（仓库价值百分比）、建筑质量控制指数（0-15）
获得电力供应	手续（数量）、时间（天数）、成本（人均收入百分比）、供电可靠性和电费指数透明度（0-8）
登记财产	手续（数量）、时间（天数）、成本（财产价值百分比）、土地管理质量指数（0-30）
获得信贷	合法权利力度指数（0-12）、信贷信息深度指数（0-8）、信贷登记机构覆盖率（成年人百分比）、信用局覆盖率（成年人百分比）
保护少数投资者	纠纷调解指数（0-10）、股东治理指数（0-10）、少数投资者保护力度指数（0-10）
纳税	缴税次数（每年）、时间（小时数/每年）、总税率（商业净利润百分比）、报税后程序指数（0-100）
跨境贸易	出口时间：边界合规（小时）、出口成本：边界合规（美元） 出口时间：单证合规（小时）、出口成本：单证合规（美元） 进口时间：边界合规（小时）、进口成本：边界合规（美元） 进口时间：单证合规（小时）、进口成本：单证合规（美元）
执行合同	时间（天数）、成本（标的额百分比）、司法程序质量指数（0-18）
办理破产	时间（年数）、成本（资产价值百分比）、结果（0表示资产被分割，1表示继续运营）、回收率（收回债务占债务额的百分比）、破产框架力度指数（0-16）

资料来源：作者根据《世界银行营商环境报告》整理而成。特别说明，世界银行统计了劳动力市场监管指标的数据，但未用于营商环境排名，因此本文没有将劳动力市场监管列入营商环境指标体系。

自2005年起，营商环境报告将经济体按照营商便利程度排名，排名越高表示营商环境越好。便利度指数排名由经济体各个一级指标排名的简单算术平均得出。自 2015 年起，营商便利度开始采用前沿距离水平方法计算。前沿距离代表营商环境报告所覆盖的所有经济体自 2005 年以来在每个指标上曾达到的最高水平，100 为最优，0 为最差，由各个指标的实际数值距离最高水平的距离，计算各指标的最终分值。综合排名的成绩是由十个大指标以及大指标下的二级指标（部分二级指标下还有三级指标甚至四级指标）距离前沿水平的分数决定的。这样计算得出的营商便利度能够反映出各个经济体历史上在各个指标上绝对改进或者倒退的程度。每个大指标的数值由其二级指标的平均数构成，十个大指标值的平均数即为经济体综合分值。因此，每个大指标的权重是一样的，而大指标下的所有二级指标权重也基本相同。对于考察城市数量为两个的经济体，各个指标的值根据两个城市的人口数量进行加权平均后得出。

二、我国营商环境在国际中的具体情况——以世界银行评价为例

（一）综合评估得分情况

按照世界银行评估的方法论，评价范围覆盖企业从设立到破产退出的全生命周期，评估指标由 10 个一级指标、42 个二级指标构成。其中，一级指标包括：开办企业、办理施工许可证、获得电力、登记财产、获得信贷、保护中小投资者、缴纳税款、跨境贸易、执行合同、办理企业退出等 10 项，由此得出对各经济体营商环境便利度的定量评价。根据世界银行 2019 年评估报告，中国总体得分为 73.64，较上年提高 8.64 分（表 6-2-2）；在全球 190 个经济体中的总体排名由上年的 78 位上升至第 46 位，进入营商环境先进国家（地区）行列（表 6-2-3）。特别值得一提的是：中国是东亚及太平洋地区唯一进入世界银行营商环境报告十大最佳改革者名单的经济体。

表6-2-2　世界银行《营商环境报告》中国得分情况

中国 营商环境便利度排名（1-190）	46
东亚及太平洋地区 营商环境便利度分数（0-100）	73.64
人均收入（美元）	8,690
人口	1,386,395,000
开办企业（排名）	28
开办企业分数（0-100）	93.52
手续（数量）	4
时间（天数）	8.6
成本（人均收入值百分比）	0.4
最低实缴资本（人均收入百分比）	0.0
办理施工许可证（排名）	121
办理施工许可证分数（0-100）	65.16
手续（数量）	20.4
时间（天数）	155.1
成本（仓库价值百分比）	2.9
建筑质量控制指数（0-15）	11.1
获得电力（排名）	14
获得电力分数（0-100）	92.01
手续（数量）	3
时间（天数）	34
成本（人均收入值百分比）	0.0
供电可靠性和电费透明度指数（0-8）	6
登记财产（排名）	27
登记财产分数（0-100）	80.80
手续（数量）	3.6
时间（天数）	9
成本（财产价值百分比）	4.6
土地管理质量指数（0-30）	23.7
获得信贷（排名）	73
获得信贷分数（0-100）	60.00
合法权利力度指数（0-12）	4
信贷信息深度指数（0-8）	8
信用局覆盖率（成年人百分比）	0.0
信贷登记机构覆盖率（成年人百分比）	98.1
保护少数投资者（排名）	64
保护少数投资者分数（0-100）	60.00
披露程度指数（0-10）	10
董事责任程度指数（0-10）	1
股东诉讼便利度指数（0-10）	5
股东权利指数（0-10）	7
所有权和管理控制指数（0-10）	7
公司透明度指数（0-10）	4
纳税（排名）	114
纳税分数（0-100）	67.53
缴税次数（每年）	7
时间（小时数/每年）	142
总税收和缴费率（占利润百分比）	64.9
报税后流程指数（0-100）	50.00
跨境贸易（排名）	65
跨境贸易分数（0-100）	82.59
出口时间 单证合规（小时）	8.6
边境合规（小时）	25.9
出口成本 单证合规（美元）	73.6
边境合规（美元）	314
进口时间 单证合规（小时）	24
边境合规（小时）	48
进口成本 单证合规（美元）	122.3
边境合规（美元）	326
执行合同（排名）	6
执行合同分数（0-100）	78.97
时间（天数）	496.3
成本（索赔额百分比）	16.2
司法程序质量指数（0-18）	15.5
办理破产（排名）	61
办理破产分数（0-100）	55.82
时间（年数）	1.7
成本（资产价值百分比）	22.0
回收率（百分比）	36.9
破产框架力度指数（0-16）	11.5

表6-2-3　《营商环境报告》全球及中国分类排名情况

营商环境发展水平分类	国家（地区）
先进国家（地区）（61个）（上游水平：70分以上）	新西兰、新加坡、丹麦、中国香港特别行政区、韩国、格鲁吉亚、挪威、美国、英国、马其顿共和国、阿拉伯联合酋长国、瑞典、中国台湾地区、立陶宛、马来西亚、爱沙尼亚、芬兰、澳大利亚、拉脱维亚、毛里求斯、冰岛、加拿大、爱尔兰、德国、阿塞拜疆、奥地利、泰国、哈萨克斯坦、卢旺达、西班牙、俄罗斯、法国、波兰、葡萄牙、捷克、荷兰、白俄罗斯、瑞士、日本、斯洛文尼亚、亚美尼亚、斯洛伐克、土耳其、科索沃、比利时、中国等
较先进国家（49个）（中游水平：60-69分）	巴林、阿尔巴尼亚、波多黎各自治邦、哥伦比亚、卢森堡、哥斯达黎加、秘鲁、越南、吉尔吉斯共和国、乌克兰、希腊、印度尼西亚、印尼、蒙古、牙买加、乌兹别克斯坦、印度、阿曼、巴拿马、突尼斯、不丹、南非、卡塔尔、马耳他、萨尔瓦多、博茨瓦纳、赞比亚、圣马力诺、波斯尼亚和黑塞哥维那、萨摩亚、汤加、沙特阿拉伯、圣卢西亚、瓦努阿图、乌拉圭、塞舌尔群岛、科威特、危地马拉等
落后国家（80个）（下游水平：60分以下）	尼泊尔、马拉维、安提瓜和巴布达、巴拉圭、加纳所罗门群岛、西岸和加沙、斯威士兰、巴哈马群岛阿根廷、阿拉伯埃及共和国、洪都拉斯、象牙海岸厄瓜多尔、菲律宾、伯利兹、塔吉克斯坦、乌干达、伊朗伊斯兰共和国、巴巴多斯、圣吉斯和尼维斯、佛得角、尼加拉瓜、帕劳、圭亚那、莫桑比克、巴基斯坦等

注：各国（地区）均按照得分由高到低进行排序。

资料来源：世界银行营商环境网站。

（二）评估失分情况

按照全球190个经济体的评估指标得分的中值衡量，从营商环境便利度得分、全球排名两个维度综合分析，可以看出中国在纳税、获得信贷、办理施工许可证、保护少数投资者、办理企业退出等5项一级指标，与全球营商环境先进国家（地区）仍存在较大的差距。具体表现在以下几个方面（图6-2-1）：

营商环境便利度得分

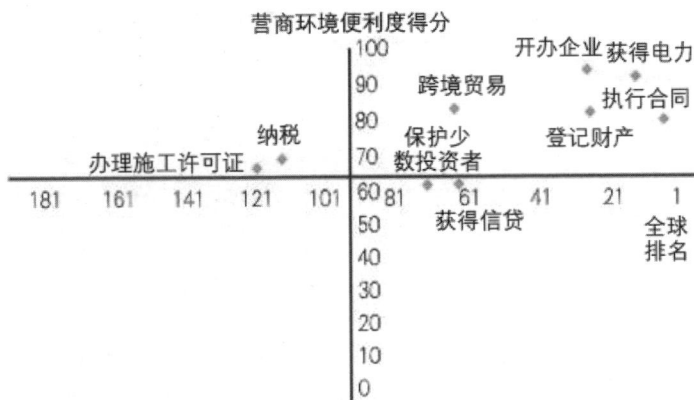

图 6-2-1　我国营商环境主要指标得分及排名情况

资料来源：根据世界银行营商环境网站公布数据整理。

一是企业纳税。中国的"纳税指标"在全球排名第 114 位，便利度得分 67.53 分，均处于全球中等或中等偏下的水平。与世界银行提供的标杆经济体、可比经济体比较（下同），中国香港特别行政区（排名第 1 位）99.71 分，美国（排名第 37 位）、俄罗斯（排名第 53 位）分别为 84.14 分、79.77 分。失分点在于：（1）总税收和缴费率高。两者合计占企业税前利润的比重为 64.9%，其中"五险一金"占企业税前利润的 37.68%，全球排名倒数第 4 位。（2）"报税后流程指标"失分，主要是针对一般中小企业缺少"期末增值税留抵退税"的制度安排，该项得分为 0 分（满分为50 分）。

二是获得信贷。中国的"获得信贷"指标在全球排名第 73 位，便利度得分 60 分。新西兰（排名第 1 位）为满分 100 分，美国（排名第 3 位）95 分，印度和俄罗斯（并列第 22 位）80 分。失分点在于"合法便利度指数"得分低，仅得 4 分（满分为 12 分），主要是企业担保、动产抵押和质押、担保债权人保全等问题，涉及修订《担保法》《物权法》《动产抵押登记办法》等法律法规规定。当前，我国中小企业普遍反映融资难、融资贵等，一定程度上印证这一问题。

三是办理施工许可证。中国的"办理施工许可证"指标在全球排名第121位，这也是中国10个一级指标中排名最低的指标，便利度得分65.16分。中国香港特别行政区（排名第1位）得分88.24分，美国（排名第26位）、俄罗斯（排名第48位）、印度（排名第52位）得分分别为77.88分、74.61分和73.81分。失分点在于：（1）"建筑物质量控制指数"得分11.1（满分为15分）；（2）社会投资的小型项目的备案时间过长。

四是保护中小投资者。中国的"保护中小投资者"指标在全球排名第64位，便利度得分60分。哈萨克斯坦（排名第1位）85分，美国（排名第7位）80分，中国香港特别行政区（排名第11位）78.33分。失分点在于董事责任（得分1分）、所有权和管理控制（得分4分）、股东诉讼便利度（得分5分）、股东权利（得分7分）、公司透明度（得分9分）。以上指标满分均为10分。表明我国在完善企业法人治理体系、保护中小企业权益等方面仍存在一定差距。

五是办理企业退出。中国的"办理企业退出"指标在全球排名第61位，便利度得分55.82分。日本（排名第1位）93.45分，美国（排名第3位）90.91分，中国香港特别行政区（排名第44位）、俄罗斯（排名第55位）分别为65.69分和58.61分。失分点在于：（1）债权人的债权回收率低。我国多采取清算方式，平均回收率仅为36.9%；全球营商环境先进国家（地区）多采用重组方式，全球最佳回收率达到92.45%。（2）是企业办理退出程序耗时长。我国约需1.7年，全球最佳为0.6年。（3）"破产框架力度指数"失分多（我国得分为11.5分，满分为16分）。主要是涉及债权人权利、信息透明度等问题，涉及修订《企业破产法》等法律法规。

六是开办企业。中国的"开办企业"指标在全球排名第28位，便利度得分93.52分。新西兰（排名第1位）99.98分，中国香港特别行政区（排名第 5 位）98.15 分。失分点在于：开办企业需要的手续多（平均 4 个环节），耗时长（平均需要 8.6 天），费用约为人均国民收入的 0.4%，就业参保登记未纳入一站式平台，仍保留刻制公章等流程。新西兰开办企业仅 1 个环节，平均耗时为 0.5 天。

七是财产登记。中国的"登记财产"指标在全球排名第 27 位，便利度得分是 80.8 分。新西兰（排名第 1 位）94.89 分，俄罗斯（排名第 12 位）88.74 分。失分点在于：（1）土地管理质量指数，得分 23.5 分（满分为 30 分）；（2）不动产等处置环节多（平均为 4 项）、耗时长（平均为 9 天），费用高（平均为财产价值的 4.6%），主要涉及修改《不动产登记暂行条例》等法律法规。新西兰的不动产等处置仅 2 项环节，平均耗时 1 天，费用仅为财产价值的 0.1%。

第三节　对我国营商环境内涵的理解

一、行为主体

营商环境的行为主体主要包括政府、企业和社会组织。政府、企业、社会组织是不同性质的组织，具有不同的制度逻辑，也因此拥有不同作用于社会的功能与方式。如政府具有公共性，其主要职能是向社会和公众提供公共服务和公共物品，从而增进社会福祉。具体到营商环境建设，政府的职能作用主要有：第一，为市场提供制度基础。合理、有效的制度框架是市场经济发展的必要条件，而具有非竞争性与非排他性的制度本身即为一种公共物品，只能由政府来供给。第二，进行有效的资源配置。政府因其自身的强制性、权威性而具有强大的资源调配能力，能够根据营商环境发展需求，制定和实施公共政策，实现对营商环境建设人力、物力、财力的有效配置。以企业为核心的市场主体，拥有追求利润的价值导向，其主要功能是向社会提供可以交易的私人物品，从而丰富人们的物质和服务选择。尽管"在商言商"是市场主体的根本行为逻辑，但由于企业是置身于特定的经济、政治、文化和社会环境中，企业的优良运作离不开环绕自身的大环境。

所以，企业除了追求利润之外，还需要承担一定的社会责任，这种社会责任除了提供就业、改善社区环境等基本责任，还有推动政府治理变革，积极影响制度公正、公平等。具体到营商环境建设，企业除了自身应该坚持公平竞争的规则，力避灰色交易、潜规则等违法行为，还应该勇于表达意见，积极推进本地区乃至全国的营商环境改革。社会组织由于活跃于社会各个领域，具有较高的灵活性，其草根性也使其可以更加深入社会底层，利用其社会资本的优势，充分了解营商环境现状和问题，并作为企业和政府的纽带，传输信息。

二、内涵

国内实务部门和学者通过研究营商环境，逐渐形成共识性的概念内涵。胡益等在建构广东营商环境指标体系研究中，认为营商环境是一项系统性的工程，涉及政治环境、经贸制度、市场准入、要素流动、法治建设、文化氛围、政务环境、生活环境等社会政治经济生活的各个方面；黄振饶同样指出营商环境是一项涉及经济社会改革和对外开放众多领域的系统工程，是一个地区能够击败其他对手、获得投资者青睐的重要砝码；董彪、李仁玉则从市场主体的角度出发，将营商环境定义为商事主体从事商事组织或经营行为的各种境况和条件，包括影响商事主体行为的政治要素、经济要素、文化要素等。对上述研究的仔细分析，我们发现不管研究者从哪个角度定义，营商环境都会包括政治环境、经济环境、法治环境等必要的环境要素，营商环境可理解为在一定时期内，某一经济体内政府为改善国内经济以及拉动对外贸易，通过政治、经济、法治以及对外开放等多领域的系统改革，所营造的影响投资主体从事商业活动的政治环境、经济环境、法治环境以及国际化环境等各种环境的有机复合体。

三、业务模型

（一）指标模型

1. 政府部门对营商环境指标体系的研究

当前政府部门出台了大量营商环境指标，其中最为权威是国家发改委发布的营商环境报告。2022 年国家发改委发布的《中国营商环境报告 2021》（简称"《报告》"）是《中国营商环境报告》系列报告的第二部，《报告》全面系统梳理了 2020 年中国营商环境评价 80 个城市和 18 个国家级新区优化营商环境实践的改进提升过程，客观反映了参评城市、国家级新区营商环境基本情况，全面展示了参评城市、国家级新区改革实践的首创经验和典型做法，集中呈现了各指标领域的改革方案、路线图、最佳实践以及快速提升的有效做法，有助于促进各地区相互学习借鉴，推动改革举措落地生根并复制推广，带动全国范围更多城市加快提升营商便利度。从市场准入、投资建设、融资信贷、生产运营、退出市场等五大方面选取指标（图 6-3-1）。

一些省市纷纷出台了自己的营商环境评估指标体系，用来优化本地营商环境，持续推动放管服改革。如陕西省对标世界银行《全球营商环境报告》核心评价指标，以压缩办理时间、降低收费标准为硬性指标，以帮助企业降低各类交易成本，破除制约企业和群众办事创业的体制机制障碍为目标，构建了陕西省营商环境评价指标体系（表 6-3-1），并以此对进行分工，优化营商环境。

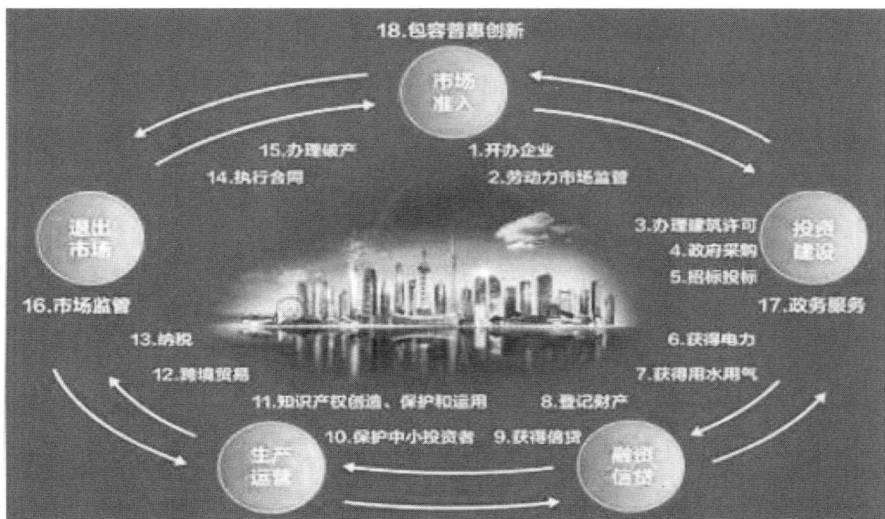

图 6-3-1　中国营商环境评价指标体系

表6-3-1　陕西省营商环境评价指标体系

《营商环境报告》核心指标	对标《营商环境报告》核心评价指标	主要负责部门
开办企业	简化企业开办和注销程序	省工商局
办理施工许可证	简化施工许可证办理程序	省住房城乡建设厅
获得电力	方便企业获得水暖气电	省发展改革委 省住房城乡建设厅 省水利厅
登记财产	方便企业办理不动产登记	省国土资源厅 省住房城乡建设厅
获得信贷	降低企业获得信贷难度和成本	省金融办
纳税	优化企业纳税服务	省国税局 省地税局
跨境贸易	提升企业跨境贸易和投资便利化	省商务厅

2. 研究机构对于营商环境指标体系的研究

随着政府部门对优化营商环境的重视，一些研究机构纷纷发布了中国营商环境评估报告，其中比较有代表性的是零点咨询公司发布的《中国营商环境升维指数研究》和粤港澳大湾区研究院发布的《中国城市营商环境报告》。

零点咨询公司发布的《中国营商环境升维指数研究》将"营商环境"具体化为城市功能发育度、城市商业活力度、城市政府服务能力度、城市生活美好度、城市人文性格度共 5 个方面。城市生活美好度则从生理需求、保障需求、社交需求、尊重需求、自我实现需求 5 个方面分别展开，将诸如肯德基 / 麦当劳数量、药店数量、公园数量、购物中心数量等极为间接的影响因素都纳入营商环境评估中。该报告虽然从微观层面展开营商环境评估，但所采用指标大部分偏离了企业实际经营环节，过于泛化评估范围。

粤港澳大湾区研究院发布的《中国城市营商环境报告》则通过 6 大类二级指标，即软环境（权重 25%）、市场环境（权重 20%）、商务成本环境（权重 15%）、基础设施环境（权重 15%）、生态环境（权重 15%）、社会服务环境（占 10%）评估了我国 35 个主要城市的城市营商环境。值得一提的是，该报告所采用的指标虽然部分涉及了企业的实际经营环节，但是从整体上看仍然与企业的实际经营有一定的偏离，且只选取了全国直辖市、副省级城市和省会城市，未能更广泛地反映我国城市的营商环境。

3. 理论界对于营商环境指标体系的研究

相比于实务界和研究机构对于营商环境的重视与研究，理论界对于营商环境的研究开始较早，成果也较为丰富，但是对于营商环境指标体系的研究则仍然较少。

王绍乐（2014）基于可持续发展思想、公共产品理论、最优税制结构理论、公平课税理论等，坚持税收的"法治、公平、适度、效率"四大基本准则，遵循科学、系统优化、通用可比、实用的构建准则，构建了以税收法治、税收效率、纳税成本和社会满意度为核心指标的中国本土化税务营商环境指标体系。杨涛（2015）在鲁苏浙粤四省的比较分析的基础上，采用定量研究方法，构建了市场环境、政策政务环境、法律环境三个一级指标，18个二级指标。胡益（2017）等人在借鉴国内外相关指标体系研究经验的基础上，结合广东省发展转型升级进程中的问题，构建出以国际化评价为中心，以市场化法治化为支撑的系统化的营商环境评价指标体系，共设国际化、市场化、法治化3个一级指标，48个二级指标。

魏淑艳等（2017）通过构建东北地区投资营商环境评估指标体系，从自然条件、社会状况、政府环境、经济因素和基础设施等方面，对该区域投资营商环境进行了现状评估和问题剖析，发现造成东北地区投资营商环境差的主要成因是资源、技术和体制的三重约束。娄成武等（2018）认为营商环境建设应当从社会资源的市场化配置需求出发，其评估应以市场主体和社会公众的满意为根本判断标准，并以评估主体的民主性、评估信息的可获得性、评估结果的可比性作为营商环境评估框架的构建原则，从整体感知、政务环境感知和要素环境感知等三个维度设计了评估指标体系。

（二）协同模型

基于营商环境"评价→发现问题→改革决策→改革实施→评价反馈"循环治理流程和协同治理的基本特性，可以将营商环境协同治理分为评价协同、改革决策协同和改革执行协同三种运作模式。

1. 营商环境评价协同

营商环境评价是营商环境建设的起点，开展营商环境评价，有助于衡量"放管服"改革、优化营商环境成效，检验各地营商环境是否有所优化、企业与群众办事是否更加便捷、发展环境是否改善，并通过这些检验发现存在的问题，为进一步的改革决策提供问题导向。在营商环境评价协同中，行动者包括各级政府、企业、社会组织等治理主体。其中，中央政府的主要职责是顶层设计与战略部署，并出台相应的营商环境评价政策框架，地方政府则根据本地区情况具体落实营商环境评价工作。企业为主的市场主体，作为营商环境建设的最直接利益获得者，在营商环境评价中的角色主要是积极参与到评价中并真实表达利益诉求和服务感受。同时，由于营商环境涉及利益纠葛和褒贬抑扬，真实可靠的评价需要引入相对独立的第三方机构，第三方机构可以是高等院校、社会组织或咨询机构，第三方评估机构所具有的专业性、独立性和权威性为营商环境评估奠定了基础。可以看出，营商环境评价协同中既有政府内上下级的组织内协同，也有政府与企业、社会组织的跨组织协同。

2. 营商环境改革决策协同

营商环境改革决策过程包含了中央和地方政府各职能部门对营商环境存在问题的寻根溯源，探讨和查找问题的关键解决点，也包含政府主体与企业为主的市场主体之间的互动沟通。不同于评价过程中第三方评价机构以独立、专业身份获取真实数据和客观分析结果为目的与市场主体的互动沟通，改革决策协同过程中，政府主体与市场主体的沟通是以解决问题和制定改革政策为目的的协商沟通，希望从市场主体中获取对问题解决的参考意见，为更加科学的决策提供服务对象利益诉求的素材。同时，政府也会充分与高校智库、科研院所等第三方专业机构进行交流，试图为更加科学的决策提供科学的理论支撑和严谨论证。基于中央政府与地方政府及各层级政府对存在问题的探讨，以及政府主体与市场主体、专业机构之间的互动沟通，并根据营商环境存在的痛点、堵点做出改革决策。

3. 营商环境改革执行协同

无论是营商环境评价还是营商环境改革决策都是为营商环境改革执行

做准备。在营商环境的改革执行中，协同关系十分活跃。横向上，政府组织内部跨部门协同包括中央政府各个部门间的协同、地方政府各个部门之间的协同、行政部门与立法和司法部门的协同，跨组织协同包括政府与社会组织，政府与市场主体、社会主体与市场主体以及三者之间的协同；纵向上，中央政府与地方政府的整体协同，中央政府职能部门与地方政府职能部门的"条条"协同（图 6-3-2）。

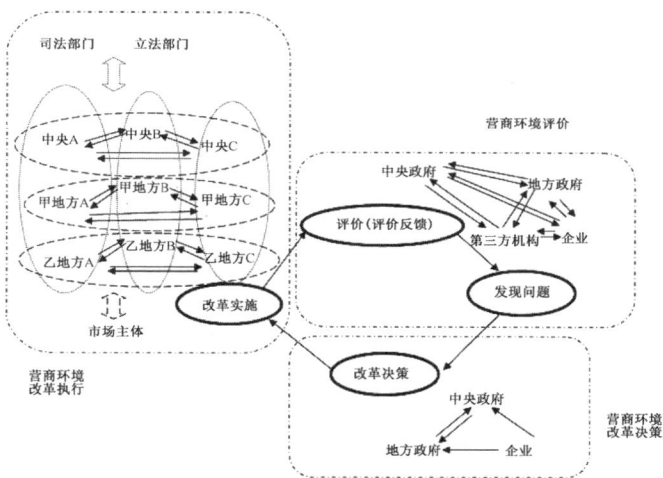

图 6-3-2　营商环境协同治理运作模式

第四节　数字赋能营商环境在我国数字中国进程中的地位和作用

进入 21 世纪，互联网、大数据、人工智能等现代信息技术加速迭代和深度渗透，驱动着人类社会快速进入数字技术时代。数字技术时代建设数字营商环境不仅是数字政府建设的重要内容，更是数字经济发展的必然趋势和数字社会治理的内在要求。近年来，我国各级地方政府运用互联网、大数据、云计算、人工智能等数字技术主动作为，加速推进"网上办理""一网通办"等系列政务服务改革，实现了让"数据多跑路、百姓少跑腿"，数字营商环境的正效应不断显现。可以说，数字营商环境建设顺应了数字时代发展的必然趋势，有效开拓了优化营商环境的新路径，及时满足了企业和公众日益多元化的需求，推动了营商环境的优化升级。

一、建设数字营商环境是数字政府建设的重要内容

数字政府是经济社会演进到数字时代政府形态的一种自我调适和演化创新，也是政府深化行政体制改革、重构政府与市场关系、优化升级营商环境、赋能数字经济发展的关键举措。伴随着互联网、大数据、人工智能等现代信息技术的发展，企业的组织模式和经营方式急剧变革，平台型组织、线上经营逐渐成为市场主体的主要组织模式和经营方式。基于互联网及数据赋能的平台型企业的经营活动，突破了传统市场交易的物理空间限制，跨时空、地域的网络交易成为市场交易活动的重要组成部分，市场主体交易方式的变革使得传统政府"重审批、轻监管"以及"属地监管"模式存在着较大风险，且新产业、新业态的迅猛发展对传统政府市场管理规则的适用性提出了挑战。这就要求政府改变传统市场监管模式并为新兴市场主体在市场准入、运营、退出等关键环节制定新规则，亟须通过营商环境的优化升级实现上述目标。数字营商环境坚持整体化、数据化和智能化的建设理念，通过政府部门间的数据开放与共享，打破科层制条块分割的市场监管困境，为建立快速的响应机制制定新规则。基于数据的市场监管模式和数据的规则制定具有适应性和灵活性，能够弥补传统市场监管模式的不足并消除制约新兴市场主体发展的规则障碍。更加灵活地协调数字经济时代日益复杂多变的市场活动，正成为数字政府建设的重要内容和发展目标。

二、建设数字营商环境是数字经济发展的必然趋势

数字经济是以虚拟化的数据作为关键生产要素，以现代信息网络和数字技术作为主要支撑力量，实现现代信息技术与实体经济高度融合发展的一种新型经济形态。以互联网、物联网、大数据及人工智能等现代信息技术为驱动力的第四次工业革命席卷全球，更新了人们对生产要素的认知，传统的农业经济和工业经济是以土地、劳动、资本等为关键生产要素，以知识、技术、数据等为核心生产要素的数字经济已成为全球经济复苏和经济增长的新引擎，世界各国将发展数字经济作为国家重要战略。党的十八大以来，我国高度重视数字经济发展，强调加快数字基础设施建设，构建以数据为关键生产要素的数字经济，促进数字经济和实体经济融合发展，加快新旧动能持续转换，推动经济高质量发展。近年来，我国数字经济快速发展，2019 年的经济规模达 35.8 万亿元，占同期 GDP 总量的 36%，对GDP 增速的贡献超过 67%，数字经济规模位居全球第二，已成为世界上最大的电子商务市场。数字经济时代，生产要素的数据化、交易活动的在线化、组织形态的平台化等正在重塑生产经营方式，数字经济在促进经济快速发展的同时，也对营商环境提出了更高要求，建设数字营商环境就成为适应市场发展需求和促进数字经济发展的必然要求。

三、建设数字营商环境是数字社会治理的内在要求

数字社会是人类社会形态演进中，继农业社会、工业社会、信息社会之后，以数字信息技术的广泛应用与迭代发展为时代特点，以第四代信息科技革命的技术突破为核心要素，集数据挖掘、数据贮存、数据分析、数据决策于一体的数字技术社会形态。人类社会的每一次形态变迁都深刻地影响和改变着人们的生产生活方式，数字社会在互联网、大数据、人工智

能等现代信息技术基础上形成了一个"无处不在的泛在网络社会"系统，同样深刻改变着人们的生产生活方式，推动着政府社会治理方式变革。截至 2021 年 12 月，我国网民规模为 10.32 亿，互联网普及率达 73%，数字社会的新形态初具雏形。我国互联网政务服务用户规模达 9.21 亿，占全体网民总数的 89.20%。信息技术的普及不仅改变了人们获取政务服务的方式，而且拓宽了公众参与社会治理的渠道。数字社会的到来迫切要求政府改变传统的政务服务供给方式、转变社会治理模式，而数字营商环境建设为满足人民日益增长的美好生活需要和参与社会治理的愿望提供了重要保障。

在数字技术时代，通过数据赋能将数字技术与营商环境有机结合，形成数据赋能的数字营商环境理念，能够助推营商环境优化升级。数字营商环境具有突破时空限制、提高办事效率、实现精准治理和促进公平公正等优势，是数字经济和数字社会发展的客观需求。透明度对营商环境绩效有显著影响，政府部门应通过政务服务平台和网站在线服务，及时发布政务信息，主动回应市场主体，加强官民高效互动。政务环境是营商环境的重要组成部分，持续优化营商环境、营造"亲清便民"的政务环境，要求加快各种新技术在政务服务中的应用，打通地区间、部门间的"信息孤岛"。政商关系是营商环境的主要议题，数字技术已成为影响政商关系的关键变量，通过互联网与大数据建设"亲清在线"数字平台，能够降低制度性交易成本，压缩权力寻租空间，推动亲清新型政商关系建设。加快政府数字化转型是持续优化营商环境的有效路径，需要利用现代信息技术优化政务流程、协调组织关系。

第五节　国际对我国数字营商环境的评价

一、数字经济营商环境正成为国际组织开展各类国别评价的关注重点

近年来国际组织在开展国别评价时，已将数字经济相关指标纳入评价体系，大致可分为三类：

第一类是针对数字经济营商环境的试评价。以世界银行"数字营商指标（Digital Business Indicators）"项目为代表，旨在研究各国促进数字经济的最佳监管实践，鼓励国家间的良性竞争，建立更加高效的数字经济制度框架。该项目源于 2017 年，指标体系包含网络连接度、数据隐私和安全、物流、支付和数字市场监管等 5 个方面，下设 12 个二级指标，以问卷形式采集数据。2018 年，世界银行对韩国、法国、印度尼西亚、越南、阿联酋、肯尼亚等 21 个国家进行了试评价，我国不在其中；2019 年，世界银行对方法论做了进一步完善，计划 2020 年对全球 100 个国家开展评价。

第二类是针对数字经济具体领域的专题评价。国际上广为关注的指数有三个：一是信息通信技术发展指数（ICT Development Index），由国际电信联盟 2009 年推出，包括 ICT 接入、ICT 使用和 ICT 用户技能共 3 类指标，2017 年我国排第 80 位（176 国）。近两年国际电信联盟拟将固定宽带速率、移动流量使用等指标纳入，目前尚在修订中。二是电子商务指数（E-Commerce Index），由联合国贸易和发展会议 2014 年推出。该指数包括互联网个人普及率、金融账号或移动钱包个人持有率、安全服务器占比、

万国邮联可靠性四个指标。2019 年我国排第 56 位（152 国）。三是电子政务发展指数（EGDI），由联合国经济和社会事务部 2011 年推出，包括在线服务指数、通信基础设施指数、人力资本指数三类指数，旨在衡量各国利用数字技术提供公共服务的水平。2018 年，我国排名第 65 位（193 国）。

第三类是将数字经济指标作为构成要素的综合评价。有两个指数受到关注：一是全球创新指数（GII），由世界知识产权组织（WIPO）于 2007 年推出，该指数包括 5 个创新投入指标（制度、人力资本与研究、基础设施、市场成熟度和商业成熟度），两个创新产出指标（知识与技术产出、创意产出），旨在为各国衡量创新活动和制定创新政策提供参考。2019 年我国排第 14 位（129 国）。二是全球竞争力指数（GCI），由世界经济论坛 2004 年推出，旨在衡量一国经济持续增长的能力。该指数包括制度、基础设施、信息通信技术的应用、宏观经济稳定性、医疗卫生、技能、产品市场、劳动力市场、金融制度、市场规模、商业活力、创新活力等 12 类指标。2019 年我国排第 28 位（141 国），其中数字基础设施、人口数字技能、服务业竞争程度等是薄弱环节。

二、我国数字营商环境排名

国家工业信息安全发展研究中心信息政策所数字经济研究室发布了《2021G20 数字营商环境评价报告》。报告提出了包含数字支撑体系、数据开发利用与安全、数字市场准入、数字市场规则、数字创新环境等 5 个一级指标、13 个二级指标、39 个三级指标的全球数字营商环境评价指标体系，并对二十国集团（G20）经济体数字营商环境进行了评价分析，结果发现，发达国家数字营商环境整体排名靠前，美国、英国、加拿大、韩国和日本位列前五，中国位列第九，是前十名中唯一的发展中国家（图 6-5-1、图 6-5-2）。

数字支撑体系			数据开发利用与安全		数字市场准入		数字市场规则			数字创新环境		
普遍接入	智慧物流设施	电子支付	公共数据开放	数据安全	数字经济业态市场准入	政务服务便利度	平台企业责任	商户权利与责任	数字消费者保护	数字创新生态	数字素养与技能	知识产权保护

图 6-5-1　全球数字营商环境评价指标体系构建

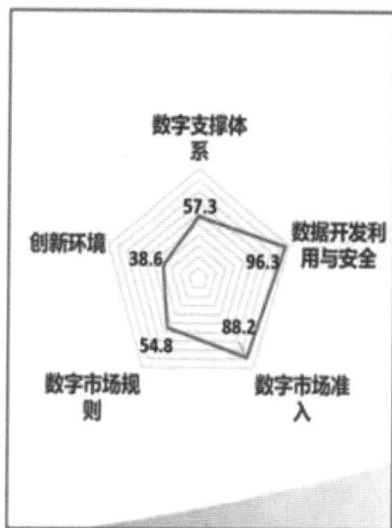

图 6-5-2　中国数字营商环境评价雷达图

三、六大国际组织数字营商环境评价体系

提取 6 个国际组织评价体系中与数字经济营商环境相关的指标（表 6-5-1），发现主要包括 5 类环境：

表 6-5-1　6 个国际组织评价体系中涉及数字经济的 5 类指标

国际组织	世界银行	国际电信联盟	联合国贸发会	联合国经社部	世界知识产权组织	世界经济论坛
指标名称	数字营商指标	ICT 发展指数	电子商务指数	电子政务调查	全球创新指数	全球竞争力指数
首发年份	2018 年	2009 年	2014 年	2011 年	2007 年	2004 年
我国最新排名	/	80 位 /176 国	56 位 /152 国	65 位 /193 国	14 位 /129 国	28 位 /141 国
1. 数字基础设施环境	●网络连接程度（普遍接入、域名获取和保护） ●金融支付 ●物流	●ICT 接入（电脑家庭比重、接入互联网家庭比重、国际互联网带宽、移动网络覆盖人口） ●ICT 使用（移动宽带普及率、移动流量）	●互联网个人普及率 ●万国邮联可靠性分数	通信基础设施指数（TII）	●通用顶级域数量（TLD） ●国家顶级域名数量信息通信基础设施	●信息通信技术应用（移动电话、移动宽带、固定宽带、光纤入户率）
2. 创新环境		●ICT 技能（平均受教育年限、总入学率、具有 ICT 技能人群占比）	●金融机构账号或移动钱包人持有率	人力资本指数（HCI）	●ICT 和商业模式创造 ●ICT 和组织模式创造	●职业人口数字技能创业风险的态度 ●金融制度
3. 竞争和消费者保护环境	●数字市场监管（消费者保护、平台责任、电子签名）					●税收和补贴对竞争扭曲 ●市场主导程度 ●服务竞争性
4. 数据与安全环境	●数据隐私和安全（个人权利、跨境数据流动、数据安全与执法）		●安全加密互联网服务器占			
5. 监管与服务环境	●数字市场监管			●在线服务指数（OSI）	●监管质量 ●法治	●法律框架对数字商务模式的适应性 ●政府监管负担 ●数字参与程度

（一）数字基础设施环境

数字时代，信息流、资金流和物资流在加速重构，衍生出以宽带网络、金融支付和数字物流为载体的数字基础设施。一是宽带网络基础设施。国际组织首先关注的是域名指标，如通用顶级域（TLD）数量、国家顶级域（ccTLDs）数量以及"获取和保护域名"制度。其次是网络接入指标，如固定宽带接入率、移动宽带接入率、网络速率等。再次是用户普及指标，如个人互联网普及率、ICT使用率指标。二是金融支付设施。国际组织关注的是个人拥有金融机构账户或移动钱包的比率，以及与支付设施相关的"支付许可""支付鉴权与处理""支付安全"等指标。三是物流设施。国际组织关注物流绩效指数（含通关、海运、竞争力、追溯、时长等）、物流可靠性（如万国邮联可靠性）以及跨境交易的物流包裹监管制度。这三类设施是发展数字经济的基本前提。

（二）数字经济创新环境

数字经济离不开孕育创新、包容创新的外部制度环境。在创新环境营造方面，国际组织关注4类指标：一是人口数字素养。例如就业人口或者全国人口中拥有数字技能的人员比率，再或者国民平均受教育年限、入学率等，反映出对数字化人才供给的重视。二是对创业风险的态度。创业文化是孕育创新的温床，世界经济论坛就将"创业风险的态度"列为评价指标，通过调查全球企业高管来获取数据。三是金融制度。例如风投资金可得性、市场资本化程度、给私人部门的信贷比重、中小企业融资等。此外，创意产出也是关注领域。例如世界知识产权组织将ICT与商业模式融合创新、ICT与组织模式融合创新，以及移动应用程序的产出等3个指标纳入全球创新指数评价中。

（三）竞争与消费者保护环境

数字经济具有显著的网络效应、规模经济和赢者通吃特征，平台企业围绕用户注意力展开竞争，并基于大数据分析提供服务。围绕数字市场监管，国际组织关注两大类问题：一类是市场公平竞争。除了服务业竞争程度、市场集中程度以及竞争中立（如税收和补贴对竞争的扭曲）外，还有国际社会热议的数字平台垄断问题。另一类是消费者保护。世界银行单独将"数字市场管理"作为数字营商环境的评价指标，凸显其重要性，包括权益保护（如信息披露、赔偿规则、纠纷解决等）、平台责任（如入驻店家侵犯第三方商标时平台担负何种责任等）、电子签名（如签名的法律地位、证据有效性、签名认证）等。

（四）数据与安全环境

数字技术伴生的安全问题日益尖锐，影响人们对数字经济的信任程度。国际上关注四个方面：一是服务器安全。联合国贸易和发展会议将具有安全加密的互联网服务器数量占比，作为四个核心指标之一，彰显安全底线原则。二是个人数据保护。网络数据包含了海量个人数据，世界银行设置了合法采集、知情同意等细化指标，用于特定目的、删除个人数据等方面。三是数据跨境流动。数据安全关乎国家安全，中心议题是数据跨境流动，如是否允许将个人数据转移至第三国、前提条件是什么以及满足什么条件。四是数据安全与执法。重点关注数据处理、内部控制、数据加密、数据安全培训、数据泄露等。

（五）监管与服务环境

支持数字经济发展的关键是给新模式萌发的机会，为创业创新提供更大空间。国际组织关注三方面内容：一是监管包容性。新事物往往具有不同于旧业态的发展特点，要求新业态"削足适履"只会限制其发展。世界经济论坛的评估框架从"法律框架对数字商务模式的适应性""政府监管负担"两个指标来了解制度的包容性。二是监管质量。主要从推动监管程序的公开透明和依法实施的角度，了解"监管质量"和"法治程度"。

三是在线服务。在线服务拓展了政务服务边界、方便了企业和群众。联合国、世界经济论坛、世界知识产权组织均将在线服务指数（OSI）作为评价体系关键构成之一。

第六节　我国数字赋能营商环境建设的
发展方向与建设思路

目前数字营商环境建设仍处于探索期，存在着诸多不足，迫切需要探索进一步优化的路径，切实提升数字营商环境建设整体效能。

一、加快数字基础设施建设

数字基础设施建设是数字经济时代贯彻新发展理念，推动经济高质量发展，建立现代经济体系的基础保障，也是数字营商环境建设的基本前提和重要基础。加快数字营商环境建设，必须坚持数字基础设施先行理念，面向数字经济发展需要，聚焦关键领域，补齐薄弱环节。首先，聚焦以5G网络、物联网等为代表的通信网络基础设施，以云计算、人工智能等为代表的新技术基础设施，以数据中心、智能计算中心为代表的算力基础设施等现代信息基础设施，加强综合统筹规划，做好财政投入保障，推动整合集约建设，打造万事万物互通互联、智能高效的信息基础设施，充分发挥数字基础设施服务于数字营商环境建设的支撑作用。其次，推动现代信息技术与传统基础设施、民生基础设施的融通和现代信息技术与实体经济的融合，为数字营商环境建设中数据的市场感知能力发挥提供更多数据来源。最后，强化现代信息技术在数字营商环境建设中的应用，推进营商环境数字化运作。通过人才引进和技能培训等加强智力建设，提升云计算、大数据、人工智能等数字技术在事项办理、市场预测和风险识别等方面的应用水平，全面发挥现代信息技术赋能于数字营商环境建设的智能化作用。

二、推动数据全面开放共享

数字营商环境建设的关键在于打破政府、市场、社会之间的数据壁垒，实现三者之间数据资源的流通、整合和共享。首先，在数据开放共享理念层面，要树立安全与发展并重，体制改革与技术创新并进，政府、市场、社会协同开放共享的理念。通过健全数据开放共享法规政策和制度体系，完善各种利益协调机制，推动政府行政体制改革，加强个人信息保护和数据安全保障，明确政府、企业、公众在数字营商环境建设中数据开放共享的角色定位和行为边界，健全多元主体数据开放共享的协同机制，有效发挥各主体在数字营商环境建设中的功能与优势，构建数字营商环境完整的数据生态链。其次，在数据开放共享规范层面，围绕数据开放标准、使用权限、规则体系和管理体制，完善贯穿数据全生命周期的开放共享规则体系，提高数据开放共享水平。通过制定统一透明的数据开放标准，依法分级确定数据使用权限，建立整体性的数据管理运营体制，实现政府、企业、公众之间数据的有效融合。最后，在数据开放共享应用层面，政府要充分发挥主导作用，制定数据开放共享战略规划，完善数据使用规则体系，加强数据安全保障。同时，政府要加强同企业、公众之间的互动，充分吸纳企业和公众的建议，以"顾客需求"为导向，为企业和公众提供个性化的数据服务，引导企业和公众参与数字营商环境建设。

三、优化平台系统结构功能

政务在线服务平台是数字营商环境的重要载体，承担着对内实现高效协同办公和对外提供优质服务的功能，在很大程度上决定着数字营商环境的数字化和智能化水平。政府在线服务平台建成并投入运行并非一劳永逸，要围绕用户需求不断完善功能和加强管理，这样才能发挥政务在线服务平台在数字营商活动中的价值功用。首先，完善政府政务在线服务平台动态管理机制，及时更新平台信息，让企业和公众通过该平台能够及时知晓营商活动的相关政策法规。其次，以用户需求为导向，制定匹配用户的个性化办事指南并设计信息查询效率高的搜索引擎工具。办事指南要针对所有在线政务服务项目，明确各类事项办理的条件、所需材料和办理过程等详细信息，考虑不同用户文化程度和理解能力差异，采用图文并茂的信息表达方式，不仅要易于获得，而且要通俗易懂。搜索引擎不仅要具备关键词的搜索功能，而且要具备模糊搜索功能。用户不必局限于官方的统一表述而是根据自己对营商活动或行政审批的理解，使用意思相近的关键词也能查到所需信息。最后，细化区分政务在线服务平台系统功能，设立针对不同区域、不同行业、不同主体、不同事项的办事专区，使各类主体依据自身定位和需求能够获取精准服务，增强平台系统功能的多样化和服务供给的个性化。第四，加强平台建设的整体规划和统一管理，促进各类平台融合贯通，破解平台相互割裂和服务碎片化问题，推动跨地区、跨层级、跨部门平台协同运作，提升政府优质政务服务供给能力。

四、提升在线政务服务能力

在线政务服务是政府在深化"放管服"改革和"优化营商环境"中，借助现代信息技术，转变政务服务提供方式和提高政务服务效率，满足数字时代企业和公众对政务服务需求方式变革的需要，也是数字营商环境建设的重要内容。提升线上政务服务能力，目前亟须做好以下工作：一方面，围绕"融合性在线政务服务"，推进线上政务服务统一规划和统一管理，释放在线政务服务优化营商环境的"数字红利"。通过加强对在线政务服务智能化建设的统一规划，推动在线政务服务渠道的互联互通和高度融合，创新在线政务服务的管理和服务方式，扩大在线政务服务的应用范围，充分发挥在线政务服务在优化营商环境中的价值功用。另一方面，围绕"智能化在线政务服务"开发升级在线政务服务配套的软件与硬件，消除在线政务服务优化营商环境中的"数字鸿沟"。通过为企业和公众提供数字网络技能培训，特别是针对信息弱势群体的技能培训，使其具备获取在线政务服务的能力，加强智能化技术在线上政务服务中的应用。以用户需求为导向，开发适用不同人群的多元化、差异化、个性化在线政务服务单元，提升在线政务服务的针对性、有效性。

五、构建数字营商环境评价体系

随着数字经济的发展，世界银行等国际组织也认识到传统营商环境评估的不足，因此在国别评价时将数字经济相关指标纳入其中。世界银行采取的是"打补丁"的方式，在营商环境评估之外再建立一套针对数字经济营商环境的评价体系——数字营商指标（Digital Business Indicator），并在2018年开始试评价。世界知识产权、国际电信联盟等则在创新、基础设施、电子商务等数字经济单一领域建立评价指标进行专题评估。这种做法仅将数据视为市场要素，对数字经济发展适应性营商环境或其中一部分进行评价，割裂了传统商事活动与数字经济之间的互动以及数据作为经济要素和治理工具的二元属性，不能完全反映"三元空间"治理下营商环境的整体面貌。因此，我们应该在首次提出数字营商环境概念的基础上，构建数字营商环境的评价体系，以适应线上线下融合的交互环境和三元空间中商事活动"全新环境"的评价需求。这一指标体系应打破世界银行营商环境评价中"自由市场作为资源最佳配置方式""欧美发达国家作为最佳市场实践标杆"的假设，重新思考数字空间泛在化趋势越来越强的数字营商环境中政府—市场关系的重构，在确定市场在资源配置中起决定性作用地位的同时，也应该重视其他主体和机制在资源配置中的有效作用。同时，应该将"经济体内市场具备均质化"和"治理能力均等化"的基本设想，从单一案例场景和少数城市评价中脱离出来，利用数字空间"全样本"的优势，实施"全景式"的评价，并发挥大数据高像素和细粒度的特点，在数字营商环境评估中实现"通宏洞微"式的自由缩放。

六、"以评促建"，加强一流数字营商环境建设

建设营商环境评估目前已经突破对经济体商事活动所面临的环境优劣进行评价、展示的单一功能，成为城市、区域竞争的重要指标之一。在国际贸易、吸引外资、产业发展过程中起到非常重要的作用，甚至影响到全球竞争中经济国际规则制定、贸易定价权的博弈和选择自身发展模式话语权的构建。虽然数字营商环境概念由我国首次提出，但世界各国和国际组织在数字经济营商环境、数字贸易营商环境等领域的评估和规则制定上已经采取了诸多行动。因此，数字营商环境的评估不能仅限于指标体系和评估方法的改进，更要将其上升为一项系统工程，以评促建，带动三元空间中商事活动的有序竞争和合作共赢，保护国家利益和发展权益。一方面，要建立符合我国国情和利益的数字营商环境评价指标体系，避免陷入阻碍性评价和自由市场经济资源配置最优的评价话语体系的陷阱之中。另一方面，要将数字营商环境纳入国家"放管服"改革体系，并加以重点推进，加快全球一流数字营商环境建设。此外，要以评促建，全面、系统发力，在我国具有优势的领域主导数字营商环境相关标准体系、准入制度、交易规则的制定，加强全球数字营商环境治理的公共产品供给。

数字赋能营商环境
典型案例

案例篇

Case

第七章　智慧政务　创优营商环境

第一节　案例1/河北政务办数字化服务 提升工程建设领域营商环境

工程建设项目审批制度改革，是深化"放管服"改革、优化营商环境的重要内容。河北省政务服务办公室深入学习贯彻党的二十大精神，认真贯彻落实习近平总书记重要指示精神和党中央、国务院，河北省委、省政府的决策部署，解放思想、奋发进取，强化服务意识，勇于担当尽责，加快打造河北工程建设领域一流的营商环境。

一、典型做法

从立项到竣工的各个阶段，介绍河北省工程建设项目各阶段申报审批流程的典型做法。

（一）立项用地规划许可阶段

之前，河北企业项目立项申请时，需要先登录省发改委的投资在线监管平台（简称"投资在线平台"），提供各种立项信息进行项目的备案核准。立项完成后，企业又需要在市级工程建设项目审批系统（简称"工改系统"）录入同样的信息，申请建设用地规划许可。项目立项及审批数据还需同步到省住建厅的工程建设项目管理平台等多个监管平台。为解决企业来回登录、多次重复录入信息等堵点问题，河北省先行先试，率先打破行业主管部门"信息孤岛"，完成省内三网系统的对接。依托河北省一体化政务服务平台（简称"一体化平台"），打通投资在线平台与各市工改系统，真正做到"一网通办"。企业登录河北政务服务网，在建设项目专区进行办理。此时，企业填报的项目申报信息和审批结果信息能够在投资在线平台和工改系统同步共享，极大便捷了企业的申报流程。审批人员通过身份认证体系，只需"一号登录"，即可"全网审批"，解决在不同系统间来回切换问题，审批后的数据，通过数据共享交换同步到相应的监管平台。

（二）工程建设许可阶段

企业申请立项完成后，通过省政务服务办专门建设的工程建设专业库，将项目信息及立项结果数据实时全量推送到市级工改系统。在这个阶段，企业可以同步办理土地出让、用地和工程规划许可。项目土地出让后签订土地出让合同，同时办理建设用地规划许可证、建设工程规划许可证等手续，不断简化带方案出让土地工程建设项目的审批流程。

（三）施工许可阶段

依托各市工改系统，不断提升工程建设审批全流程网上办理水平，助力项目审批增速提效。一是推行并联审批。对施工许可阶段审批事项全面推行一口受理、并行办理，截至目前，并联审批率达84.71%，高于全国平均水平39.58个百分点。二是数字化联合审图。以省一体化平台为中枢，对接省自然资源厅的不动产登记平台，建立全程数字化、无纸化审图管理系统，将消防、人防等技术审查内容统一纳入施工图设计文件审查，由审图机构一并出具技术审查意见，相关部门复用审查结果。三是推行施工图审查告知承诺。工业厂房、仓库等简易低风险项目施工图审查实行告知承诺，不再将审图合格书作为办理施工许可的前置要件，企业承诺施工图符合标准后，即可先行办理施工许可。

（四）竣工验收阶段

项目建设完成后，企业负责组织竣工验收及备案。河北省多措并举，加快建设工程竣工验收。一是全面实现联合验收。对需政府部门验收事项变多头办理为一次申报、同步办理，截至目前，联合验收率达71.71%，高于全国平均水平29.63个百分点。二是构建消防审验管理体系。制定消防设计文件编制、竣工验收查验、现场评定技术指南，统一工作标准和流程。三是实行消防审验信息化管理。通过对接全省消防设计审查验收系统，让企业凭借信息化手段开展消防设计审查、验收、备案等审批和服务。

（五）市政报装服务

为实现企业和群众办事"只进一扇门"，在各级政务服务大厅推行"一站式"项目审批专区。一是全面实行进政务大厅集中受理。市、县两级供水、燃气、供热、排水、通信等市政公用服务企业全部入驻政务服务大厅，集中受理市政报装服务。二是前置报装申请。水气热报装申请由竣工验收阶段提前到施工许可阶段，为市政接入外线施工节约时间。

（六）政企合作新模式

省政务服务办联合省电力公司建成电网投资项目政企数字通道。将电力公司的国网项目中台分别与一体化平台、投资在线平台和市工改系统数据贯通，建成国内首个电网投资项目政企数字交互平台，实现电网投资全量审批数据共享联动。政企数字通道贯通后，电力公司提前获取项目信息，前置启动电网规划、建设、迁改等工作，做到"让电等项目"，为企业投资项目提供高效便捷的用电保障。办电窗口入驻117个政务服务大厅，"网上国网"上线河北政务服务网和"冀时办"，实现企业"一证办"、居民刷脸办，辖区市县全部实现"不动产＋电力"联动过户办理，率先完成"一件事一次办"办电要求。目前，8498家用户已享受到该服务，居民、小微企业领证业务可办率超过 75%。

（七）不动产便利化登记

为持续优化不动产登记营商环境，增强企业和群众改革获得感，省自然资源厅联合省政务服务办建立全省统一的"一窗受理"平台，整合业务流程，实现信息共享，设置网上专区，签发电子证照。一是依托全省一体化政务服务平台数据共享系统，与省公安厅、省住建厅、省市场监管局建立信息共享机制，开通全省不动产登记数据共享核验服务，统一为市县提供自然人身份、统一社会信用代码、金融许可证、司法判决和营业执照等 8 个部门 20 类信息共享核验。截至 2022 年 10 月底，已实现为登记机构提供 500 万余条信息共享核验。二是基于河北政务服务网和"冀时办"，建设全省网上（掌上）不动产登记中心，对外统一提供网上预约、进度查询、网上咨询、网上申请等服务，企业和群众足不出户即可申请办理不动产登记。截至 2022 年 9 月底，全省通过互联网受理业务 51672 件。三是依托全省一体化政务服务平台电子证照系统，统一签发全省不动产登记电子证照，加快推进存量电子证照生成，建设全省不动产登记电子证照库，并在银行贷款、契税缴纳、市场主体注册等场景推广应用。2022 年以来，全省累计签发不动产登记电子证照 302 万张，不动产登记证明 175 万本，不动产登记资料查询结果证明 26 万份。

二、实施成效

（一）简化流程提效率

一是推行审批标准化。规范项目审批事项名称、办理材料、时限等关键要素，编制审批、中介服务、技术性审查等 3 张事项清单。二是分类优化流程。根据全省通用的政府投资、社会投资核准和社会投资备案 3 类项目流程图，细化政府投资非新增用地线性改造，社会投资一般工业厂房、仓库，带方案出让土地和简易低风险等 4 类项目流程，进一步压缩审批时限，将政府投资类、社会投资核准类、社会投资备案类 3 类项目从立项到取得施工许可由 45、38、35 个工作日分别压缩至 39、33、31 个工作日内。三是推动投资项目审批提速。落实项目建设年部署要求，加强投资建设项目全过程审批管理，推动靠前服务，省级大厅推出 82 条联审帮办投资审批链条，2022 年以来，提供现场服务 941 次。依托政企数字交互平台，打造项目核准、备案、用地预审等 11 类行政审批事项自动化报建，全程免人工报送。目前，该举措正在河北省逐步全面实施，已完成 2608 项电网项目核备审批，涉及总投资 34.62 亿元，项目报送时间缩短 96%，信息一次填报正确率由 80% 提升至 100%，建设项目总审批时间至少缩短 20 天，有效减轻了政府部门和电网企业办事人员的工作负担，大幅提升了办事效率，推动了河北省电力规划、能源规划高效落地。

（二）数据共享减材料

依托一体化平台，不断深入推进发改、住建、自然资源、生态环境、财政、电力等部门业务系统对接。完善数据共享标准，提高数据共享质量和效率，通过项目代码自动关联用地、规划许可、环评、招标采购、行业领域审批等项目全流程信息，持续推动投资审批数据"一体共享"。原来在办理不动产登记业务时，需要申请人提供全套纸质材料，工作人员在审批时也需要协调住建厅、税务局、民政厅、司法厅、卫健委、国资委、市场监管局、省高法等部门核验相关信息。现在通过政务数据共享机制，审批人员可以在线上共享核验身份证、统一社会信用代码、金融许可证、司法判决、婚姻登记、营业执照和出生医学证明等 20 类信息，无需申请人在线下重复提交纸质材料。截至目前，平台已为全省不动产登记业务提供了 260 万次信息核验服务，缩短了工作人员审核时间，出证时间从原来的 3—5 天缩减为 1 天，大大降低了企业和群众办理不动产登记的时间成本。

（三）优化服务增效能

各级政务服务大厅为企业和群众提供集成优质高效的服务。一是在工程建设项目审批专区设置"综合受理窗口"，项目立项用地规划、工程建设许可、施工许可、竣工验收等4个审批阶段全链条、全环节审批服务事项均实行综合受理。二是"帮办代办"制度。对重点项目组建包联工作专班，采取上门服务、现场指导、电话联络等多种形式，开展政策指导、办事指引、疑难解答、矛盾协调等全方位服务，有效释放改革红利，助力企业项目加快建设。三是政策直通车服务。有效运用大数据、人工智能等新技术，为企业提供个性化、智能化服务，实现惠企政策共享直达。

经过几年努力，河北工程建设项目审批提质增效工作模式探索已基本成型，数据统筹、业务协同、标准统一的政务数据汇聚、共享交换和应用能力不断提升，为服务企业和群众、提升政府履职效能提供了有力支撑。下一步，省政务服务办将继续优化审批流程，完善工程建设专业库，最大程度挖掘数据潜能、释放数据红利，助力河北省数字政府建设，服务河北省数字经济发展，为建设现代化经济强省、美丽河北贡献力量，以实际行动贯彻落实党的二十大精神。

第二节　案例2／保定市"三维双驱""全链化"助企服务

为深入贯彻落实党的二十大精神和河北省委十届三次全会、保定市委十二届四次全会精神，全面落实全省优化营商环境大会部署要求，保定市工业和信息化局主导搭建了"保定市产业数字化综合服务平台"（简称"平台"），聚焦培育激发市场主体活力，从"政府看得清""企业用得上""帮扶落得实"三个维度，以数字化赋能"放管服"改革提升市场主体获得感和满意度，以优化产业集群营商环境助推工业老城转型升级"双向驱动"，探索出了一条具有北方特色的数字化赋能营商环境建设的新路子（图7-2-1）。

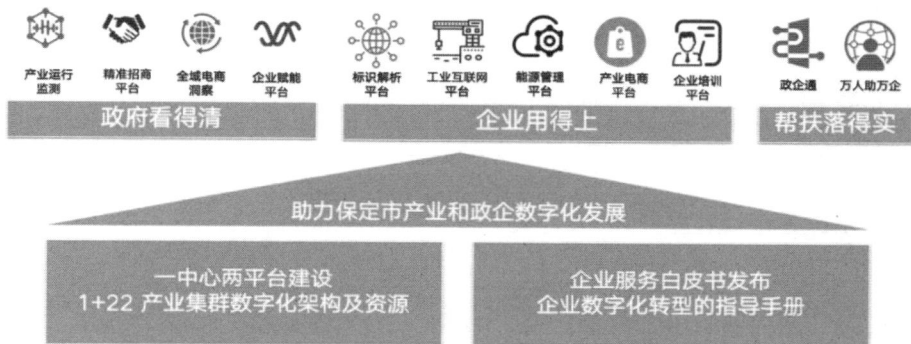

图 7-2-1 保定市产业数字化综合服务平台

一、典型做法

（一）避免重复，统筹统建

2022年9月29日平台正式投入使用以来，注册企业达到86019家，注册包联帮扶人员为23871人，总用户数达到11万，目前已成为全国规模最大的地级市线上助企服务平台。保定正在全力打造"7+18+N"现代产业体系（"医车电数游"等7大主导产业，生物医药及精准医疗等18个重点产业链，N个县域特色产业），在数字保定建设的大背景下，保定市产业数字化综合服务平台采用市级整体谋划、统筹统建、统一标准规范，区县复用市级平台资源、避免重复建设投入，坚持协同创新发展，助推传统产业集群实现数字化转型。

（二）产业集群，县市协同

平台规划九大组合服务，构建优化产业集群营商环境的基础设施。基于保定市 22 个县域产业集群的深度调研，提取产业集群企业数字化转型所需的共性要素。市级统筹统建工业互联网平台、标识解析综合二级节点、物联网平台、金融服务平台、产业电商平台、企业能源管理平台、电商数据指挥中心、与高校共建产教融合培训体系、线上淘大培训课程体系九大组合服务，构建优化产业集群营商环境的基础设施，与此同时，22 个县将市级的企业服务白皮书作为企业数字化转型指导手册，县域产业数字化转型聚焦结合县域产业特点，复用市级平台与资源，通过引入服务商落地，以服务推动转型和创新。

（三）聚焦企业，精准触达

通过招商数字化平台，对企业进行全生命周期管理，服务意向投资商、招商主管领导、招商一线负责人等 3 类不同群体，实现招商全过程可管控、可量化、可考核。其中，针对意向投资商，可对其关注的投资政策、环境、产业链配套资源做到一目了然；针对招商主管领导，可实现招商前的本地产业分析，招商中的宣传推介、产业链精准招商、招商项目管理调度，招商后成果成效监测、全局统揽；针对一线招商负责人，可实现全国资源分布布局的监测，精准筛选潜在投资群体，并通过多种渠道对接触达。

二、实施成效

（一）政府看得清

1. 看数据，监测产业运营指标

可监测 GDP、工业生产总值、区县产业数据、重点行业发展等宏观数据，统计分析产业发展趋势，对标同类地市数据。可监测 27 个县域产业集群及龙头企业相关数据，重点项目动态和项目进展，根据监测数据，生成产业集群发展质量报告、区县和行业分析报告。

2. 看市场，洞察全域电商行情

分析保定企业在全网的销售数据、国内省内排名及变化趋势、区县细分数据以及细分类目的占比等，生成定制化电商产业分析报告，辅助主管领导指导电商发展和制定政策。

3. 看集群，赋能企业转型升级

结合全市企业数字化现状摸底数据，提供 3 项核心服务：为市县两级工信系统推动产业数字化提供科学的数据支撑依据，助力一群一策的规划与实施落地；为企业输出一企一策，提供数字化解决方案及服务；为解决方案厂商精准推送企业需求，提升服务方效率。

（二）企业用得上

1. 用平台，助力企业数智融合

保定市是河北省第一个建设标识解析综合二级节点的地级市，标识解析是保定制造的数字身份证，让保定制造的商品在全国实现跨行业跨区域标识解析追溯，节点为区域内产业集群提供标识接入服务，重点打造汽车、纺织、箱包等产业集群标识应用标杆。围绕企业发展的核心环节和要素，如生产、采购、金融、工业互联、数据接入、能源管理、商机拓展等，保定市用统一的平台支持企业发展，普及企业数字化转型应用。通过能源管理平台，对企业用电进行精细化管理和用电安全管理，为企业平均节省用电成本 5%—15%；通过工业互联网平台，提供包括物联网、数据建模、仿真、数据治理、算法模型库等一系列资源供企业免费使用；通过区域电商平台，支持企业免费在平台展示产品、获取商机，发布采购需求，可实现线上招标采购。

2. 用金融，解决企业融资难题

结合数字保定建设的政务数据治理，通过分析涉企的公积金、社保、税务等数据，助力银行便捷获取客户，平台为银行、企业提供双向撮合服务，实现银行精准获取客户、企业轻松获得贷款，化解中小微企业融资难题。

3.用人才，破解企业用人短板

与河北软件学院共建考试认证中心，培养大数据产业专业技术人才。建设企业云中课堂，为区域内企业提供线上的电商运营、企业管理、组织效能提升、企业数字化转型等一系列的免费课程。课程上线1个月，即有上千家企业访问学习，惠及数万人。此外，联合企业家协会、保定数字化转型资源池生态，以线下活动、企业问诊走访等多种形式送课上门。

以河北鑫宏源印刷包装有限责任公司为例。该公司在中国药品印刷包装行业排名前20，是第一批参与工信局数字化建设的企业。通过近两年的数字化转型提升，项目资金投入率减少50%，资金效率得以提升，产品追溯率达到100%，流程全部实现数字化，而人员减少25%（16人），人员效率大幅提升，企业竞争力显著增强。

（三）帮扶落得实

1.送政策，"千人千面"主动推送（图7-2-2）

图7-2-2　保定市政企通服务平台上线仪式

市工信局、数投集团联合建设"政企通"服务平台，是提升政务服务水平和营商环境的重要平台。平台为企业"千人千面"主动推送、精准解读惠企政策，平台与各相关委办局政策审批兑付系统对接，可实现企业在线申报办理，线上政策兑付。从"企业找政策"转变为"政策找企业"，推动惠企政策应享尽享、快速兑现。

2. 送服务，畅通企业沟通渠道

保定市委组织部、工信局、数投集团联合建设"助万企"APP（图7-2-3），创新地构建了线上政企"连心桥"，是政府实现高效、精准服务的有力抓手。诉求提出 12 小时内即可实现企业包联人和企业负责人的对接联系，帮助企业解决问题，县本级无法解决的会第一时间上升至市级专班协助解决，问题不关闭、督办考核不关闭。平台上线试运行不足 1 个月时，就接到企业 150 多件诉求，企业诉求的事后评价满意度接近 100%。

图 7-2-3 "助万企" APP

三、经验概括

（一）市县联动效能升

保定市被评为国家首批数据资产评估城市，市级侧重基础建设与规范引导，围绕全市产业数字化转型基础设施建设，统筹统建产业集群数字化转型的基础要素，结合全市产业数据沉淀，探索数字产业化、数据资产服务领域的创新。县域侧重资源复用与业务创新，围绕产业数字化改造与升级，充分复用市级基础设施，助推区域产业数字化升级。县域数字化转型的基础设施建设和应用推广，从前期需求调研、设计，到建设上线、为企业提供运营服务，至少需要一年，且县域建设成本均达到千万级。此次市级统筹建设，县域复用，建设周期从一年以上缩短至1—2个月，从千万级的建设成本，到仅需百万规模招引本地服务商，即可实现资源复用和运营服务，节省了80%以上的基础投入，且公共服务效能大幅提升。

（二）服务触点助万企

工业互联网平台等一系列基础平台应用，对部分传统企业有一定的技术门槛。通过"政企通""万人助万企"主动服务企业平台触点，让企业切实能接触、使用平台，用数字化工具与方法落实中央、省市稳住经济大盘的系列会议精神和一揽子政策措施，助企纾困、提升营商环境、转变干部作风、推动全市经济发展提质提速。

（三）服务模式"全链化"

保定市创新提出了"无事不扰、不叫不到，有求必应、一呼百应，随叫随到、服务周到"的政府服务理念。通过"助万企APP"将大幅提高助企帮扶效率，助力保定市企业高质量发展。基于"助万企APP"可扩展的特性，上线信息共享、供需对接、企业信贷、法律援助等一系列"全链化"服务模式。采取入企核实、电话抽查、调取包联手册等方式不定期开展督导检查，切实提高包联成效和企业满意度，把问题"解决率"和企业"满意度"作为衡量标准，努力形成各司其职、齐抓共管的良好工作格局。坚持考用结合，实行任务、责任与考核结果、评优评先"双捆绑""双联动"，努力营造人人服务企业、处处支持企业的浓厚氛围。

四、启示借鉴

（一）为京津冀协同发展战略探新路

数字经济是京津冀协同发展的重要动力源，保定市作为京津冀世界级城市群中的区域性中心城市，数字经济发展新的增长极，迎来重大发展机遇。保定市把发展数字经济作为把握新一轮科技革命和产业变革新机遇的战略选择，扎实推进产业数字化和数字产业化，在数字化转型发展建设上集中发力、奋力赶超，助推京津冀世界级城市群中的现代化品质之城建设。保定市产业数字化平台的搭建，立足保定，服务京津冀，为10余万的企业提供了精准服务，成为促进区域内企业互助交流的重要平台。

（二）服务老工业城市转型升级

"乐凯集团"等保定"八大厂"是新中国第一个五年计划中由苏联援建的重点工业项目，曾是保定几十年的历史荣光，但整体上转型升级的挑战仍然很严峻。保定市产业数字化综合服务平台以工具和数据为支撑，提供招商、项目运行监测、产业数字化转型全链路服务，可以为传统产业转型升级、企业做大做强提供有力平台支撑，强力助推老工业区转型升级加速发展，帮助解决各类基础性、瓶颈性问题，提供可复制的产业数字化经验模式，对其他正在进行数字化转型发展的城市有借鉴参考意义。

（三）打造保定雄安一体化营商环境

保定与雄安新区同根同源、水乳交融、区位优势明显，蕴含巨大投资机遇。雄安新区是以习近平同志为核心的党中央作出的一项重大的历史性战略选择，是千年大计、国家大事。在良好的政策引导下，抢抓京雄保一体化发展战略机遇，推进城市数字化转型建设，可以更大力度推动京雄保营商环境一体化，让京雄保一体化的营商环境成为保定深化"放管服"改革，打造市场化、法制化、国际化一流营商环境的最鲜明标志。

第三节　案例3／湖北省统一电子印章创新政务服务模式

一、案例介绍

党的十八大以来，党中央、国务院高度重视电子政务发展，多次研究部署并加快推进"互联网＋政务服务"，相继出台了一系列重要文件，明确了"互联网＋政务服务"工作开展思路，提出以信息化推进国家治理体系和治理能力现代化，统筹发展电子政务，构建一体化在线服务平台。

2018 年，中共中央办公厅、国务院办公厅印发《关于深入推进审批服务便民化的指导意见》，国务院办公厅陆续出台《进一步深化"互联网＋政务服务"推进政务服务"一网、一门、一次"改革实施方案的通知》《关于加快推进全国一体化在线政务服务平台建设的指导意见》等一系列重要文件，旨在加快建设全国一体化在线政务服务平台，推进各地区各部门政务服务平台规范化、标准化、集约化建设和互联互通，做好线上线下业务融合，形成全国政务服务"一张网"。

湖北省政府高度重视"互联网＋政务服务"及一体化在线政务服务平台的建设，相继出台了《关于加快推进"互联网＋政务服务"工作的实施意见》《关于印发湖北省深化"互联网＋政务服务"推进"一网、一门、一次"改革工作方案的通知》，明确提出"优化全省政务服务'一个门户、一个业务办理系统、三大支撑平台'架构，加快实现'十统一'功能"，统一电子印章是"十统一"之一。

在推进政务服务"一网通办、全程网办"过程中，重点要解决各类电子文件、电子证照的合法性、合规性及有效性。湖北省按照《国家政务服务平台统一电子印章》相关技术规范，根据全国一体化在线政务平台统一规划，建设湖北省统一电子印章系统。

湖北省统一电子印章系统由电子印章制作系统、电子印章发布系统、电子印章应用系统、电子印章接入检测系统组成，依托 CA（数字证书），提供电子印章制作和电子印章状态以及发布和查询服务。

建设湖北省统一电子印章系统，一方面助力湖北省加速融入国家政务服务平台电子印章体系，为电子印章的全国互认互信，为跨部门、跨地区、跨层级的数据交换和信息共享提供信任基础和技术保障；另一方面有效推动湖北省政务服务的"全程网办"，让数据多跑路，群众少跑腿。

目前，湖北省统一电子印章系统已经与国家政务服务平台完成对接，实现了以下工作目标。

（一）形成完整的电子印章服务体系

形成了湖北省一体化在线政务服务平台电子印章从制作、发布到应用的完整的电子印章服务体系，搭建省级统一电子印章系统，满足一体化政务服务平台电子签章需要。

（二）实现电子印章的权威性和合法性

接入国家电子印章系统，实现电子印章与国家一体化政务服务平台电子印章系统的对接；保证电子印章的权威性和合法性，实现湖北省与其他地区、部门一体化在线政务服务平台电子印章的互认互验。

（三）满足各类电子文件、电子证照的电子印章需求

接入省级一体化政务服务平台，满足省级"互联网＋政务服务"中电子证照、电子材料等电子印章业务应用需求，支撑政务服务事项受理、审批等业务场景中电子印章的应用。

（四）实现省、市州两级电子印章负责体系

省平台负责全省电子印章的制作发放，并支持全省电子印章跨地区跨部门验证；各市州电子印章系统接入省级电子印章系统，实现电子印章的本地管理和使用。

（五）满足各市州之间对电子印章的需求

实现湖北省电子印章共享共用，在取得电子印章使用授权后，满足国办调用湖北省、省平台调用各市州、各市州调用省平台、各市州之间相互使用电子印章的需求。

二、系统整体框架

设计构建全省电子印章框架，实现省内电子印章的规范制作和应用，支撑全省统一的电子印章服务。第一级为省级统一电子印章系统，包括电子印章制作系统、状态发布系统和用章系统，系统同国家平台进行对接，并与各省直单位对接，可为全省提供统一的电子印章制作、状态查询和证照电子印章用章服务。

第二级为各市州自建电子印章用章系统，为各市州级提供电子印章用章服务。总体架构如下（图7-3-1）：

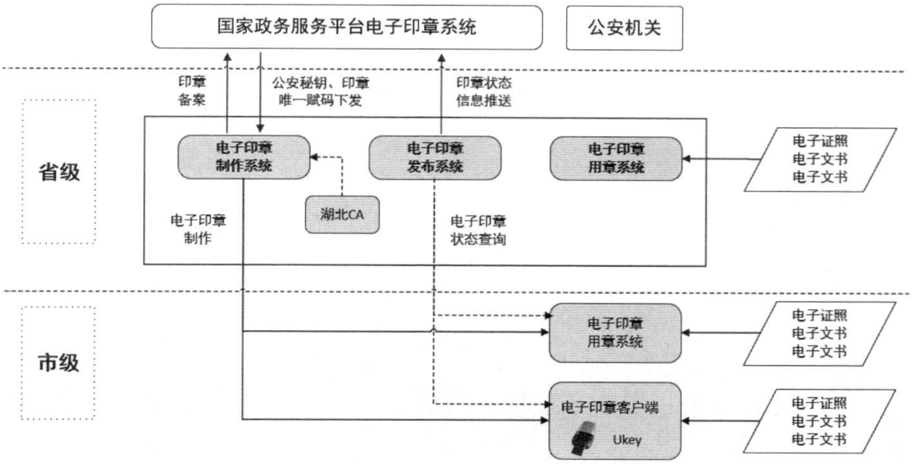

图 7-3-1 平台技术架构

三、案例成果

（一）系统建设成果

1. 全省统一的制发用验平台

建设了全省统一的电子印章制作系统。为全省政务服务领域提供电子印章制作服务，各市州不再建电子印章制作系统。满足省政务一体化建设中各机关单位的电子证照、电子材料等业务中电子印章的应用需求。

建设了全省统一的电子印章用章系统。为省直属机构业务系统提供集中式用章服务，首先解决电子证照、电子材料等领域的用章需求；同时满足了水利部、财政部等部委的垂管系统中电子印章的应用需求，支撑了电子印章的跨层级应用。

建设了全省统一的电子签章验证系统。提供便捷的电子文件验证服务，能够为各种业务应用电子印章、电子签章提供验证服务，促进了电子证照等电子签章文件的流转使用。

2. 规范了印章申请制作流程

制定了电子印章申请制作流程，制作了电子印章申请材料示例，统一对各级部门的电子印章制作申请材料进行检查、分类归档，并与申请部门密切沟通，保证电子印章制作信息的可靠性、完整性和可追溯性。

3. 实现了全省范围内的印章实时查询

建设了面向全省的电子印章状态发布系统，为全省各地市电子印章状态查询提供支撑，实现全省和全国电子印章互认互信。各市州不再建电子印章状态发布系统。市州在电子印章使用时，通过省平台获取电子印章的有效性状态，避免无效电子印章的使用。

4. 制定了相关技术规范

制定了市州电子印章应用系统建设指南和接入标准，指导市州电子印章应用系统的建设，规范市州电子印章应用系统接入省级电子系统的流程，促进了市州电子印章应用系统的规范建设和应用，为全省电子印章的统一应用奠定了坚实基础。

建设了电子印章接入检测服务，面向全省提供电子印章系统改造测试，以及运行过程中数据符合性检测，保证了全省电子印章应用的规范性，促进了电子签章文件的互验性。

提高电子印章应用技术支撑服务能力。对省各级部门电子印章制作使用中的问题进行指导和答疑，包括电子印章的法律法规政策、标准规范的咨询以及电子印章系统使用、电子印章使用管理等技术问题，为电子印章应用提供技术支撑。

（二）系统应用成果

1. 应用数量逐步增多

完成省级统一电子印章系统建设，目前，系统提供 15000 枚电子印章应用支撑，签章次数达到 3 亿次。

2. 应用方式愈加丰富

丰富电子印章的应用方式，系统既可以满足人工使用电子印章的印章模式，又能提供存量信息处理服务，在取得印章使用权限后，可以对存量待盖章证照文件进行批量处理，大大促进存量纸质证照的电子化。

3. 应用范围逐渐扩展

水务服务：水务局"取水许可"电子证照应用，在"取水许可"审批中，应用电子印章实现"取水许可"政务服务事项的全流程在线办理。

民政服务：民政部全面开展国家社会组织法人库项目应用推广工作，国家社会组织法人库中的社会组织登记、年检等核心业务系统与国家统一电子印章平台、湖北省统一电子印章平台对接，在社会组织法人登记证书等应用场景实现电子印章跨区域调用及使用。

财政领域：湖北省作为会计行业执业许可证电子证照试点地区，财政部电子证照系统与湖北省电子印章系统直连，实现了《代理记账许可证》等电子证照的制发、归集以及应用，推进湖北省"我要开代记账机构"一事联办事项的落地。

卫健领域：应用于湖北省卫生健康行业电子证照系统的建设与推广应用中，为湖北省卫健行业涉及的电子证照加盖电子印章，推进了卫健电子证照应用和政务服务数据共享。

四、创新亮点

（一）助力电子证照，实现"减材料、减流程、减时限、减跑动"

围绕"高效办成一件事""一网通办、一事联办"工作目标，电子证照、电子印章的高效应用是实现"办理速度最快、申请材料最简、群众感受最好"的必然要求，没有电子印章的应用就没有电子证照等电子材料的共享使用，就没有全流程在线办理的高效办事体验。湖北省统一电子印章强大的支撑保障能力，为此工作目标打下坚实基础。目前已完成跨部门、跨层级、跨区域多事项联办，加盖电子印章的电子证照可以实现"减材料、减流程、减时限、减跑动"，方便企业、群众办事。

（二）提升电子印章应用，支撑一网通办

支撑湖北省一网通办，推动国垂系统以及 30 多个省内业务系统与一体化政务服务平台电子印章系统的对接，通过电子印章的支撑作用，实现"鄂汇办" 1000 项以上服务事项"掌上办"，如电子产权证、电子身份证、电子驾照的发放，提升了电子印章在法人、自然人办理各类政务服务事项中的应用度，减少纸质材料递交，减少跑动次数。全面提升了企业和群众的获得感、满意度。

（三）实现电子印章跨域应用，推动政务服务模式创新

以"统一管理、分步实施"为原则，逐步构建完成了全省政务部门的法定名称章、审批业务专用章以及其他电子印章的云制作，以政务服务领域电子印章应用为突破口，推进电子印章在企业提交可信材料、部门全程在线审批等业务场景中的便捷应用，实现了电子印章跨行业、跨区域、跨层级应用，逐步构建"互联网+"环境下政府管理和服务方式，减少纸质材料和实体印章使用，建立了程序更便利、资源更集约的政务服务新模式。

第四节　案例4／江西新余创新"三个一"数据赋能营商环境

近年来，江西省新余市把满足人民对美好生活的向往作为数字政府建设的出发点和落脚点，着力破解企业和群众反映强烈的办事难、办事慢、办事繁问题，坚持数字普惠，消除数字鸿沟，让数据共享赋能优化营商环境，成功实现了企业开设"一照通办"、法院执行"一键查询"和新生入学"一次不跑"的"三个一"实践，让数字政府建设成果更多更公平惠及全体人民。

一、搭建"三个一"的数字底座

新余市在市大数据领导小组统筹下，通过通盘谋划，分步安排，从高频事项、重点应用和基础数据、通用服务入手，对全市政务信息资源进行全量数据摸底，以数据资源为核心要素，逐步汇聚全市政务数据、城市感知数据。经过几年的努力，新余市数据共享交换平台已实现与60余家单位互联互通，建成人口、法人、空间地理、电子证照、信用五大基础数据库，市大数据中心归集各类数据9.7亿条，交换量达135亿次。平台已注册资源目录2331条，挂接数据资源3102个，涉及单位67个，其中库表数据16个，文件数据450个，服务接口1871个。

为确保数据安全，优先保障优化营商环境相关信息系统平台，政务云资源已经为34个部门（单位）的85个业务系统提供虚拟云主机1038台，共9664核vCPU、27TB内存、450TB存储，并提供数据库审查、漏洞扫描、DDoS清洗等云安全设备30余台，持续提升安全防护力度和运维保障能力。

2022年，新余市启动市域社会治理现代化"智治"提升工程暨城市大脑一期建设，全市的数据中台、视频中台、AI中台、业务中台等"数字底座"已经搭建完成，发挥了对数据资源、视频资源的"聚""通""用"的基础支撑作用，将进一步促进跨领域、跨部门数据共享，推进数据信息交换，打破部门信息壁垒，遏制信息孤岛和重复录入弊端，以数据跑路代替群众跑腿，提升服务效能，不断提升企业和群众线上办理的意愿和能力。

二、企业开设"一照通办"实践

新余市在全国率先推行"一照通办"改革，实行电子证照一体化、便利化应用，扩大电子证照应用领域并在全国互通互认上取得突破，实现跨17个部门91项电子证照全覆盖和全国互通互认，让企业和群众不用携带纸质证照，就能到各部门办业务、办成事，享受"便携式"、24小时不离身的"免证办"便利，真正实现电子证照"走天下"。

以电子营业执照为信任源点和载体，将"一照通办"平台所形成的市场主体电子证照、备案信息应归尽归、全量归集，建成"新余市电子证照库"，证照信息一应俱全。"一照通办"改革实施后，企业办事时间缩短80%以上，提交纸质材料减少80%以上，纸质证照减少80%以上，实现开办企业全流程市本级2小时办结，县（区）1个工作日内办结。

加载"企业身份码"，将纸质营业执照二维码、电子营业执照"二维码"合二为一，为所有市场主体加载统一标准的"企业身份码"，作为身份索引，将市场主体的电子许可证、信用信息、证明文件关联到电子营业执照中，成为与纸质证照有同等法律效力的"电子身份证"。

2022年8月，在国家市场监管总局电子营业执照小程序开通新余电子许可证服务。自此，新余电子证照成功实现全国互通互认，实现跨部门跨区域"一企、一照、一码"证照联展联用，电子执照关联电子许可事项总量达91项。

依托"新余市电子证照库"，向各部门推送信息，电子执照让企业在社保医保、公积金、不动产登记、税务等政务服务领域，免提交纸质执照，就能快捷办事。企业领取"企业身份码"后，在后续业务办理及经营活动中，只需出示"企业身份码"，办事部门即可扫码获取企业信息，无须提供纸质证照，无须重复录入信息，就能申办证照，申报纳税，参与招没标等。在经营场所醒目位置张贴或展示"企业身份码"，消费者通过扫描"企业身份码"，可快速获取证照信息。

在行政执法中实现场景应用，企业只需在手机上出示"企业身份码"，检查人员通过扫码即可查看获取监管所需的证照信息，有效解决了执法检查中企业随身携带实体证照不便的难题。

三、法院执行"一键查询"实践

依托市政务数据共享交换平台，创新服务新余两级法院，建立多个信息平台，助力解决执行难问题，为人民法院解决"查人找物"难题提供"智慧引擎"，极大地节省了人力与时间成本，促进了执行质效的提升，为优化营商环境的法治保障注入新的时代内涵。

2018 年 8 月，以数据共享应用为基础，助力渝水法院在全省率先建立执行信息查询平台。通过该平台可以共享被执行人的不动产、公积金、工商、婚姻、车辆等 13 项信息数据，实现了对被执行人财产"一网尽扫"。2019 年 8 月，又对查询平台升级改造，2.0 版增设了"一键查询"功能，只要鼠标轻轻一点，被执行人所有被查询的财产信息就会自动归集在一张表格内，案件财产信息情况一目了然。2022 年升级为 3.0 版，这一版本各种功能更加完善，打通了地市间的数据共享。通过该平台，人民法院可以在第一时间掌握被执行人财产基础信息，从而把握了执行战役的主动权。这一成果在全市法院推广应用，并且成为了深化集约改革创新的重要抓手。在此基础上，市县两级法院进一步深化执行集约改革，相继建立了不动产和机动车在线查控系统，引进了要素化集约系统和流程监管系统，使全市法院的执行数字化、信息化走在全省前列，相关经验在全省法院推广。

通过大数据、信息化的运用，特别是依托多样化在线查控平台，促进了法院执行实效性不断提升。新余法院查询平台和在线系统的开发使用，实现了查控功能立体化，有效地破除了执行领域中的信息藩篱，填平了执行领域的数据鸿沟，执行人员的工作负荷、执行重复劳动呈几何级下降，有效地提升了执行效率。以渝水法院为例，2021年以来，该院执行案件个案办理时间为60.15天，比2020年缩短了16.33天，比2019年缩短了35.17天，比2018年缩短了63.32天。通过数据共享应用，带来的是执行的智能性、实用性和便捷性，为执行效率按下了"快进键"，为优化营商环境提供了更优更快的法治保障。

四、新生入学"一次不跑"实践

新余市充分发挥大数据集聚优势，倾力打造并持续优化义务教育网上招生数字化服务平台，为民服务再出新招，全面推行义务教育学校起始年级均衡分班，力促教育公平迈上新台阶。

入学报名掌上办理"零跑腿"。积极对接政务服务中心、公安、不动产登记中心、人社等部门，全力解决跨部门间数据提取和交叉对比问题，打通了长期以来制约入学网上报名的难点和堵点。通过数据共享，免去了学生家长各项证明材料的现场提交，惠及所有义务教育阶段入学的新生家庭。家长只需进入市教育局微信公众号和网站上的报名系统，按提示步骤提交报名资料，经教育部门后台审核通过后，即可查看录取结果和线上打印录取通知书。网上招生平台上线以前，"幼升小""小升初"报名工作从当年4月一直持续到8月底，工作周期长达150天。平台上线后工作周期缩短到两周，大大减轻了教师的工作量，避免了家长反复提交材料的麻烦，也消除了人员聚集的隐患风险。

重点群体服务到家"零距离"。针对不同的报名群体，灵活设置不同的报名时段，同步开通网上报名在线咨询服务，确保网上报名覆盖广泛、应入尽入。针对房屋年代久远无数据记录的和低保户及残疾人家庭，采取教师上门采集报名信息办理入学的方式，确保适龄儿童百分百入学。充分考虑到招商引资、人才引进、外来务工等人员子女的入学需求，极大地精简随迁子女入学需提供的材料和审批办理流程，同时取消了随迁子女入学证明材料的时限要求，真正实现了办事"减材料"、入学"零证明"、随迁"全纳入"的目标，让进城务工、经商投资、人才随迁子女入学进得来、留得住、学得好。

招生分班阳光操作"零择班"。全面推广报名资格网上认定后，由房产、户籍、社保等数据比对而生成录取结果，让招生全程处于社会和群众监督之下，减少人为因素干扰，有效杜绝了"条子生"现象，为市民报名入学提供便利的同时，最大程度保障了教育的公正公平。从2022年秋季学期起，全市所有义务教育阶段的小学、初中和九年一贯制学校起始年级为实行系统均衡分班，建立较为完善的均衡分班监督保障制度，明确学生随机分组、教师均衡搭配、现场抽签等规则，把均衡分班工作纳入到制度约束的轨道。学生将受益于教育公平举措，教育也会因公平公正而变得更加具有活力和动力。

第五节 案例5 / 玉溪市实战型数字底座助力营商环境

为贯彻落实党中央、国务院关于深化"放管服"改革优化营商环境工作的决策部署，云南省玉溪市自2016年起依次出台《关于印发玉溪市一站式惠民（"互联网＋政务服务"）建设实施方案的通知》《进一步深化"互联网＋政务服务"推进政务服务"一网、一门、一次"改革工作方案》《玉溪市加快推进云南数字经济第一城建设行动计划（2021—2025年）的通知》《玉溪市打造一流营商环境三年行动计划（2022—2024年）的通知》等一系列政策指导文件，稳步推进营商环境优化工作。按照"1+2+N"的建设思路，以数字赋能打造了玉溪市信息资源统一共享交换平台1个数字底座；一站式惠民服务和区块链产业金融服务2个平台；不动产登记、企业开办、水电气联办、中小微企业融资等N项应用，依托数据共享应用为惠民服务、企业融资两方面提质增效，真正做到了变"群众跑腿"为"数据跑路"，变"群众来回跑"为"部门协同办"，提高了群众获得感，提升了市场主体满意度。

一、主要做法

（1）建设玉溪市信息资源统一共享交换数据底座，拉通各部门数据共享通道。为解决群众办事堵点问题，满足企业融资效率要求，玉溪市以应用为导向，率先建设全市信息资源统一共享交换平台。通过对分散异构系统的信息资源进行有效整合，利用大数据、云计算等先进技术，将各政府组织机构的信息系统有机地结合起来，实现不同数据库、数据格式间的信息交互共享、信息自由流转与业务协同互通，在此基础上构建了全市统一的人口、法人、城市部件3类业务信息的基础库以及市直72家单位的约561个数据目录，实现了大数据池有"活水"可以用。打破"信息孤岛"、推倒"烟囱林立"，优化业务流程、挖掘数据价值，进一步发挥信息资源和应用系统的效能，提升信息化建设对业务和管理的支撑作用。

（2）打造玉溪市一站式惠民服务平台，依托数据共享底座，推动政务服务业务应用落地。玉溪市按照"五级十二同"要求，结合玉溪本地实际，建立全市统一政务事项库，梳理全市共1184项事项同步进驻政务服务网上大厅和实体大厅，实现各层级同一事项、统一编码、同一标准，线上线下一体化无差别受理。建立居民、法人电子证照库，以身份证和社会信用代码作为居民、法人办事唯一标识，实现居民、法人办事电子材料、电子证照复用。近年来，玉溪市在深入推进政务服务"一网、一门、一次"改革、"互联网+政务服务"基础上，进一步加大改革创新力度，将多个部门相关联的"单项事"整合为企业和群众视角的"一件事"，推行集成化办理，实现"一件事一次办"，通过一站式惠民服务平台线上线下办理渠道，依托信息资源统一共享交换平台实现各单位信息共享、业务协同，大幅减少了办事环节、申请材料、办理时间和跑动次数。已经建成不动产交易登记、企业开办、水电气联办等多个"一件事"集成化应用，正在有序推进企业准营（我要开餐馆、我要开超市）、员工录用、企业简易注销等更多与优化营商环境相关的应用建设上线。

（3）打造区块链产业金融服务平台，以大数据为支撑，用互联网思维和理念创新普惠金融服务。利用政府涉企数据及社会数据，构建一个集企业全息数据库、企业信用管理系统和智能信贷撮合服务于一体的区块链产业金融服务平台，高效智能连接企业与银行的融资和信贷需求，有效降低资金端信贷风险，为金融机构和民营企业量身定制了资金端愿意贷、放心贷，需求端便捷贷、快速贷的解决方案，实现了资金供需双方线上高效对接，让信息"多跑路"、让企业"少跑腿"的目标。

随着玉溪市数字赋能应用不断叠加，数据底座触角越来越广，积累数据量越来越大，在数字赋能政务服务、金融服务，以数据共享解决群众跑腿多、企业融资慢等问题的基础上，玉溪市正在积极探索数字产业化道路，通过信息技术创新和管理创新、商业模式创新融合，不断培育新产业新业态新模式，逐步形成数字产业链和产业集群。

二、实施成效

玉溪市一站式惠民服务平台自 2017 年建设以来，已完成市、县、乡（镇）、村四级政务服务升级优化，覆盖线上线下各渠道，服务内容标准、规范，前后台紧密协同，跨部门跨层级一体化运作的一站式惠民服务模式全面建立。截至目前，玉溪市一站式惠民服务平台共进驻全市所有政务事项 12183 项，注册用户数 58 万余人，共办理业务 287 万余件，好评率高达99.9% 以上。针对依托平台打造的优化营商环境应用，以不动产交易登记和企业开办为例：不动产交易登记业务通过线下综合窗口"一窗受理"，群众办事只填"一张表"，只交"一套材料"，房管部门、国土部门、税务部门以及水电气部门通过数据共享、业务协同、并行办理，仅需 1.5 天即可办结拿证，自 2019 年上线以来已通过本渠道完成 11861 宗成交量；企业开办应用通过拉通市场监管局、公安局、税务局、人力资源和社会保障局、公积金中心等各单位数据共享通道，以业务需求为导向，实现各单位协同办理，仅需 1 天即可完成企业开办业务办理。

玉溪市区块链产业金融服务平台是由市委网信办牵头，联合金融机构以及有关企业，以"区块链"为引领，以云计算、大数据新一代信息技术为支撑，为解决中小微企业融资难、融资贵问题创建的全省第一个服务中小微企业的区域金融服务平台。平台自 2020 年 9 月上线以来，积极引导全市 31 家法人银行机构、26 家保险机构、9 家证券机构及市融资担保公司共 66 家加入平台，共加载金融支持疫情防控、复工复产以及玉溪市抗疫情稳经济等 11 项扶持政策，种养殖大户线上平台金融支持方案等创新模式上线，满足差异化的融资需求并实现全线上、全自助的高效信贷服务。2021 年 5 月，在 2021 贵阳数博会数字政府论坛上，玉溪市"区块链产业金融服务平台"案例获得由中国信息协会颁发的"2021 数字政府管理创新奖"。目前累计注册企业 8497 户，发布融资需求 2010 项、累计融资约 310.9 亿元，为金融机构解决订单和数据需求提供了服务，银行累计实现授信 127.65 亿元。

玉溪市信息资源统一共享交换平台作为全市政务数据基础底座，在各项业务需求牵引下，共接入单位 72 个，梳理数据目录 561 项。截至目前，交换平台共发布 60685971 条可共享数据，部门间数据订阅总量为 57821119 条，实现 30581714 条数据共享交换。在此基础上构建起了包含全市人口、法人、城市部件三类业务信息的惠民应用公共信息资源库，为一站式惠民服务提供了有力的数据支撑。大数据应用起来后可以更好地"减证便民"，优化现有政务服务模式。群众办事"一码"申请，提交过的材料与"一码"绑定，业务系统会自动匹配符合复用条件的历史材料，减少群众重复提交相同材料，从源头上避免各类"奇葩证明""循环证明"等现象发生。交换平台可以为区块链产业金融服务平台提供有力的数据支撑，平台共开放共享涵盖市级 29 家单位和部门数据目录 101 项，已开放共享查询的数据有市场主体数据 22 万条、自然人信息 238 万条、车辆信息 49 万条、社会保障数据 65989 条以及税务、民政数据各 2000 多条，实现资金供需双方线上高效对接。

三、经验概括

优化营商环境是一项系统化、长期性的工作任务，玉溪市在推进数字赋能优化营商环境工作过程中，始终坚持以人民为中心，以企业群众诉求为导向，以业务需求为驱动。在市委、市政府高位推动下，依托全市统一信息资源共享交换平台打造政务数据共享底座，实现数据拉通，以数字赋能打造和优化一个个应用，秉持技术服务于业务、业务服务于群众的原则，做深做精营商环境每一件事，让群众有感觉，企业有获得感。

四、启示借鉴

针对玉溪市优化营商环境进一步总结，继续保持好的经验做法，及时解决存在的问题。借鉴参考各地优秀做法，深度学习《国务院办公厅关于部分地方优化营商环境典型做法的通报》等文件精神。博采众长，取长补短，既积极完善技术建设，同时也要跟进制度建设，打造优化营商环境长效机制，切实以实现企业期盼为出发点和落脚点，理清业务逻辑，夯实基础数字支撑建设，应用数字赋能营商环境优化稳步提升。

第八章 数字技术 优化公共服务

第一节 案例 6 /"四化""两转型" 兰州实现"智慧交易"

公共资源交易，涉及利益面广、社会关注度高，对经济社会发展和民生改善有直接和广泛的影响。近年来，甘肃省兰州市公共资源交易中心深入贯彻落实党中央、国务院关于公共资源交易"应进必进、统一规范、公开透明、服务高效"的决策部署，持续深化"放管服"改革，优化营商环境，在公共资源交易领域吹响清廉兰州建设"冲锋号"，建设"清兰交易"品牌，大力实施"数字＋交易"赋能工程，通过工作导向和工作模式双转型，打造数字化、阳光化、协同化、便利化的交易平台，为市场主体提供规范、透明、便捷、高效的公共资源交易服务。

一、数字化：打造新地基

（一）数字化见证平台

建成自主知识产权"金城 E 交易"区块链平台，应用共识机制、智能合约、分布式账本等技术，对 25 个子系统、125 个业务功能点关键信息上链、存证、查验和预警，全程记录招标人、投标人、招标代理机构、评标专家、工作人员等各类主体行为事实与修改痕迹，形成完整节点见证信息，实现招标投标全流程监督、交易数据可信共享、数据变动完整追溯，行政监督部门、纪检监察机关可随时调阅取证。目前，累计上链记录2958个项目交易轨迹，形成存证区块13.75万个，见证项目金额超过213亿元。

（二）数字化交易路径

搭建"不见面开标大厅"系统，开放公共资源服务系统接口，对接招标投标、政府采购、土地出让等领域交易系统和市场化工具软件，为电子交易平台自主运营、跨地区跨行业公平竞争提供便利，为市场主体自主择优提供多样选择。制定全市电子招标投标管理办法、开标管理规定等交易服务规则，实现"一次都不跑"的投标体验。目前，全市11类公共资源全部实现数据电文交易，累计为市场主体减轻现场投标开支超过1.38亿元。

（三）数字化权利救济

部署线上异议和投诉平台、招标投标营商环境问题线索征集平台，制定招投标活动异议和投诉处理办法，细化房建、交通、水利等行业职责清单，建立网上投诉、接收、回复、处理工作机制，实现异议投诉在线提交、答疑处理线上回复，补充信访、信件、电话等传统投诉途径，不断降低投诉成本，受理时限由3日压缩至1日。同时，网上公开异议和投诉处理决定，切实保障各方当事人合法权益。目前，投诉受理和问题线索征集处理均已实现线上办理。

（四）实施成效

兰州实现公共资源交易市场数字化转型，构建起全链条、全流程数字化生态，激发了市场活力，注入新的动力，外地企业参与率提升了7.2%，参与的外地企业数增至20130家。

二、阳光化：重塑新标准

（一）阳光化交易体系

建成公共资源大数据分析系统，集成公共资源服务系统、公共资源交易系统、电子行政监督系统全过程交易行为分析体系，推动单一信息数据向跨部门、跨行业数据集转化，打通数据壁垒，消除信息断层。探索建立交易参与度、交易竞争度、市场集中度、市场开放度等数据分析指标，搭建投标文件偏差度、评标时间偏差度、评委评分偏差度、投标人得分偏差度分析函数，加强交易数据智慧研判，为行政监督、靶向监管提供决策支持，开拓"数据治理""数助决策"新实践。目前，统计分析研判指标达到 79 类。

（二）阳光化交易环境

开通网上交易直播厅，同步直播开标会议、竞价会议实况，社会公众通过"游客"身份，即可网上列席全程见证，让开标、竞价过程更公开、更透明、更直观、更规范。完善公共资源服务系统公开功能，自动公开招标、投标、开标、中标等全过程交易信息，实现 11 类、62 分项、472 小项交易详情全网公开。目前，当日开标会议、竞价会议全部实现直播，4.83 万条交易数据可供市场主体随时在线查阅。

（三）实施成效

兰州全力维护公平竞争的公共资源交易市场环境，搭设机会公平、过程公平、结果公平的交易展台，为保障市场公平增添了新助力，公共资源交易信息网站年访问量超过 1000 万次。

三、协同化：推动新格局

（一）部门合作协同化

创新跨部门联动模式。联通公共资源服务系统与电子行政监督系统，为纪检监察机关、审计部门开通使用权限，各行政监督部门通过本部门电子监管通道，实现行业内交易数据全量抓取、交易活动实时监测，进一步延展公共资源交易监督覆盖面。制定公共资源交易领域违法违规违纪行为联合查处办案工作机制，建立行政监督部门、公共资源交易平台与纪检监察机关、公安机关、审计部门执法协作、案件移送、协同办案联动体制，健全了全市依法严厉打击围标、串标、挂靠、恶意投诉等干扰公共资源交易市场秩序的违法违规行为联动工作机制。目前，已开展联合行动6次。

（二）政企合作协同化

建成公共资源保函服务，主动开放系统接口规范，与金融机构、中介机构合作，对接有意愿的金融担保机构，扩大保函产品市场供给，保函申办24小时"在线秒出单"，单笔保函申办成本压缩90%。同时，兼容网银、微信、支付宝等多种支付方式，不断提高用户体验。目前，已对接金融担保机构34家，累计受理保函3726笔，帮助市场主体释放现金流量3.69亿元，全市投标保证金账户流水金额从未推广保函担保时的2.61亿元下降到43.31万元。

（三）跨域合作协同化

依托云计算、物联网、生物识别等技术，搭建远程视讯、桌面共享、人脸识别网络同传技术架构，配套制定远程异地评标工作流程等协同联动机制，与陕西西安、贵州贵阳、河南新郑等地常态化开展跨域远程异地、多地评标，破除地域空间限制，打破本地小循环，降低专家"围猎"风险。目前，与成都、西宁、大连等10个省会城市和重要节点城市联合成立"黄河流域高质量发展公共资源交易跨区域合作联盟",与重庆、长沙、无锡等 30 个公共资源交易平台签订跨域合作意向书,远程异地评标省际合作体系初步建成。

（四）实施成效

兰州创新公共资源交易平台管理服务方式,拓展公共资源交易服务供给内涵外延,为升级场内服务聚合新动能,公共资源交易平台整合共享进入新阶段。

四、便利化：夯实新目标

（一）企业交易便利化

与省公共资源主体互认共享平台对接,CA 信息网上注册、全省共享,市场主体只需办理任意一款 CA,即可参与全市各类公共资源交易活动,减少 CA 重复办理成本。上线"标易信""标政通"手机应用,集成 CA 功能于手机端,通过手机扫码实现身份验证、签名盖章、加密解密等认证服务,手机 CA 申办费用由市财政支付,进一步减轻企业负担。

（二）交易服务便利化

优化项目进场受理方式,实现进场项目线上受理,招标公告、招标文件自主发布。实行进场承诺制,取消原件核验环节,项目完成后一次性线上提交项目资料,有效提高项目交易效率。完善评标专家抽取系统,增加自助抽取功能,招标人自助抽取,系统通知评标专家。自助在线办理交易见证书,招标人无须提交申请,即可在线自行打印交易见证书。网上办事比例达到 100%。开发投标保证金缴退系统,为进场交易项目提供投标保证金代收代退服务,投标人在线提交投标保证金,通过系统分配至相应招标项目或标段,系统自动计算投标保证金本金及利息。严格落实招标人主体责任,在中标公告等时间节点自动退付本息,不需要投票人申请,保证金由系统原路返回投标人账户，有效缩短保证金退还时间，投标保证金退还时长由原来的 5 日缩减为 1 日。

（三）防疫保易便利化

积极应对新冠肺炎疫情对公共资源交易的不利影响，依托公共资源服务系统，常态化推行交易业务受理"不见面"、开标评标"不见面"、监督管理"不见面"等便捷举措。按照"精准研判、一标一策"的原则，提出"本地受理、异地交易"服务举措，安排有疫情的区（县）交易项目，通过"不见面"开标、远程异地评标方式，由无疫情区（县）交易平台提供交易服务，全力保障疫情期间交易"不断档"，服务"不打烊"。

（四）实施成效

兰州强化公共资源交易平台公共服务定位，持续优化进场交易组织实施，不断降低制度性交易成本，为提升市场满意度提出新方案，市场主体满意度评价超过 91.5% 。

"四化"工作推进中，兰州市公共资源交易工作逐步实现工作思路和工作模式的两个转变。

（1）工作思路转型：从工作需求导向转为企业需求导向。

坚持高质量供给满足市场需求，在系统"硬件"优化升级的基础上，配套展开服务"软件"迭代更新工作，锚定市场主体减环节降成本的普遍需求，出台全市统一的服务指南、交易指引，推行"四零服务承诺"（即交易进场"零门槛"、交易过程"零拖延"、交易环节"零障碍"、交易服务"零距离"），执行"五践工作举措"（即践行首日开标评标制、首接责任制、一次性告知制、限时办结制、AB 岗补位制），压缩现金担保滞留时长，降低保函担保申办成本，切实方便市场主体，提高服务效率，保证服务质量。

（2）工作模式转型：从单一服务系统到数字化应用场景。

以新技术新应用为牵引，在公共资源服务系统建成背景下，对标"不来即享"服务，通过开发部署新系统、开放共享新接口、制定完善新规则，构建起公共资源数字化交易服务生态，建成全市公共资源交易网上市场，实现信息化建设向数字化服务转变，为市场主体提供投标、担保、维权、见证等一系列"不见面"服务，切实把数字化植入交易中。该平台目前已成为甘肃省首家通过电子招标投标系统（EBS）三星级检测认证的交易平台，公共资源电子化交易率达到100%，"不来即享"服务项目达到29项。

兰州市坚持把供给侧结构性改革与优化营商环境有机融合，强化突出公共服务职能定位。围绕公共资源交易"不来即享"服务，在信息化、制度化层面靶向发力，夯实了推广公共资源全流程全类别电子化交易的软硬件基础，推动公共资源交易场内服务质量变革、效率变革、动力变革，构建起全市公共资源交易数字服务业态体系，成功将传统现场交易"搬到"线上交易，实现"线下不见面"和"线上面对面"。公共资源交易参与便捷度大幅提升，制度性交易成本显著降低，市场主体参与公共资源交易活动的热情和意愿明显增强，公共资源交易配置效率和效益不断提高，形成了市场机制有效、微观主体有活力、宏观调控有度的公共资源数字化交易体制。

第二节　案例7 / 北京市东城区全流程"紫金服务"助企发展

"紫金服务"品牌是北京市东城区为打造首都核心区"企业服务"标杆，在"东城区优化营商环境 推动高质量发展大会"上发布的高品质企业服务品牌。"紫禁之东"隐喻特殊区位，"紫芝眉宇"代表品质高贵，"紫气东来"寓意吉祥繁荣，以营造"共生、共享、共治、共创、共赢"的新生态为目标，为企业发展提供更高品质的全要素支撑保障体系。2022 年东城区推动"紫金服务"迭代升级至 3.0 版，致力于打造"对象全覆盖、支持全过程、政策全方位、响应全天候"的高品质"四全服务"，实现提升企业获得感、企业参与度、企业新动能的目标。

一、紫金服务成效

（一）完善企业服务体系，推动紫金服务迭代升级至 3.0 版

紫金服务体系更加完善。结合营商环境改革创新为企业提供的新政策、新措施、新服务，2022 年东城区印发《东城区"紫金服务"3.0 版优化升级方案》，从内涵、标准、原则、对象、模式、内容、活动、机制、要求等九个方面推动"紫金服务"迭代升级至 3.0 版，并附服务管家团名单、标准化服务清单、专业化服务清单、特色化服务清单及医疗大礼包、文化大礼包、体育大礼包，形成企业服务的制度体系，持续提升企业获得感、企业参与度、企业新动能。服务对象更加清晰。分级分类建立重点服务企业台账，包含 450 家服务包企业、1100 家紫金服务企业、3000 家行业管理企业，深入分析研判，精准提供定制紫金服务大礼包，并利用数字赋能提供 7×24 小时线上线下管家式服务。

（二）迭代升级"服务专员"机制，充实服务管家队伍，打造"高品质"服务

服务企业工作模式不断创新。在充分总结"紫金驻企专员"创新工作模式的基础上，组织开展对 500 家驻区企业的满意度调查，根据企业的意见建议，对具备转为日常联系服务条件的企业调整为"专员灵活派驻 + 升级三类管家团日常服务"，将"紫金驻企专员"服务队伍不断拓展充实，依托三级服务体系，完善细分领域，健全日常服务管家团，建立专业管家团及特色管家团，形成三类服务队伍。日常服务管家团由区发改委作为总

管家单位，34个管家单位内部建立总服务专员、副总服务专员、服务专员三级服务体系，根据企业需求实现上门服务与常态化线上服务相结合，提升服务效率；专业管家团由区人力社保局、政务服务局等政务服务专业部门组成，负责根据企业实际需求，按照所负责的公共服务领域为企业提供高水平专业化服务；特色管家团由区卫健委、文旅局、体育局等单位组成，结合东城区优质的医疗、文化、体育资源，为有需求的企业量身提供特色化服务。管家团将责任压实到人，落实到事，"亮明身份"做服务，致力于打造高品质"四全服务"。

经济工作队伍专业化水平持续提高。每月召开服务管家工作例会，沟通情况、讲解案例、培训技巧、交流互动，提升服务管家懂企业、会服务的水平。组织高质量发展系列主题培训，在宏观层面上宣传贯彻数字经济、智慧金融等前瞻理念、发展趋势和先进做法，在操作层面上讲解产业禁限目录、税源挖潜、指标纳税纳统等方法规则，全面提升抓经济促发展的专业化水平，打造学习型、研究型团队，提高驾驭经济工作的整体能力。

（三）持续完善"三张清单"，持续拓展服务边界，打造"全方位"服务

建立健全"服务清单"并持续充实服务内容，深度收集、梳理、整合辖区内各类公共服务资源，形成20类75项标准化、专业化、特色化服务清单。一是聚焦高频需求，结合东城区营商环境各领域改革创新举措，围绕企业全生命周期，将企业开办、准营、建筑许可、社保、纳税等关联性强、需求频率高的事项集成为14类40项标准化服务清单。二是聚焦个性化需求，充分整合公共服务属性明显的职能部门资源，将人才公租房、子女教育、工作居住证、人才引进、应届毕业生落户等关乎企业经营发展重要因素的人才服务、审批服务、上市服务集成为3类21项专业化服务清单。三是聚焦区域特色，充分发挥东城区特有的大健康资源，围绕企业加强自身建设的需求，将医疗、文化、体育等资源集成为关注企业职工身心健康的 3 类 14 项特色化清单。创新为首批 329 户"服务包"企业的 10.7 万名员工利用市场化手段提供就医绿色通道，为绿发集团提供"送健康上门"服务，为新隆福公司提供演艺新空间政策支持。

（四）多维创新"服务企业"方式，高位开展政企交流，打造"零距离"服务

搭建高水平政企交流平台，组织开展 11 期"故宫以东·政企会客厅"交流活动，区领导与 4 家监管机构和 49 家行业龙头企业面对面交流，寻求合作共赢经济发展增长点。在区领导"故宫以东·政企会客厅"引领下，统筹紫金服务管家团积极开展更加多元化、更具针对性、更有吸引力的政企交流特色活动，陆续组织了"故宫以东"圆桌派"文化＋金融"专场活动、《中关村东城园创新型高成长企业培育计划》（即"紫金计划"）启动仪式、"东二环经济带"政企人才交流座谈会（朝阳门街道与东直门街道、东四街道及建国门街道联合举办）等活动，推动政企、企企间深度交流，营造良好的经济发展氛围。

加强高位政企互动，为重点企业配备区四套班子领导作为服务专员，建立区领导"一对一"联系重点服务包企业机制，走访问需于企，并利用服务包企业服务平台线上线下做好企业服务事项落实情况及走访成效的动态跟踪，引导重点企业落地新机构、投资新项目、增加新贡献。截至目前，区领导及管家单位走访企业 450 家、1135 家次，对接企业诉求千余条，其中区领导走访企业 95 家，成效显著。1—10 月，促成"服务包"企业在京新设机构 40 家、注册资本金 82.9 亿元；促成 4 家企业上市挂牌，目前通过上市共募集资金 352.8 亿元，其中 105.9 亿元募集资金（占比 30%）在京投资，共投向 3 个项目，均为补充拓展业务流动资金；促成 5 家企业外埠业务转入，落地重大项目 9 项，计划投资额 29.82 亿元。

二、紫金服务案例

（一）线上接诉求，线下联动解难题，加速阿里健康新设企业落地

阿里集团考虑在东城区布局健康服务业，但在企业新设立过程中遇到使用注册商标核名的困难。在服务包企业服务平台上接到企业的诉求后，东城区发改委第一时间联系区市场监管局，为阿里新设的健康大药房研究可行核名方案。在了解到企业经营特色是线上线下大药房，在线上健康管理和宣传教育、医疗咨询等方面也具备一定的特点后，结合企业的业务特色与发展前景，为企业提出北京市智慧阿里健康大药房有限公司的名称建议，顺利化解企业核名难题，企业非常满意。3月9日，阿里健康大药房北京首个实体店落户东城区，并在市级服务包平台向区发改委等各部门发布感谢信，线上平台解决了企业落地的实际问题，得到企业点赞。

（二）结合疫情期间实际，创新线上审批服务"暖心秒办"解企业难题

东城区"紫金服务"管家面对企业办理人才落户时遇到的因疫情不能实地办理的问题，发挥"服务管家吹哨、总管家统筹、责任部门报到"的机制，第一时间与"紫金服务"总管家区发改委沟通情况。区发改委立即与政务服务局进行沟通，企业难题处理的小专班就地成立，各部门通过电话、微信等方式，兼顾程序完整和办理效率，探索最佳解决方案，通过创新线上远程审批方式，数字赋能难题高效"办成"。

第三节　案例8 / 渤海新区黄骅市：数据赋能产业营商环境

近年来，河北省沧州渤海新区黄骅市港城产业园区始终聚焦企业、群众所需所盼，持续优化营商环境，陆续推出一系列行之有效的先进做法。产业园区各职能部门深入推进政务服务标准化、规范化、便利化、数字化"四化"建设，全力为企业和群众提供更智能、更高效的政务服务体验。在这一大环境的推动下，"港城产业园区重点项目数据管理平台"（简称"项目平台"）应运而生。

一、新平台发力，"互联网＋政务"再添服务新助力

为全面优化港城产业园区营商环境，解决企业运行和项目建设的"堵点""痛点""难点"问题，利用数字赋能，争取"让数据多跑路，企业少跑腿"，切实提升工作效率和服务水平，经港城产业园区领导班子和各职能部门一致同意，特筹划创建了"港城产业园区重点项目数据管理平台"。

"港城产业园区重点项目数据管理平台"共设置了项目中心、智慧项管、审批中心、招商指导、企业反馈、资源管理等六大板块，通过这"六大板块"，可以为政府部门提供招商信息、项目管理信息、企业诉求信息等，方便领导决策；可以为企业和项目提供手续办理查询、要件提醒、在线答疑、政策指导、前期流程优化等服务，让企业享受到全流程、全方位的"保姆式"服务，让各级惠企政策真正"飞入寻常企业家"。

经过近半年的运行，目前港城产业园区内26个单位或部门、82家企

业或项目单位入驻该平台；23 项惠企政策，各类项目手续办理全流程以及其他相关文件在平台公示。半年来共实现 101 次手续办理服务，完成 53 次企业答疑，真正实现了全流程"无纸化"和企业办事"零跑腿"。

二、全智能服务，争做项目建设"线上好管家"

（1）转变思想，转换角色，政府职能由"被动"变"主动"。企业招商落地后，港城产业园区重点项目办公室会（简称"项目办"）第一时间跟进企业项目建设，之前都是"等"着企业咨询项目建设流程、"等"着企业诉说建设困难、"等"着询问企业建设进度，企业对自己办到哪一步、下一步该办什么、每一步找谁完全是一头雾水。现在，企业可以登录"项目平台"，查看全链条办理指南，整体办理流程图清晰明了，每办理完一步，系统会自动告知下一步办理项目，并附办理内容附件及相关办理部门信息，将项目建设流程可视化、透明化、简单化，真正让企业成为自己的管家，主动"出击"，自己的项目自己做主。

（2）提高效率，简化流程，项目建设由"慢"变"快"。企业项目建设过程中难免会遇到自身无法解决的问题，为了帮扶企业早日竣工投产，项目办会组织相关单位共同研讨，商量解决办法，但是，各单位本身业务比较繁忙，管委会领导政务缠身，完成一次讨论往往费时、费力、费心，解决一项难点特别"慢"。这时候，"项目平台"上的"线上会诊"开始发挥积极作用了，沧州旭隆化工有限公司就是享受该平台功能，获得实际帮助的第一批企业。该公司主要从事 60 万吨 / 年硫黄制酸生产，从 2021 年开始建设施工。"随着建设速度加快，对供电的负荷要求越来越高，但临时电源电压不稳定。"2022 年 7 月 24 日，公司负责人在平台上留言希望解决问题，项目办看到留言后，当天组织国网沧州市渤海新区供电公司和河北渤海投资集团召开研讨会，拿出初步解决方案，并通过平台提交到港城产业园区管委会主管主任，主管主任在平台上向各相关部门分发任务，各部门领取任务快速开展行动，9月23日顺利完成，解决了公司用电问题。全部流程均为平台操作，实现了网上解决问题快速、准确、高效。

（3）数字办公，数据共享，服务企业由"繁"变"简"。"港城产业园区重点项目数据管理平台"开通了线上答疑解惑功能，各企业登录自己的账号后，可以将项目建设过程中遇到的痛点、难点、疑惑点等内容在平台上留言，项目办将根据留言内容，转发给相关单位专业人士进行解答，涉及多个部门的，由项目办牵头各部门讨论，形成完整材料，给予统一答复。对于一般问题3个工作日内答复，较为复杂问题7个工作日答复，特别复杂问题15个工作日内答复，一旦未在规定时间内回复，该问题将直接推送给上级领导，由领导直接挂牌督办。平台将企业从签约到项目建设到竣工投产等各个环节的数据全部自动共享，包括投资额、占地、建设内容、项目建设进度、手续办理进度、下一步预计办理时限等，将重点人员从各类繁琐的报表中解放出来，全身心地投入到服务企业中来，将企业帮办业务变得如此"简单"。

（4）指尖操作，掌上答疑，数据信息由"静"变"动"。随着移动互联网的兴起，手机端操作现已成为人们办公的主要途径，为此，"港城产业园区重点项目数据管理平台"开通了手机客户端，实现随时随地办公，处理日常工作不受时间和地点的限制，重要数据查询不再因无法使用电脑而延迟。项目建设应对疫情等突发情况更加掷地有声，让项目建设数据内容摆脱电脑上的"静默"，企业负责人随时掌握项目建设进度和线上疑问解答情况，项目办随时掌握项目建设数据和线上答疑解惑，让平台数据变成"流动"的信息。

三、大数据赋能，优化统筹把控区域发展新方向

统筹调度各项指标，当好要素保障的"数字参谋"，建立港城区各项

指标空间总账簿，利用 OCR、RPA 以及数据共享服务接口等技术手段将分散在各企业的一系列计划指标，根据相关的管理办法、政策要求，从指标的产生（指标来源）、指标的使用（指标流向）、指标的监管（利用评价）角度进行全面闭环梳理，进一步明晰指标是什么、从哪里来、到哪里去、从哪里补、怎么补，以及对来年各项指标使用的影响。这样，就可以很清晰地看到各类指标流向，并针对指标缺口问题，及时统筹调控，精准保障重大项目用地，做到"应保尽保"。

现阶段，港城区土地指标已逐步过渡到"指标精打细算"的状态。因此，要借助信息化手段管好指标账册，坚持"要素跟着项目走"，依据真实有效的项目，配置新增建设用地计划指标，提高计划指标配置精准度，服务地方经济社会发展。

四、集约利用产业数据，当好招商工作的"信息灯塔"

项目平台通过大数据采集、清洗、分析、计算、挖掘、平复、预测、应用等进行数据引资，极大丰富了招商引资工作的数据应用，极具创新地提供了招商引资大数据应用整体解决方案。通过海量数据的整合、数据挖掘、数据可视化及需求分析，能快速真实地提升招商效率，促进项目落地，使政府与项目、资本、人才、市场达到无缝对接，特别是在带动产业聚集方面发挥了重要作用，港城产业园区作为港口后方第一层圈，是受港口辐射带动作用最集中最直接的区域，其中，绿色化工吸聚了鑫海控股、旭阳化工、利和知信等重点企业，装备制造吸聚了新华联合冶金、达力普石油专用管、三和重工等重点企业，现代物流吸聚了大华国际物流、中远海运、光大物流等重点企业。

项目平台摆设项目有一个很"讲究"的原则：凡是能够形成循环产业链的项目，优先批办进区；能够构成循环产业链的企业，都要在同一规划区内安置。在这一原则指导下，港城产业园区进一步优化产业资源配置、理顺相关产品的上下游关系，围绕"建链、延链、补链、强链"的要求，初步构建起以石油化工、煤化工、盐化工为基础，以"烯烃产业链、芳烃产业链、浓海水综合利用产业链、能源清洁高效利用产业链"为主导，以若干支链为支撑的绿色化工产业体系，实现了资源的减量化、再利用。

第四节　案例9／数据赋能助企纾困的深圳南山实践

《国务院关于开展营商环境创新试点工作的意见》提出，推行涉企事项"一网通办""一照通办"，实行惠企政策"免申即享""快速兑现"。为帮助企业缓解疫情冲击，抵御市场风险与压力，2022年3月25日，深圳市南山区推出18条助企纾困政策，从减轻企业租金负担、着力做好援企稳岗、加大金融助企纾困、保障深港跨境物流、鼓励科技抗疫成果应用、支持专精特新企业、加强企业服务保障7个方面帮助企业共渡难关。南山区政务服务数据管理局运用大数据、云计算、人工智能等新兴数字技术，从政策设计、政策申报、政策兑现与政策效能四大方面，对目标企业进行智能化、精准化、创新化的政策供给，让纾困政策申报"一网通办""快速兑现"。

一、政策量身定制

"南山助企纾困18条"在政策设计上聚焦南山区内企业发展特征与实际需求，从政策对象覆盖面、政策内容创新度与兑现速度时效性三大方面，为企业量身定制应对疫情风险冲击的"护身铠甲"。

（一）惠及对象更多

"纾困18条"惠及南山区超过40万家受疫情影响的商事主体（含专精特新、中小微企业和个体工商户等）和超过100万受疫情影响的群众。

（二）政策内容更新

政策服务内容包含减轻企业租金负担、着力做好援企稳岗、加大金融助企纾困、保障深港跨境物流、科技抗疫成果应用、支持专精特新企业与加强企业服务保障七大类共18条；政策在纾困资金发放"部门联动"的基础上，将部分纾困政策的实施延伸到街道和社区，实现"街区联动"。

（三）惠企时效更强

"纾困18条"从政策落地的全流程上进行优化，在减少填报、简化流程、快速审批、资金直达等多方面同时下功夫。

二、政策智能申报

南山区政务服务数据管理局通过模式创新、流程再造、业务整合与数据治理，打造助企纾困线上服务专区，重塑政策服务从申报到资金拨付的全流程体验。

（一）政策内容精准送

以细化到最小颗粒为标准，对助企纾困18条措施的具体项目内容进行梳理，进行标签分类并与申请人画像结果匹配。通过消息主动推送和企业自主订阅的方式，让18项政策跟符合的申请人进行匹配，并即刻引导快速完成资金申报。

（二）数据赋能快速报

企业只需输入统一社会信用代码，区大数据中心通过数据平台直接调取企业基本信息、经营者信息、股东信息、电子证照材料等，自动导入到项目申报书中。申请人一键确认，即可完成申报。

（三）智能核验免申享

利用跨部门提供的数据，包括引入科技型企业、专精特新等 10 个白名单，按照服务政策标准，自动完成项目申报。比如"南山区 2022 年疫情期间线上零售、住宿、餐饮业企业补贴项目""对承租区政府、区属国企经营场所物业集体股份公司减免租金"等政策"免申即享"。

（四）资金申报掌上办

依托全区"圳智慧·i 南山"微信公众号，让申请人通过手机端就可以快速完成用户注册、项目申报、资金申领的"即收即申即享"的全过程。

三、政策主动兑现

南山区政务服务数据管理局充分发挥数据资源作为关键生产要素的作用，用数据说话，用数据决策，用数据服务，用数据创新。

（一）快速确认补贴细节

一是开发疫情地图功能，申请人完成申报后，在审批人员需要核验申请人经营场所是否在"封控区、管控区、防范区"三区范围时，系统自动比对并显示申请人经营场所所属三区范围，自动根据申请条件判定补助档次，为审批赋能；二是自动比对跨部门数据，在房租补贴、补贴金额认定、社保补贴等场景，系统自动比对社保数据、区属国有物业和集体物业数据，自动判定申请人是否符合申请条件。

（二）扫码绑定支付账号

与微信平台等第三方支付渠道合作，创新引入第三方认证和支付能力，同时整合实名验证、信用、商户账号等能力，实现申请人身份快速核验和资金快速发放。以个体工商户租金补贴为例，在个体工商户申报租金补贴的同时，征得申请人同意，同步绑定个人微信账号，项目审批通过后，补贴资金秒速直达申请者微信钱包，让申请人真切享受到了政府服务带来的获得感与幸福感。

四、政策提振经济

南山区政数局搭建助企纾困扶持专项资金的数字化平台，通过区大数据中心，运用统计、工商、社保、国资、疫情指挥部等各部门数据，引入第三方认证和支付能力，整合实名验证、信用、商户账号等能力，为疫情纾困政策的落地，提供强有力的数据支撑能力。纾困平台上线以来，在短短1个月的时间，顺利完成了区政府疫情间助企纾困的政策目标，让10亿元规模的资金，通过个体工商户、小微企业等社会经济发展的毛细血管输送到社会，让全区超过50万家企业及相关个人受惠。

通过智能驱动、数据赋能与模式创新，南山区对内实现跨区域、跨部门及部门内部协同工作，对外实现政务服务质量和流程改善。未来，南山区政务服务数据管理局将继续凸显数据在政务服务创新工作中的关键要素作用，持续提升政务数据共享开放的系统效率、工作效能与社会效应，促进数据"采集、治理、应用"的良好循环，为广东省、深圳市的"数字政府2.0"建设贡献创新示范样本。

第五节　案例10／雄安新区：数字化
服务打造一流营商环境

为全面提升雄安新区公共资源交易服务质量，为市场主体减负增效，切实保障各类建设项目高标准高质量推进，雄安新区以"互联网＋政务"

为改革方向，以数字化改革为牵引，坚持数字赋能、系统推进，对标国内先进地区，自新区公共资源交易中心成立以来，不断推进完善全流程电子化交易系统，为新区打造国内一流招投标市场环境。

一、实施背景

《国务院办公厅转发国家发展改革委关于深化公共资源交易平台整合共享指导意见的通知》提出了"坚持服务高效，推动平台利企便民"的政策导向，要求公共资源交易平台突出公共服务职能定位，进一步精简办事流程，推行网上办理，降低制度性交易成本，推动公共资源交易从依托有形场所向以电子化平台为主转变。2020年初，国家发展改革委办公厅印发了《国家发展改革委办公厅关于积极应对疫情创新做好招投标工作保障经济平稳运行的通知》，对新冠肺炎疫情防控新形势下的公共资源交易平台整合共享工作作出了新的部署，进一步明确"全面推行在线投标、开标"。

雄安新区出台的《雄安新区工程建设项目招标投标管理办法（试行）》，明确要求新区要建立雄安新区招标投标公共服务平台、交易平台和行政监督平台，加强招标投标信息化建设，推行全程电子化招标投标，从制度层面对践行"互联网＋招标"进行了顶层设计。在大规模实质性建设等背景下，雄安新区又提出了"一手抓防控，一手抓建设"的工作理念，全力推动各重点工程项目如期开工，确保疫情防控与项目建设双胜利。

为积极化解现场开标带来的疫情防控风险，雄安新区进一步深化"放管服"改革，以政务服务"一网通办"为改革方向，创新搭建了全流程电子化交易系统，并常态化运行，避免了聚集性的市场交易活动，提高了招投标交易的工作效率。区别于其他省市的全流程电子化招投标主要用于某一个行业或专业，雄安新区充分利用"大部制"管理以及招投标综合监督的制度优势，在工程建设的全行业、全领域均实现了全流程电子化，并且在短时间内快速形成了常态化运用，在行业内起到了示范作用。

二、创新举措

（一）实现京冀两地 CA 数字证书兼容互认

在全流程电子化招投标中，数字证书（CA）是投标企业的数字化身份象征，是参与招投标活动的要件，按照河北省政务服务管理办公室《关于河北省各级公共资源交易平台对接河北省公共资源交易 CA 证书互认平台的通知》要求，目前新区支持京冀两地 7 种不同类型的 CA（数字证书）在雄安新区公共资源交易服务平台参与公共资源交易活动。市场主体可登录新区服务平台，进入"交易平台"模块，选择"CA 证书登录"，点击"CA 证书申请"，在首页选择"在线新办"办理雄安新区 CA 证书。持有北京地区或河北地区 CA 证书的市场主体可按照《CA 互认绑定和最新版驱动下载操作手册》完成 CA 互认相关操作。新区以京津冀协同发展为契机，推动实现了京津冀两地 CA 互认。

（二）统一工程建设项目标准招标文件

雄安新区管理委员会公共服务局、改革发展局、规划建设局联合向社会公开发布了《雄安新区工程建设项目标准招标文件》（2020 年版），自 2020 年 10 月 10 日起在新区范围内施行，电子文本可在雄安新区公共资源交易服务平台下载。

《雄安新区工程建设项目标准招标文件》（2020 年版）以国家已发布的九个标准文件为基准，以满足全流程电子化招标投标要求为抓手，按照工程、货物、服务、投资、全过程咨询服务五个类别编制，分别为《标准施工招标资格预审文件》《标准施工招标文件》《选择投资人标准招标文件》《简明标准施工招标文件》《标准设计施工总承包招标文件》《标准设备采购招标文件》《通用标准招标文件》《全过程咨询服务标准招标文件》《标准材料采购招标文件》《标准监理招标文件》《标准勘察招标文件》《标准设计招标文件》，共 12 册。

公开发布的标准招标文件充分结合了新区工程建设项目投资和招标方式等实际特点，基于全流程电子化招投标模式进行编制，契合了最新的招投标法修订方向和雄安建设发展要求，具有较强的创新性和前瞻性。

（三）电子保证金为投标人信息加密

保证金递交环节相关人员能够掌握参与投标企业的名称信息，易造成信息泄露，雄安新区公共资源交易平台上线的电子保证金系统通过应用虚拟子账户技术为投标人信息进行加密。一方面，在每个项目的投标报名环节中，投标单位可通过该系统获取随机生成、各自唯一的保证金账号用以提交投标保证金，强化了投标人名单管理，降低因保证金收取工作泄露投标人名单的风险；另一方面，保证金系统会将投标企业汇款的银行账户信息和其在雄安新区公共资源交易服务平台注册市场主体账号时填写的银行账户信息进行比对，从而保障企业缴纳保证金的有效性。投标保证金递交过程中还采用"主＋协"模式，即将投标保证金递交过程分为两个阶段，开标前投标人可以自由选择一家协办行递交投标保证金，开标结束后汇集至主办金融机构账户内统一管理，相当于在金融服务方向为投标人信息再上一把锁，杜绝投标人信息泄露风险。

（四）不断完善全流程电子化交易系统

一是建立公共资源交易平台，开展工程建设全行业全领域的全流程电子化招投标和常态化远程不见面开标，交易信息全过程留痕、可溯可查。二是技术赋能智慧评审，印发《雄安新区工程建设项目电子招投标工程量清单应用软件数据交换标准》，开发"电子清标""特征码识别""专家打分畸高畸低预警"等功能，有效提高评标委员会在评标环节甄别围标串标行为的能力。三是印发《关于开展工程建设项目招投标信用评价得分应用试点工作的通知》，实现电子评标系统与施工总包单位信用评分系统联动，加强信用在招投标管理中的应用。四是扩大信息公示范围，推行招标计划公示制度，延长招标文件获取时间，将专家匿名打分信息进行网上公示，打造阳光透明的交易平台，以公开促公平。

三、应用成效

（一）交易承载能力不断提升，助推新区大规模建设和疏解落地效果显著

自 2019 年交易中心成立至今，累计服务和保障 2474 个公共资源项目完成交易，累计成交金额超 3151 亿元。2022 年以来，保障中国中化、中国华能、中国星网等数个疏解企业以及国家电网、国家能源等的 10 余个市场化项目完成招标。与北京 4 所高校建立对接机制，保障容东、容西物业类项目进场交易，完成新开办学校基本教育教学设备采购等重大项目采购任务，切实保障了新区重点项目、疏解项目建设时序和居民回迁进度。

（二）交易主体活跃度不断增强，国有资金节约效果显著

2019 年至 2022 年新区交易平台市场主体注册量平均增幅在 40% 以上，市场主体参与度、活跃度明显提高，市场竞争程度不断增强，工程建设和政府采购项目累计节约资金 839 亿元，结余率 22.6%，政府资金使用效益不断提高。

（三）交易电子化程度不断提高，营商环境提升效果显著

新区实现工程建设项目全流程电子化，取消标书售卖费用，开展常态化不见面开标，平均每个项目为每个投标人节约交通、住宿等成本 2000元。探索金融机构电子保函应用，累计开出电子保函 12000 万余元，切实降低了企业资金占用成本，为市场主体减成本、卸负担。

第九章　数据共享　强化部门协同

第一节　案例 11 /"无界化"服务打造最优营商环境——北京大兴区"大兴企业圈"数字赋能"未呼先应"

为进一步优化营商环境，拓宽企业服务覆盖面，让政企交流更加通畅、企业办事更加便捷，北京市大兴区坚持产业强区，创新运用数字化手段赋能产业服务工作，着力构建"大兴企业圈"服务社群，并结合工作实际，靶向精准发力，重点解决企业发展服务"最先一公里"导引导办问题，让企业"有呼难应"不再出现，"有呼即应"成为常态，"未呼先应"成为现实，全方位助力企业发展。

一、典型做法

加强政企沟通、企业联动，以"精准服务"为导向、以"无事不扰、有难必到"为理念，创新构建"大兴企业圈"服务社群。"大兴企业圈"1.0版本以"企联通""政策通""办事通"三大主要服务功能为核心，以新一代人工智能为技术支撑，充分借助互联网、云计算、大数据、融媒体等技术手段，是在数字经济时代搭建的"无界化"智能企业服务社群。

　　"企联通"是专注于连接政府、企业、服务商的运营管理工具，通过嵌套至"微信"社交应用，在不改变企业用户使用习惯的情况下，将普通政企联络社群迭代升级为智能服务社群。"企联通"承载着企业用户画像建立、信息数据管理、企业诉求管理等功能，将大兴区大、中、小企业根据区域及属性进行网格化划分，并配备专职"服务管家"提供24小时无休服务，单个社群人数最高可达10000人，计划在未来三年内实现大兴区市场主体全覆盖。

　　在政府服务管理端，"企联通"设有75个基础功能模块，可实现定时群发、数据追溯、自动回复、工单流转、聊天监控、数据统计、敏感预警等核心管控功能。例如：数据追溯功能可通过后台呈现群内通知的点击量、已阅读企业名称、阅读时长等详细信息，及时准确提醒企业阅读重要通知；敏感预警功能通过违禁词检测和预警系统，对违规情况实时监测并报警，提醒风控人员进行判断及处理，最大程度降低舆情风险。通过"企联通"可全面管理并高效处理数万家企业的即时需求，真正打造高便捷、高效率、零延迟的涉企服务连接模式。

　　"政策通"运用大数据算法和人工智能技术，通过拆解政策原文、标签化政策条款，并采集企业所属行业、生产经营情况、专利情况、业务资质等数据，基于"大数据＋大知识"的建模方式，利用数据挖掘和隐私计算等技术手段，将海量、离散、多维的数据进行综合处理，自动为企业生成政策匹配报告，包含企业可申报政策、政策匹配度、政策申报路径等相关信息。同时，"政策通"还设有在线专家提供指导支持，进一步完成政策权威解读和在线辅导，让政策推送更精准、落地更高效、覆盖更全面，确保政策红利直达市场主体。

　　"办事通"AI政企机器人作为"办事通"核心产品，采用最前沿的语义识别引擎技术和知识图谱构建技术，基于最新深度学习和神经网络，可以完成对机器人的快速智能化训练。目前"办事通"已拆解重构涉及大兴区 43 个委办局的 20000 余条政务事项、200 余家区内企业的核心产品及服务、100 余家经认证的服务机构的权威语料库，AI 政企机器人 24 小时在线，可在 1 秒内完成对咨询事项的语义识别，给出答复并提供导办，同时，如对答复不满意，可一键转接人工客服。

二、实施成效

目前，"大兴区企业圈"初步覆盖政务服务群、"服务包"企业群以及部分属地工作群，通过近半年的运营测试已初见成效。

（一）解决了企业"找不到"的问题

通过"办事通"AI 政企机器人，解决了办事部门电话找不到、服务机构资源找不到、惠企政策找不到、办事流程找不到、申报材料找不到等问题，打通了企业办事堵点，起到了"穿针引线"的作用。

（二）解决了企业"看不懂"的问题

企业面对庞杂且晦涩难懂的政策、措施原文及办理流程，很难靠自身真正吃透，导致了政策申报不准和办事"反复跑"问题。"大兴企业圈"社群一方面通过"政策通"将政策原文进行拆解，利用大数据进行精准匹配，提炼出精华部分生成匹配报告，并"手把手"协助企业完成政策申报；另一方面，"大兴企业圈"社群还开通了线上"面对面"咨询服务，人工客服通过视频连线对企业咨询办事进行指导，解决"最先一公里"问题，提升"一网通办"效率，真正做到企业办事"最多跑一次"。

（三）提高了政府部门办事效率

"大兴企业圈"社群通过"最先一公里"的办事导办，让企业办事变得更精准高效，递交材料更完整合规，办理流程更顺畅便利。同时，各政府部门通过后台服务管理端，可及时掌握企业动态。例如：通过社群进行通知公告，后台可以精准确定未读情况，及时提醒，避免重要信息遗漏。

三、经验启示

"大兴企业圈"社群的侧重点是打造优质的线上营商环境，覆盖面更广、精准度更高、使用更便捷，让企业真正享受到"触手可及"的贴心服务。

（一）以服务企业为核心理念，以企业需求为目标导向

区别于以往政府开发的平台、APP等管理系统，"大兴企业圈"社群以"服务"为核心理念，重视用户使用习惯，降低应用学习成本，嵌套至"微信"社交应用，让使用体验更方便。

同时，"大兴企业圈"社群聚焦企业办事"最先一公里"问题，多管齐下确保服务品质。权威语料库确保事项全覆盖，AI政企机器人使服务咨询导办"不断线"，"一对一服务管家"进一步提高服务准确率和满意度。

（二）数字赋能"未呼先应"

通过后台对社群内汇集的大数据信息，按照类型、频次、时间、涉事领域等进行综合分析，形成一套较为科学的诉求与服务匹配逻辑，为"精准服务""靠前服务"提供辅助数据支撑。

"大兴企业圈"服务社群将不断更新迭代，丰富服务内容，提升服务准确度与效率，为打造最优营商环境"大兴样板"贡献力量。

第二节 案例12／甘肃省高院创新"2+4"数字化诉讼服务新模式

数字化、信息化是推动高质量发展的加速器，也是打通司法服务"最后一公里"的强引擎，更是营造"市场化、法治化、国际化一流营商环境"的金钥匙。甘肃法院牢牢把握"智慧法院"建设和"十四五"发展新机遇，大力推进诉前调解和诉讼服务"双中心"建设，有效延伸"12368服务热线"，集约送达"邮政网线"、大数据"调度条线"、监督评价"数字专线"动能，不断提升服务和保障中小微企业发展、数字赋能优化营商环境的整体水平，为全面贯彻新发展理念、推动高质量发展，提供了"双向驱动、四线延伸"的"2+4数字化诉讼服务"新模式。

一、培育数字化诉前调解中心，拓展诉前服务"新领域"

坚持把非诉讼纠纷解决机制挺在前面，充分发挥人民法院调解平台集成各类解决纠纷资源的优势，积极融入党委领导的基层社会治理新格局，端口前移培育三级法院诉前调解中心，为涉企矛盾纠纷化解提供前置式、多元化、低成本的诉前服务，最大限度减少诉讼对企业正常生产经营的影响。2019年以来，全省法院依托党委综治中心，推动建设诉前调解中心、诉调对接中心或巡回法庭，拓展推进诉前调解、诉调对接工作。累计邀请1573个调解组织、3234名调解员入驻人民法院调解平台，对接、指导诉前调解成功案件193170件，平均办理时长11天，调解成功率73%，音视频成功调解案件66505件，申请司法确认案件56803件，有效带动了涉企纠纷化于案外、止于诉前。兰州铁路法院在线成功调解国际铁路联运合同纠纷，为"一带一路"铁路大动脉甘肃段畅通提供了司法保障。在最高人民法院"总对总"框架部署下，积极推进"点对点"在线诉调对接工作，以"法院＋商会""法院＋工会""法院＋行业协会"等模式，深化诉前调解和诉调对接。2019 年以来，全省法院共对接 166 家专业调解组织，928 名调解员入驻平台，在线委派案件 6536 件，成功调解案件 3500 件。兰州中院、玉门、甘谷、岷县等 4 个法院被全国工商联等五部门表彰为"工商联与人民法院沟通联系机制典型事例单位"。

二、打造数字化诉讼服务中心，优化诉讼服务"新体验"

依托人民法院在线服务平台和甘肃法院诉讼服务网，持续深化和完善"互联网＋诉讼服务"新模式，推动实现"信息多跑路、企业少跑腿"。全省 113 家法院全面开通"一站式"在线诉讼服务功能，通过移动端统一入口，为企业提供立案、交费、开庭、送达、保全、鉴定等"一网通办"诉讼服务，实现企业办理诉讼事务全天候"不打烊"、全流程"零跑腿"。2019 年以来，全省三级法院网上申请立案 233163 件，成功立案 98157 件，网上缴、退费 142342 件，办理网上保全案件 8710 件、鉴定案件 14925 件。针对企业异地诉讼不便等问题，全省三级法院依托跨域立案服务系统，着力构建"家门口起诉"新模式，实现案件就近能立、多点可立、动手即立，推动立案服务"就近能办、异地通办"，为企业提供全时空、全流程、跨地域、同质化、均等化诉讼服务。2019 年以来，跨域立案申请中，甘肃法院作为协作法院的案件有 6256 件，作为管辖法院接收的案件有 8621 件，更好改善和提升了市场主体诉讼的便捷度、体验感。

三、延伸 12368 热线，升级一号通办"新感受"

甘肃高院聚焦市场主体需求和群众期盼，积极部署将全省 113 家法院诉讼服务热线集中至省法院 12368 热线服务中心，创建全省法院 12368 诉讼服务热线集约中心，打造法律咨询、案件查询、联系法官、事项转办、投诉建议、心理疏导等多维一体的集成式"在线服务套餐"。市场主体和人民群众只需"一呼一应"就能接受在线诉讼服务，真正实现问询有人答、诉求有人应、困难有人帮、服务一线通。2022 年 3 月 7 日集约以来，热线集约中心共接听、答复来电 62059 次，接听率 100%，生成工单 91391 件，流转报告 6527 次，发送短信 1577 条，满意度达 99.9%。"一条热线"联通诉讼服务两端，"一号通办"让市场主体切实感受到了司法温暖和公平正义就在身边。

四、延伸邮政网线，打通集约送达"新路径"

落实最高院部署要求，发挥邮政网格和点线覆盖全省乡镇和建制村、"一点多能"、投递人员规模和专业优势等特点，与邮政甘肃分公司就加快推进人民法院送达平台建设与应用相关工作开展深度合作，推动全省 48 家法院属地建立"法院＋邮政"集约送达中心，以"信息跑路＋邮政跑路"、线上线下相结合模式，为当事人提供司法文书电话联系、电子送达、邮寄送达以及文书目的地集中打印、跨域打印、卷宗流转、同城配送等集约化送达服务。"加速度"与"减耗时"双向发力，有效破解了"送达难"，切实保障了市场主体的诉讼权利。

五、延伸调度条线，发挥数据应用"新效能"

省法院诉讼服务中心坚持大数据集成应用，强化省级条线调度，不断加大对虚假诉讼的识别预警力度，有效提升源头防范、关口把控涉企虚假诉讼能力水平，降低虚假诉讼对企业正常经营的负面影响。上线立案偏离度预警系统，对立案异常预警的法院开展数据分析、专项督办，让企业立案维权不再遭遇"限流限号"和"中梗塞阻"。以诉讼服务指导中心信息平台督导系统为抓手，建立日督导、周通报制度，对涉企纠纷跨域立案、律师服务平台立案超期未接收、未审核等问题进行条线督办。全省法院跨域立案超过 24 小时未反馈问题基本清零，律师服务平台超 7 日未审核案件大幅减少，助力企业与群众实现网上立案"零"排队。

六、延伸评价专线，提升数字监督"新高度"

在立案大厅等公共服务区域，设置立体式、无死角监控，通过随机抽查、定期网络巡查等方式，对 6500 多个重要点位跟踪督促、在线指导、即时纠正，推动窗口部门服务水平不断提升、作风形象持续改善。建立覆盖全省三级法院，贯通诉讼服务大厅、诉讼服务平台、12368 热线等服务渠道的数字化评价监督系统，面向社会公开监督二维码，全面收集并及时处理市场主体、人民群众对诉讼服务工作的问题建议。当事人通过手机扫码，就能实现对诉讼服务全过程的满意度测评和有效监督，真正把评判诉讼服务质效的"表决器"交到了市场主体和群众手中，让"数据线"变成了"监督线"。

数字赋能优化营商环境是全面贯彻党的二十大精神，服务保障高质量发展，全面深化司法体制综合配套改革的必然要求。甘肃法院将结合实际，进一步探索完善"双向驱动 + 四线延伸"的"2+4 数字化诉讼服务"新模式，不断更新诉讼服务理念，完善基础配套设施，为有型、有效、有感优化法治化营商环境贡献智慧和力量。

第三节　案例13 / 河北威县：创新"三位一体"机制　持续优化营商环境

在数字经济不断发展的背景下，营商环境数字化是一个地区市场竞争力和政务服务水平的重要体现。作为河北省县级综合改革试点，威县主动顺应大势，坚持把数字化、信息化作为系统动力贯穿始终，创新构建企业服务、群众服务、智慧监管"三位一体"机制，以数字化技术为营商环境的进步发展提供了空间。2021年，威县被认定为"河北省优化营商环境推动高质量发展先进县"；2022年上半年，威县营商环境综合评价排名邢台市第一。

一、改革背景

威县作为河北省首个启动智慧城市建设的县份，2014年以来，与北京数立通公司战略合作，着力推进云计算、大数据、物联网等新一代信息技术应用，重点实施了"6+N"（即一网、一云、一号、一网格、一系统、一中心6方面基础建设，N个领域应用系统）建设，有效促进了县域规划管理信息化、基础设施智能化、公共服务便捷化、产业发展现代化和社会治理精细化，"国家遥感技术中心威县基地""河北省智慧城市试点"等相继实现，相关举措被列为科技部和住建部"十三五"科研项目课题。信息化、智慧化、数字化的智慧城市探索，为威县综合改革提供了坚实支撑，也为威县"数字＋营商环境"的优化打下了坚实基础。

二、"三位一体"主要做法

威县以营造市场化、法治化、国际化营商环境为目标,坚持问题导向、目标导向,打造了"威企通""民情通办"和智慧监管三个服务平台,建立服务企业和群众、推进智慧监管的"三位一体"机制,通过不断优化营商环境,培育和壮大市场主体,持续激发了市场活力和社会创造力。

(一)打造企业服务模式,提升企业获得感

针对政企信息不对称、融资不顺畅、政策落地不及时等问题,2021年12月,威县组建了河北省第一家县级企业服务中心,2022年5月,集中打造了"威企通"在线服务平台。一是主动靠前服务。平台设政策通、融资通、供需通、合作通、招商通等10个板块,为企业提供键对键、屏对屏优质服务,针对政策落地不及时问题,通过平台主动推送、精准解读惠企政策,从"企业找政策"转变为"政策找企业",推动惠企政策应享尽享、快速兑现。二是协调联动服务。开通企业诉求"一键直达"功能,企业通过电脑、手机即可反映遇到的困难问题,一般问题转相关部门限时办结,重大共性问题提请县委、县政府研究解决,全过程县委督考局跟踪监督,实现企业诉求快速高效解决。三是线下全面服务。对线上无法解决需线下服务的事项,在3个市级园区和乡镇政务大厅开设企业服务专区,明确服务办理时限,中心第一时间响应、职能部门快速回应,实现了服务有温度、响应有速度、办理有力度,为企业提供了全链条、全天候、全过程、全生命周期服务。

(二)打造群众服务模式,提升群众幸福感

为进一步畅通群众意见建议表达、社情民意诉求渠道,着力解决基层问题处理时效慢、周期长、抱怨多、责任压实难等问题,2021年10月,威县成立"民情办公室",搭建"民情通办"平台,实现民有所呼、我有

所应。一是整合服务资源。整合书记热线、县长热线、党政门户网等10余个渠道，搭建起"民情通办"平台，全县普及推广"威县民情码"，群众可以扫码反馈民情，通过"互联网＋服务"方式，让信息多跑路，让群众少跑腿，实现了民情工作"一码汇总""一键通办"。二是强化服务力量。民情办公室在内部设置民情搜集组、跟踪督办组、奖惩问效组、综合办公室4个科室，各负其责，对群众反映的问题，实施"好差评"制度，把群众对问题解决处理结果意见作为责任部门绩效考核的重要依据，有效提高部门积极性，解决了过去群众重复反映、办结时限模糊、服务质量不高的问题，真正把问题解决在萌芽状态，把服务做到群众心坎上。三是健全服务机制。聚焦信息收集、筛选、整理、汇报、交办、回应6个环节，强化问题办理质效和整改措施落地提速，制定"首问负责制""首办负责制""责任终身制"等7项制度，探索实行"五个到位"（责任部门10分钟内与当事人联系，限时内做到政策咨询解答到位、民生问题解决到位、矛盾纠纷化解到位、求助事项帮扶到位、投诉举报处置到位）机制，确保百姓的每个诉求都能得到快速有效的解决反馈。

（三）打造智慧监管模式，提升百姓安全感

为解决以往人盯人、重监管、重执法的传统监管方式不足以满足现行发展需求的问题，威县深入探索"大数据＋"监管新模式，在城市管理、食品安全、医药安全等环节实施智慧全域监管，织密监管安全网，切实提高人民群众安全感。一是城市管理监管。投资3.6亿元建成城管、公安、交通部门"三网合一"数字化监管中心，对县城26条主要街道、25个广场游园实时监控，成立数字城管指挥中心，配备人员专职负责上报案件，并受理审验、派遣、督办上级交办、12319来电、网络媒体、群众举报、视频监控、执法车巡逻、监督员巡查发现的案件，确保案件及时处理。二是食品安全监管。以"智慧管理"为突破，"分类监管"为先导，逐步实

现食品安全监管系统指挥调度一体化、信息化、规范化，对已取得《食品经营许可证》的餐饮单位逐步完成监控探头安装，县智慧监管运营机构逐步将视频影像免费接入智慧监管数据中心，通过云视频监管方式稳步推进智慧监管，2022年9月，县市场监管局获评"全省食品安全工作先进集体"。三是企业生产监管。充分利用信息化手段，加大对抽查检查结果的统计分析，运用基于信用风险指数变化的预警功能，积极探索"双随机、一公开"监管与智慧监管结合。2022年以来，累计开展"双随机、一公开"抽查73次，涉及市场主体1095家，帮助企业解决困难15个。

三、取得成效

（一）打破政务数据孤岛，推进数据有序共享

通过"威企通"平台，有效畅通政企沟通渠道，解决了企业难题、优化了环境。平台运行以来，累计发布解读6个部门的628条惠企政策，组织100余场一对一讲解、一对一对接特色专题会，为百余家企业解决具体问题249项，帮助企业获得信贷授信2300万元，有力有效助推了企业攻坚克难、做大做强。国家发展和改革委员会主管的中国经济体制改革杂志社《改革内参》专题刊载威县经验做法，新华社、河北日报、河北电视台等权威媒体多次报道。

（二）搭建数字民意桥梁，推进诉求有效化解

"民情通办"平台实现了一个渠道收集民意、办理群众诉求，2022年以来，服务平台共收集到民情民意问题17762条，其中解决了17638件，解决率99.3%，化解矛盾纠纷1895起，群众满意度近100%，接触式信访量同比下降40%。

（三）创新市场监管方式，营造良好法治环境

2022年累计受理市长热线、县长热线、"民情通办"平台、12315平

台等平台的投诉举报 1700 余起，法定时限办结率 100%，为消费者挽回损失 62.5 万余元，开展县级食品抽检 2313 个批次，查办各类违法案件 50 余起，这些举措提升了人民群众的安全感、获得感和满意度，优化了法治环境。

第四节　案例14 / 数据赋能　提升营商环境服务能力——广东省中山市政务服务数据管理局破解企业融资授信难题

近年来，我国小微企业快速增长，目前已占市场主体的 90% 以上，贡献了全国 80% 的就业、70% 左右的专利发明权、60% 以上的 GDP 和 50% 以上的税收，小微企业对推动经济发展的作用越来越大。融资难、融资慢一直是困扰小微企业发展壮大的重要原因，国家和广东省不断加强对中小微企业的金融支持，鼓励增加普惠小微贷款，但各地金融机构缺乏对中小微企业的注册登记、行政处罚、纳税、社保缴费等信息掌握，无法精准评估企业经营状况，影响着小微企业授信融资的效率。

广东省中山市政务服务数据管理局利用隐私计算技术实施数据要素共享共用，有力推动了金融机构基于政务数据的智能风险管控、智慧授信等领域的数字化升级，为缓解小微企业融资难、融资慢问题提供了新思路、新举措。

一、科技搭台，营造政务数据可信流通环境

一直以来，政务数据、金融数据对敏感信息管控严格，在政银数据互联互通方面存在隐性壁垒，形成"数据孤岛"。为进一步释放数据价值潜

能，助力企业快速融资，中山市创新运用隐私计算技术，建设中山市数据安全可信计算平台，提供可信执行环境（TEE）、多方安全计算（MPC）、联邦学习（FL）、隐匿查询（PIR）等隐私计算技术，并结合区块链、安全传输、密码学等信息技术，在"原始数据不出域"的基础上实现政务数据核心价值流动。

平台基于隐私计算技术融合 7 种安全应用措施来保障数据的应用安全，通过提供 3 种数据流通模式，实现不同等级数据在不同流通场景中的应用安全，达到"数据可用不可见""原始数据不出域计算"的效果，既保障了数据安全也能发挥数据的应用价值。平台通过了国家、省、市三级行业专家的技术性认证，已通过安全渗透、代码安全审计的测试及中国信通院产品测试认证。2021 年 12 月，基于本平台所打造的政银数据融合创新应用获得中国信息通信研究院颁发的大数据"星河奖"标杆案例奖。

二、政银对接，着力破解企业融资授信难题

银企信息不对称，信用数据、营业数据、资产数据等关键基础数据未充分运用是企业融资难、融资慢的关键因素之一。为破解小微企业贷款风控数据不足难题，中山市联合本地农商银行、建设银行、工商银行和农业银行开展政务数据授信试点应用，4 家银行已针对贷款全周期提出 113 个指标共 95 类数据使用需求，涉及 18 个政府部门。市政务服务数据管理局按需搭建了企业贷前风控、抵押品状况风险预警、村居普惠贷风控等 8 个分析应用场景，初步形成了贷款全周期政银数据联合运算分析体系。

三、数据"不出门"计算，安全释放数据核心价值

由于金融领域对敏感信息管控相对严格，因此合规与安全是开展工作的前提。中山市探索的隐私技术是保护数据安全的重要技术之一，该技术

在金融机构的本地服务器环境进行部署，通过计算节点可对计算数据及计算结果进行统一管理。平台支持文件类型和数据库类型的数据接入，数据源和计算结果均保存在金融机构本地，有效地实现了数据"不出门"，确保了数据安全。

金融机构数据在"不出门"的环境下，通过隐私技术可实现数据价值的最大化利用，释放数据核心价值。数据安全计算平台通过融合计算，参与方在不泄露各自数据的前提下可通过协作对各自数据进行联合分析，实现在不泄密（泄露）的情况下合规使用，降低数据使用的法律风险，将数据真正转化为可被利用的资产，释放数据核心价值。

四、数据赋能提升营商环境服务能力

广东省中山市政务服务数据管理局在保障数据安全可靠的前提下，成功探索出"申请人授权用""敏感数据可用不可见"的应用模式，将政务数据更全方位地提供给金融机构进行开发应用，做到中小微企业免抵押"税融贷""经营贷"，部分银行贷款额度能达到 300 万元，而且贷款时长比以往减少许多。

基于隐私计算技术和平台，中山市政务服务数据管理局使用政务数据为中山农商行、中山建行、中山农行及中山工行提供了数据赋能，辅助 4 家单位开展业务管理工作，有效缩短了企业贷款的时间，提升了贷款额度，免去抵押物，减少了一定的费用支出，激发了企业活力。其中基于政银数据的联合运算，在贷前授信上，以中山农商银行为例，在未有政府数据支撑前，银行在授信上主要依赖线下收集、核对及查验，耗时较长，且有些数据也较难以获取。开展试点工作后，银行进一步深化了数字化贷款产品，实现了对小微企业的高效精准评估。截至 2022 年 9 月末，农商行通过运用政务数据报名单累计发放约 2175 笔、金额 36.11 亿元的贷款。

在贷前风控上，为中山市农业银行提供了近 96 万个个人用户进行联合风控分析，为其提供了风控的应用分值，挖掘了近 2 万个优质个体工商户用户，降低了信息不对称性与不透明性，缩短了信贷审核成本，提升了信贷风控能力。在贷后风控上，为中山市建设银行提供了 4320 家企业贷后风控分析，挖掘出潜在高风险企业近 100 家，有效提升了银行贷后监测能力。以上举措全面提升了中山市金融服务效能，优化了中山市营商环境服务能力，向中小微传达了一个信息——中山市的金融服务"快、好、省"。

第十章 流程再造 提升服务质效

第一节 案例 15 /"浙里建"——浙江工程建设数字化协同治理体系

浙江作为工程建设项目审批制度改革全国唯一试点省，持续做好审批"减法"的同时，一直在思考如何做好监管和服务的"加法"，针对工程建设项目这一复杂对象，实现"放、管、服"有机衔接、企业和政府有效协同。浙江省住房和城乡建设厅深入落实国家数字政府建设要求，以省委部署开展数字化改革为契机，把数字化推动审批改革的思路和做法延伸到工程建设全过程，建设运行全省一体化的工程建设数字化管理系统"浙里建"，初步建成工程建设数字化协同治理体系。

一、建设目标

围绕工程建设全过程企业和政府的共性需求，聚焦人（履职行为）、图（工程图纸）、机（建筑机械）、价（工程造价）和工程实体等要素，建设运行全省一体化的工程建设数字化管理系统"浙里建"，并从立法、政策、标准等多个层面推动工程建设管理制度重塑，建立工程项目参建单位有效制约、监管部门有效配合、专业机构有效服务、社会公众有效参与的协同治理体系，有效提升工程品质，保障群众生命财产安全。同时，以"浙里建"的全面应用，带动工程行业各类企业加快实现数字化生产和管理，吸引各类高新技术企业、金融机构、专业服务机构创新产品和服务，全面构建工程建设领域数字化生态圈，推动工程建设管理方式和建筑业发展模式的系统性变革。

二、总体构架

按照"136N"的总体架构，全省统建"浙里建"（图 10-1-1），形成 1 个体系：全省统一的工程建设数字化管理体系；开发 3 级应用：项目级应用（"浙里建"项目端）、市县级应用（"浙里建"市县监管端）、省级应用（"浙里建"省级监管端）；迭代 6 个数据库：项目库、企业库、人员库、设备库、信用库、图档库；集成 N 个场景：包括工程图纸在线、工程质量协同管理、施工现场安全管控、建筑起重机械全生命周期管理、工程造价风险控制、预拌混凝土管理、安心收房、建筑工人保障在线等。

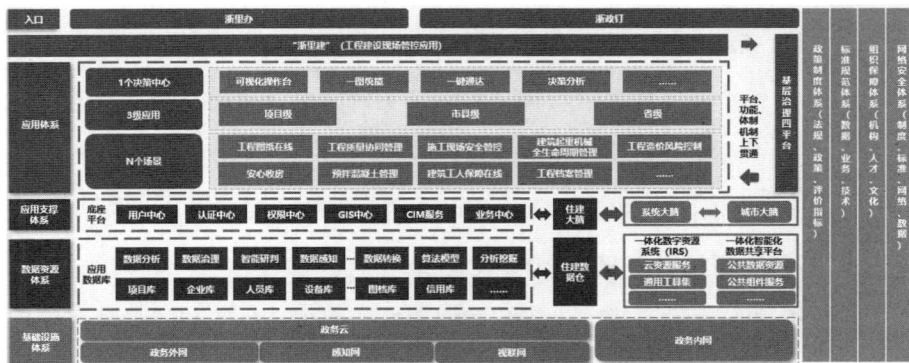

图 10-1-1　"浙里建"总体构架图

三、关键技术成果

（一）1 个体系

从政府和企业两个维度，聚焦工程建设管理关键环节和重大风险，全面梳理建立各级政府部门、各方参建单位的业务协同模型和数据共享模型，制定全省工程建设管理业务标准和数据标准，出台一批重大改革措施，推动地方性法规《浙江省建筑业条例》制定，建立全省统一的工程建设数字化管理体系。

（二）3 级应用

1. 项目级应用（"浙里建"项目端）

围绕工程质量、安全、工期、造价和各方权益保障，实现建设、勘察、设计、施工、监理等各方参建单位和工程质量检测、建筑起重机械出租、金融、保险等专业服务机构的在线业务协同，并形成实时、真实、可靠的工程建设管理数据源。

2. 市县级应用（"浙里建"市县监管端）

围绕市、县（市、区）建设部门对本区域工程建设项目的监管需要，提取、汇集和分析项目级应用相关数据，实现展示、统计、分析、监测、预警、指挥等功能，为政策制定、监管执法、防灾应急和涉企服务提供支撑，并与其他部门和单位实现工程建设项目管理数据的交换和共享。

3. 省级应用（"浙里建"省级监管端）

建立全省统一的工程建设管理数据中枢，实现全省工程建设项目管理一图通览、一网通管、一键通达，为全省法规、政策、标准制定和监管服务、行业发展提供数据支撑，并与国家、省级其他部门和单位实现工程建设项目管理数据的交换和共享。

（三）6 个数据库

在建筑市场监管及诚信信息系统、勘察设计行业四库一平台、工程建设项目审批管理系统 2.0（投资项目在线审批监管平台 3.0）等已有信息系统的基础上，融合项目级应用数据，迭代项目、企业、人员、设备、信用、图档 6 大基础数据库，夯实全省工程建设数据资源基础。

（四）N 个场景

1. 工程图纸在线

构建施工图分类审查、设计变更、竣工图管理三大业务协同体系，实现企业和政府对工程设计、变更、使用、监管全过程的数字化管理，有效提高工程建设项目实施和政府监管效率。

2. 工程质量协同管理

实现各方参建单位自我管理、第三方机构检测管理、政府各监管部门监督管理的协同，在线完成过程验收（分部工程、分项工程验收）和竣工验收，形成相互监督、同向发力的质量管控体系，提升工程质量管理效能。

3. 施工现场安全管控

以危险性较大的分部分项工程管理为重点，建立有效的风险监测方式和预警分析模型，实现建筑施工重大安全风险的及时感知、预警和处置，防范生产安全事故。

4. 建筑起重机械全生命周期管理

通过生产端与现场端的联动，并结合物联网监测等手段，实现对建筑起重机械的全生命周期管理，减少因建筑机械质量和管理问题引发的生产安全事故。

5. 工程造价风险控制

监测施工进度和投资进度，预测工程造价变化趋势，提高投资决策科学性，减少合同履约纠纷。

6. 预拌混凝土管理

实现对预拌混凝土生产、运输、销售、使用全过程的闭环管理，提升工程质量和供应链协同水平。

7. 安心收房

实施工程质量信息公示，实现"材料透明、过程透明、验收透明、服务透明"，建立购房人发现反馈、建设单位处置回应、监管部门督促指导的闭环管理机制，防范化解商品房质量纠纷，提升工程品质。

8. 建筑工人保障在线

完善建筑工人实名动态管理机制，规范合同履约行为，畅通工人维权渠道，提升工人技能素养，从源头解决欠薪纠纷，为建筑工人提供全流程保障服务机制，建立全方位一站式权益保障体系。

四、主要做法

（一）坚持以人为本，聚焦重大需求

工程建设管理中有大量的矛盾问题需要通过数字化改革来解决，"浙里建"把保护人民群众生命财产安全放在首要位置，聚焦提升工程质量、保障安全生产的核心需求，打造"工程质量协同管理""施工现场安全管控""建筑起重机械全生命周期管理"等场景，着力解决工程建设过程中的质量隐患难发现、安全风险难防范、闭环管理难实现等问题，满足人民群众对工程品质的要求、对平安建设的期待。"浙里建"还特别关注全省400万建筑工人的权益，打造"建筑工人保障在线"场景，提供用工、培训、维权的便利渠道，切实提升建筑工人群体的获得感。

（二）坚持协同治理，提升综合成效

"浙里建"将政府需求和企业需求统筹考虑，突出建设、勘察、设

计、施工、监理等各方参建单位和政府有关部门对工程建设的协同管理，通过数源统一、风险同知、处置联动，弥补各方管理能力的不足，提升综合治理水平。"工程质量协同管理"场景，构建各方参建单位的管理"小闭环"和各方参建单位自我管理、第三方机构检测管理、政府有关部门监督管理的"大闭环"，在线完成多方参与的过程验收和竣工验收，形成相互监督、同向发力的工程质量管控机制。"建筑起重机械全生命周期管理"场景，打通生产与使用环节，建立生产厂家与施工现场的"厂场联动"机制，对全省数万台建筑起重机械实施动态管理，有效遏制不按规定使用非原厂配件、不同标准配件混用等危害安全问题。

（三）坚持用户视角，发挥实战实效

"浙里建"统筹兼顾传统工程管理方式与数字化管理方式的长处，充分考虑企业和政府的成本效益，以实用、管用、好用为原则，不盲目追求新设备、新技术。例如"施工现场安全管控"场景，重点放在建立科学有效的分析预警模型和全流程闭环管理机制，对于数据采集方式不做"一刀切"要求，兼容全自动、半自动、人工等不同方式，企业可以根据实际情况自行选择，一般项目采用半自动或者人工方式即可满足需要，辅以"浙里建"提供的通用工具还可以减少人工投入。通过"建筑工人保障在线"，企业和工人双方通过手机端简便操作就可以实现在线签订简易用工合同，在线确认工资发放情况等功能，有效维护双方的合法权益。

（四）坚持开放融合，构建数字生态

"浙里建"从建设初始就着力构建开放的生态共同体，以政府数字化监管和服务为牵引，通过构建工程建设领域数字化建设的话语体系，带动各类企业和机构主动融入、主动集成、主动创新，加快实现数字化生产、管理和服务。浙江省住房和城乡建设厅坚持政企银社联动，与建设银行浙江省分行建立合作机制，引入金融机构投资打造项目级协同应用，支撑工程建设各方参建单位的业务协同，并为企业数据赋能和提供创新金融服务，避免政府在数字化建设方面的大包大揽和无限投入。随着应用不断扩面，覆盖越来越多的工程项目，工程进度、造价变化、建材需求等大数据逐渐形成，可以推动工程建设产业链上下游协同、创新发展，并为金融、投资、保险、期货等经营决策提供精准参考，给工程建设投融资以及相关服务带来系统性变革。

五、取得成效

"浙里建"目前已覆盖全省 7340 个工程项目的日常管理，同时还在加快扩面和迭代。通过"浙里建"的应用，已发现和整改工程设计问题 1723 个、质量安全隐患 2749 个，工程图纸在线场景改革做法已被住房城乡建设部在全国推广。

（一）提升工程管理效能

把复杂的工程建设法律制度、业务规则和标准规范分解嵌入各方管理流程，各方管理成果和图纸、档案等资料实时共享，使各方参建单位相互制约、各个监管部门有效协同，大大提升了工程建设整体管理能力。

（二）降低施工安全风险

对基坑、塔吊等重大风险源采用技术手段加闭环机制，人机协同实现风险提前感知、隐患及时处置，消除物的不安全状态；对各方参建单位专业人员和农民工实名认证、在线管理，确保动作到位、责任落实，减少人的不安全行为。

（三）优化工程领域营商环境

在工程项目审批、监管、验收等各个环节实现在线协同，有效降低企业负担。如"工程图纸在线"场景可使竣工图编制时间从几个月缩短到一键完成，为每个工程项目节省几十万元到上百万元的编制费用；"工程在线验收"一个小功能就可为每个工程项目的参建单位节省 40 万元左右的人工、交通等成本。

（四）催生数字服务新领域

随着"浙里建"的深入应用，工程进度、造价变化、建材需求等大数据不断积累，可以给金融、投资、保险、期货等经营决策提供精准参考，推动工程建设投融资以及相关服务方式变革，衍生出新的数字经济形态。

第二节 案例16／海南"海易兑"创新惠企政策兑现新模式

围绕政府治理和公共服务的改革需求，优化营商环境，提升市场主体获得感，海南省聚焦惠企政策兑现服务方面的痛点、难点、堵点，按照"省级建平台、市县管应用"的原则，以企业需求为导向，创新建设"海易兑"系统。打造集融合政策梳理发布、精准推送、解读解答、申报兑现、评价跟踪于一体的一站式全省惠企政策兑现服务系统（以下简称"海易兑"），打通惠企政策兑现"最后一公里"，助力企业纾困解难、可持续健康发展。

一、主要做法

（一）全省惠企政策集中管理，打造自贸港"政策超市"

海南省"海易兑"率先推进政策规范体系建设。通过编制《政策梳理规范》指导性文件，对惠企政策、可申报事项梳理发布、配置申报表单以及审批流程等方面进行流程再造。截至 2022 年 11 月底，系统共发布国家级、省本级、市县级惠企政策 1328 个，梳理形成可应用于兑现的惠企事项近 420 个。有效解决了以往政策发布渠道分散、申报入口不统一问题，逐步转变"多门申报、分散管理"为"一窗通办、全面统筹"。系统还设立了自贸港政策专区，汇集自贸港特色政策，帮助企业更快速全面地了解自贸港相关的政策措施。

（二）高标准建设服务系统，推动政策一网通办

"海易兑"系统落实海南省"平台之外无系统"的重点工作要求，按照全省"统一规划、统一标准"的推进原则，实施"省级建平台，市县管应用"的模式，基于"海易办""海政通"平台的技术框架，快速搭建政策管理与服务系统，通过与财政预算管理一体化系统对接，确保全流程实现闭环，真正做到进一扇门、办全省事，为企业提供"更快更便捷"的补贴申领业务办理系统。

（三）全方位构建企业画像库，助力企业便捷申报

"海易兑"系统积极归集各单位的企业数据，通过数据中台累计对接市场监管、信用、税务等 22 个部门近 3600 类的涉企信息，构建了全省企业画像库，为政策匹配、申报、审核、跟踪分析等工作环节提供了精准的数据支撑。系统还充分利用政务中台的电子证照、电子印章等基础能力，推进"减材料、减环节、减时限"工作落地。目前企业营业执照可直接在线获取，线上表单可直接进行在线盖章，让政策服务程序更简便、企业办事更高效。

（四）构筑安全风险防范体系，政策扶持阳光透明

"海易兑"系统在政策申报兑现流程中创新嵌入监督熔断功能，建设评价督查、评估分析等功能模块，实时监测政策申报、项目评审和兑现过程的实时数据，通过事前信息预警、事中精准核查与事后监督管理的体系，提升惠企政策兑现过程中的风险识别能力。通过审批节点全过程留痕、审批结果网上公示等手段，构建更加完善的廉政风险防控机制，解决审批过程不透明的问题。

二、主要成效

（一）深受好评，企业对系统满意度稳居高位

互联网舆情数据显示，"海易兑"系统上线首月，企业满意度高达99.45%，2022年始终稳定在90%以上。企业普遍认为，使用"海易兑"系统不见面提交申报和审批，提升了惠企政策直达企业的透明度和公平性，大幅压缩了申报过程中的人工成本和时间成本，实现了惠企资金安全高效兑现，企业的获得感、幸福感也明显增强。

（二）一门一网，实现惠企政策服务集中管理

一是服务企业方面，只需登录"海易兑"一个系统即可全面查询惠企政策并申报相关资金，实现全流程闭环管理，有效解决以往政策发布渠道分散、申报入口不统一问题，变"多门申报、分散管理"为"一窗通办、全面统筹"。二是服务政府方面，建设全省统一的管理系统，加强了各市县、各部门横向到边、纵向到底的工作协同，助力政策管理"提质"，推动政策落地"加速"，并且避免了重复建设，真正贯彻落实了省政府"平台之外无系统"的有关要求，提高了政府资源利用效率。

（三）主动推送，发挥优势实现政策主动找企业

"海易兑"系统充分发挥海南自贸港优势，助力企业发展。惠企政策平台基于企业基本信息，结合企业画像系统，为新设立的企业推荐相关惠企政策，让在海南开设的企业第一时间享受到海南自贸港的政策红利。通过企业信息数据与政策标签进行匹配，将企业需要的政策主动推送并通知企业，从"企业找政策"变成"政策找企业"。

（四）助企纾困，惠企政策阳光、精准、科学

惠企政策事项资金兑现结果数据回流，申报审核流程形成闭环，办理过程全留痕、可追溯、可查询，政策落地过程公开透明，全过程"阳光"下运行。

三、经验概括

（一）模式创新探索，系统建设新"海南模式"

"海易兑"系统作为海南省首个全面应用"一中台双平台"能力的业务系统，对接"双中台—海易办平台"提供的标准用户对接、消息对接、办件对接标准、扫码、刷脸、定位等能力；对接"双中台—海政通平台"提供的多端协同、统一身份认证、API 开放、管理工作台等能力。海南自由贸易港特有的惠企政策兑现系统，是探索海南信息化建设全面应用"一中台双平台"能力的新模式，大幅提升了市场主体的获得感和政府部门的审批效率。

（二）建立统一标准，落实政策梳理规范

一是建立政策梳理的规范制度，完善政策标签体系，下发《"海易兑"政策梳理规范》。围绕政策梳理标准、发布规范、标签管理等内容，规范政策主管部门人员统一使用"海易兑"进行政策事项发布。二是指导各政策业务部门实现标准化流程改造，逐步实现申报表单标准化、审核时限统一，从而构建标准统一的政策规范体系流程。

（三）数据共享共用，促进服务效能提升

通过跨部门数据信息共享，促进资金传统审批模式转变，提升审批效率；通过"物流式"查询服务，打造"玻璃式"政府内部办理"窗口"，让审批情况和进度"可查询、可跟踪"，促进政府服务管理模式变革，提升服务社会效能；通过补贴发放数据汇集、分析及应用，实现"数据反哺"，为评估财政资金投向绩效、优化财政支出结构提供帮助。

（四）赋能政府服务，营造共建共治共享的社会治理格局

系统通过搭建多维数据资源共享信息库，形成全覆盖信息查询网络，为各项目受理审核部门提供客观全面的企业资质和申报条件判断依据，解决了部门在政策扶持资金管理方面的痛点和短板。同时，这些信息互联、资源共享，不但提高了项目评审的效率，还能确保资金审核结果的公信力，促使各类产业发展政策根据社会反馈修正完善，实现精准发力，从而引导相关产业加快壮大和健康发展。推动产业结构布局更趋合理，实现区域协调发展，构建起共建共治共享的社会治理新格局，最终形成强有力的地区竞争优势。

（五）全面推广运营，用户量增长呈现"滚雪球"效应

为促进"海易兑"系统推广应用，"海易兑"开展了一系列多渠道推广运营工作。一是建立政策"上线即推广"的机制，在"海易办"APP、微信公众号、微信视频号及微信朋友圈等平台进行政策推广，累计推送覆盖用户超百万用户；二是创新上线海南"地点码"界面广告，介绍系统从注册到申报资金的流程，日均访问量超 5 万人次，通过地点码转化"海易兑"用户 70 余万，系统累计曝光超千万人次；三是联合省营商环境专班开展"营"在自贸港——助企纾困财政奖补政策专场直播，通过直播方式向企业主推荐系统及助企纾困政策，直播在线人数超 80 万观看。截至目前，"海易兑"系统已有企业和个人主体注册用户近 80 万，系统知晓度和使用度不断提升，更多企业通过"海易兑"享受到了政策红利。

四、启示借鉴

"海易兑"系统作为海南省首个全面应用"一中台双平台"能力的业务系统，是全省统筹惠企业务的服务系统。作为海南省优化营商环境的又一项重大关键举措，系统建成后，在海南省内全面推广使用，深受市场主体用户好评。

在建设模式上，"海易兑"系统充分探索应用"一中台双平台"能力，与海南国际投资单一窗口系统、E登记等系统对接，建设成极具海南自贸港特色的"海南模式"。"海易兑"系统通过做到"三个坚持"（一是要坚持企业需求导向，最大程度惠企利企。二是要坚持统筹协作，形成建设运维工作合力。三是要坚持边使用边完善，加快系统迭代升级），给省内其他探索应用"一中台双平台"能力建设的业务系统提供了相关的规范标准，助力海南自由贸易港信息化建设。"海易兑"系统的建设在降低企业制度性成本方面起到了强有力的支撑作用，为企业积极申报政策扶持资金并用好资金提供了一个便捷、高效的渠道，真正实现为企业申报财政资金、用好扶持政策赋能，让财政资金能充分发挥其最大的社会效益。

接下来，海南省将继续做好系统建设和推广应用，健全惠企政策兑现工作机制，不断探索惠企政策直达企业模式，推进惠企政策全线上办理，推动区块链、大数据等新一代信息技术在惠企服务领域的应用，推广"免申即享"、惠企政策地图、智能审批等创新模式，不断提升企业和群众的获得感，助力海南自由贸易港营商环境的不断优化。

第三节　案例17／济南市"在线帮办"
精准提升企业群众办事"两度"

近年来，随着政务服务事项网办深度不断增强，企业群众办事呈现实时咨询、随办随问的特点。为进一步深化"放管服"改革，着力推进政务服务标准化、规范化、便利化，济南市整合各级各部门咨询帮办服务资源，运用大数据、人工智能、机器学习等新技术，搭建集智能回复、实时会话、远程协助、桌面共享、地图导航、在线预约功能于一体的政务服务"智惠导服"平台，为企业群众提供 7×24 小时"人工＋智能"智能化精准导服，成为推进"不见面审批"、提升"一网通办"服务能力的有力举措，企业群众办事效率大幅提升。

一、案例简介

党的十八大以来，党中央、国务院持续深化"放管服"改革，加强服务型政府建设，着力提升"互联网＋政务服务"水平，创新便民利企审批服务方式。随着信息化、数字化等技术的发展，企业群众办事"未办先问、随办随问、全程互动"需求愈发明显，政务咨询帮办服务为企业群众办事提供事前服务，是增强政务服务便利度，助力"不见面审批"的重要途径。

近年来，济南市以数字化改革助力政务服务效能迭代升级，加快构建从基础支撑、核心技术到行业应用较为完整的人工智能产业链，打造"智慧政务"服务体系，推进"互联网＋政务服务"深度融合，广泛利用科技发展的带动效应，着力推进系统整合共享、融合应用，网上政务服务能力持续提升，为"智惠导服"平台研发推广提供强有力的技术支撑。

一是有利于提升在线帮办服务效率。企业群众办事诉求愈发多元化，原有的咨询导服资源分散、方式单一，存在服务方式不规范、人员力量不足、服务效率低下等问题，无法满足企业群众的办事咨询需求，导致企业群众知晓度不高、获得感不强。因此，建设"智惠导服"服务体系能够充分利用现有的实践经验，促进资源有效整合，提升帮办服务效率。

二是有利于强化"一网通办"服务能力。济南市市区两级政务服务事项网上可办率达 95% 以上，但因网上办事指导能力不足，推进网上办理的成效不明显。搭建"智惠导服"平台，能够有效整合服务资源，形成语音、视频、图片、在线指导复合型帮办模式，解决以往电话沟通指导不直观、不全面、不流畅的问题，实现政务服务咨询与网上办理有效衔接，切实提升网上政务服务能力。

三是有利于拓展城市治理内涵。城市治理涉及城市规划、居民住房、交通、环境卫生、便民商业、政务服务等各个领域，其中政务服务决定了城市居民生产生活的便利性、舒适性，也是营商环境建设的重要内容，更是拓展数字化、智慧化技术应用的主战场。打造"智惠导服"平台能够聚焦企业群众需求，进一步拓展智慧化城市创建的应用场景，推进治理能力和治理体系现代化，切实增强企业群众对城市治理的满意度。

二、案例举措

（一）主要内容

通过建立全国首个"智惠导服"平台，融合咨询、帮办、受理、办理于一体，实现高频政务服务一次办好，并与一体化政务服务自助终端、"智享地图"平台、统一预约平台等政务服务体系融合互通。

1. 搭建全国首个"智惠导服"平台

平台集在线咨询服务、远程帮办申报、"咨询 + 受理 + 办理"于一体，上线智能回复、在线会话、语音通话、远程协助、桌面共享、工单转办、在线帮办、预约帮办等功能，为企业群众提供 7×24 小时"人工 + 智能"线上咨询帮办服务。建立"三级三类"工作推进机制，在市、区县、街镇设置应答、主办、督办岗位，搭建三级考核评价指标体系，保障诉求有效解决。在微信公众号、济南政务服务"一网通办"总门户、"爱山东·泉城办"APP 等多平台设置"智惠导服"入口，扩展多渠道咨询入口，提升服务便利度，"智惠导服"平台服务简易流程图见图10-3-1。

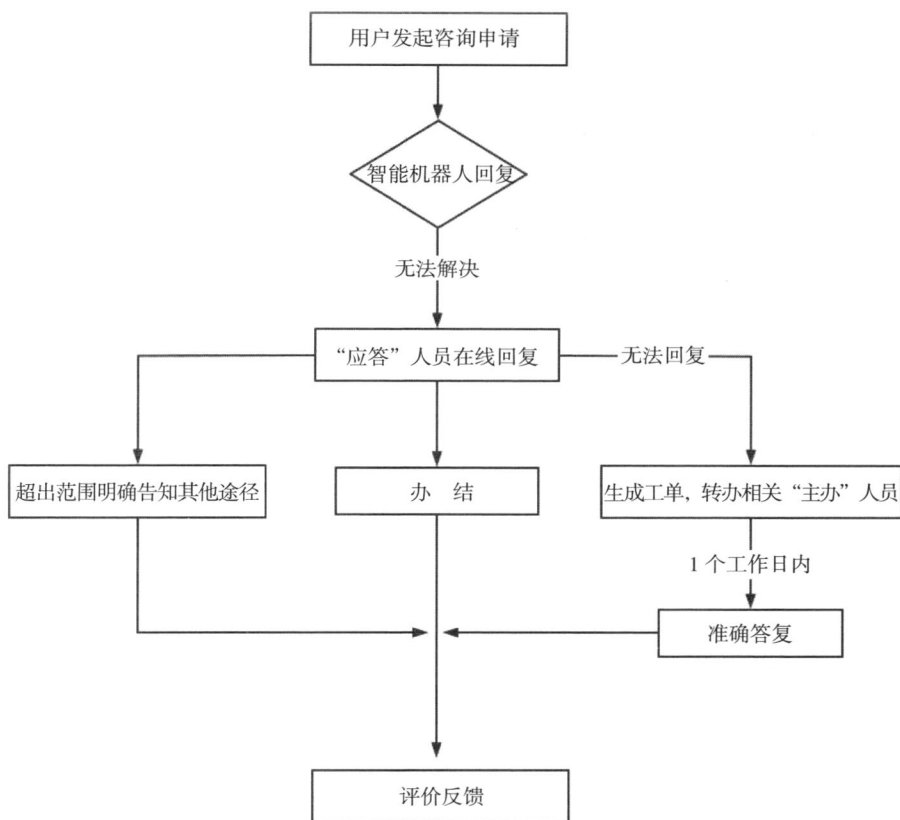

```
            ┌─────────────────────┐
            │   用户发起咨询申请    │
            └─────────────────────┘
                      │
                      ▼
                  ◇─────────◇
                 智能机器人回复
                  ◇─────────◇
                      │
                   无法解决
                      │
                      ▼
   ┌──────────────────────────────────────────┐
   │         "应答"人员在线回复      ──无法回复──┐
   └──────────────────────────────────────────┘
   │              │                            │
   ▼              ▼                            ▼
┌──────────┐  ┌──────┐          ┌─────────────────────┐
│超出范围明确│  │ 办 结│          │生成工单，转办相关"主办"│
│告知其他途径│  └──────┘          │       人员           │
└──────────┘                     └─────────────────────┘
                                         │
                                     1个工作日内
                                         │
                                         ▼
                                   ┌──────────┐
                                   │ 准确答复 │
                                   └──────────┘

            ┌──────────┐
            │ 评价反馈 │
            └──────────┘
```

图 10-3-1 "智惠导服"平台服务简易流程图

2. 实现"咨询＋受理＋办理"一次办好

一是设计智能问答知识库。覆盖市、区县、街道（镇）、社区（村）3200余项依申请政务服务事项及惠企政策，梳理高频问答知识库5.6万条，拆分搜索关键词2.2万条，实现企业群众"随办随问、精准推送"。二是咨询端随问随答，审批端一次办好。"企业群众发问，导服立即响应"，导服人员实时在线解答，指导企业按照标准准备材料，在专网提报后一次审批通过，实现一次办好。三是实现高频事项"套餐式帮办"。梳理"我要开餐饮店、便利店、理发店"等高频事项，定制"办事攻略"和"图文指南"，实现企业群众通过"扫一码"即可由帮办人员完成事项办理。

3. 实现政务服务体系融合互通

一是与一体化政务服务自助终端深度融合。在自助终端布设入口，协助开展事项申报，实现市域内通办。二是与"智享地图"平台双向赋能。企业群众通过"智享地图"可连线导服人员，实现"随查随问"，实时推送大厅地址信息，实现"一键导航"。三是与统一预约平台互联互通。企业群众确需到线下办理时，导服人员提供在线预约链接，便利企业群众实时到厅办理，"智惠导服"平台服务融合示意图见图 10-3-2。

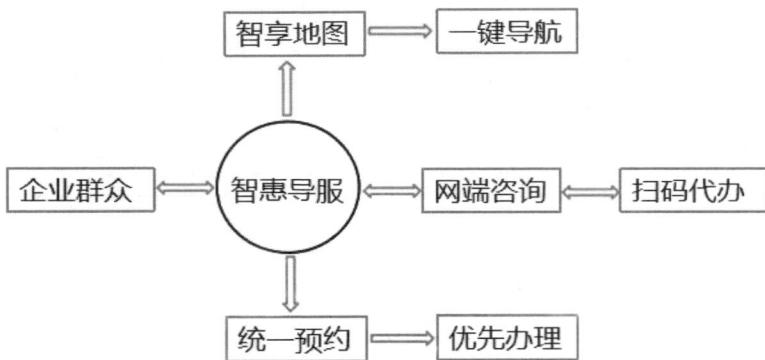

图 10-3-2 "智惠导服"平台服务融合示意图

（二）主要做法

1. 健全工作机制，筑牢平台运行基础

一是梳理政务服务知识库。依托政务云平台联通政务服务事项管理系统，将全市 3200 余项政务服务事项全部纳入平台一体化管理，实现政务服务事项办事指南同步更新、实时调用。围绕办事指南简易化、惠企政策解读通俗化、操作指导视频化、个性问题处理人工化，聚焦企业和群众咨询频率较高的热点问题，梳理形成 5.6 万条标准化问答知识库，针对不同

场景，定制导引版"办事攻略"和"图文指南"。依托深度学习和神经网络，提升智能匹配算力，拆分搜索关键词 2.2 万余条，构建知识图谱，实现企业和群众"随办随问、精准推送"。

二是组建"人工＋智能"导服队伍。将线上线下咨询帮办服务资源集成到现有政务服务的各个互联网应用场景中，一方面通过人脸识别、图像识别、语音识别与合成、语义理解、远程控制等人工智能技术，对政务服务的办事指南讲解、高频问题交互式问答等典型场景，提供全新智能人机交互体验式服务。另一方面，建立健全人工服务联动机制，整合市、区县、镇街三级 620 余个部门帮办咨询服务资源，在平台设置"应答""主办""督办"岗位，配备包括 1800 余人的导服人员队伍，按照不同岗位的职能确定工作人员职责，"应答"人员实时回复企业和群众对智能机器人答复不满意的问题；"主办"人员解答深度咨询问题；"督办"人员负责督促"应答""主办"人员及时回复、帮办，保障平台高效运行。

三是强化日常监督管理。坚持"企业群众发问，导服立即响应"原则，形成了"横向协同、上下联动"工作模式，确保不同层级、部门"应答""主办""督办"间的高效衔接。编制三级考核评价指标体系，将政务服务"智惠导服"平台建设纳入高质量发展考核，通过"周分析、月通报、年考核"，从响应率、满意率、整改率等维度评价各级各部门办理情况，提高平台运行质量和效率。同时，制定平台数据安全保护制度，强化平台数据安全管理，筑牢安全屏障，切实保护企业和群众的信息安全。

2. 拓展服务方式，提升平台帮办服务能力

一是"远程协助"指导服务。基于数字化服务体系建设，平台除提供智能问答、人工咨询服务外，重点打造了远程协助、桌面共享、语音通话等线上帮办服务功能，通过音视频服务、数据交互、信息共享等技术支撑，提供"一对一""面对面"远程指导服务。平台与山东省统一身份认

证系统对接，简化注册认证程序，企业和群众进行统一身份认证后，自动携带办事历史信息，极大提升了线上帮办服务效率。同时，打造"智惠导服"平台入口矩阵，在各级政务服务网、微信公众号、"爱山东·泉城办"APP 等多渠道布设咨询入口，提升服务便利度。

二是"在线帮办"定制服务。开通"在线帮办"服务专区，与企业开办、投资建设、资质准入等领域高频申报类事项相关的导服人员实时在线，利用区块链技术，实时交互办事信息，集成整合电子营业执照、电子印章等数字化资源，企业和群众通过"问一事""填一表""扫一码"，实现"领多证"，全面提升"不见面审批"服务能力。同时，当企业和群众网上申报遇到多部门间配合协作的复杂问题时，牵头部门根据企业和群众诉求，主动对接相关单位，组建专家辅导团队，利用平台开展"专家会诊"，提供"纾困解难"定制服务，切实提升企业和群众满意度。

三是"协商预约"定时服务。为满足企业和群众对办事时间的差异化需求，平台开通"协商预约"帮办服务，进一步优化预约帮办服务流程，畅通预约服务渠道。企业和群众提交预约帮办需求工单，导服人员接单后，在约定时间，企业和群众可与导服人员远程通话，快速完成有关事项的咨询和申报。

3. 延伸服务触角，融合线上线下一体化服务体系

一是线下办事统一预约。将全市各级各类政务服务中心预约服务资源全部纳入平台一体化管理，统一预约服务规则，实现市、区县、镇街政务服务事项 7×24 小时"一网通约"。建立首约负责制度，导服人员通过预约信息提前知晓企业和群众诉求，主动对接靠前服务，开展"事前预审"帮办服务，提高申报材料精准度和成功率。同时，通过预约平台信息数据与云端信息共享，有效引导企业和群众选择线上渠道办事，彻底清除"跑腿环节"。

二是"智享地图"一键导航。平台与"智享地图"模块双向赋能，企业和群众咨询问题时，智能推送政务服务中心地址、电话等相关信息，实现"一键导航"。"智享地图"汇集医疗卫生、户政车辆、民政救助、文化旅游、市政服务、法律救援等 10 余个领域的 1.3 万个地址信息，企业和群众利用"智享地图"查询时，可实时连线导服人员，实现"一键联通""随查随问"。

三是"自助服务"一机办多事。拓展自助终端数字化应用范围，平台同时布设在一体化政务服务自助终端，通过远程协助指导企业和群众利用自助终端办事。目前，济南一体化政务服务自助终端已集成各领域功能 190 余项，布设 500 余台，在镇街和城市主要社区实现全覆盖，极大提升了政务服务便利度，真正实现了企业和群众办事"就近办""自助办""零跑腿"。

三、案例成果

该模式具有全国首创性，推动全市各级各部门帮办咨询服务资源高效聚合，进一步创新网上办事指引服务，打出"可查、可问、可约、可导航、可自助"组合拳，大幅提升政务服务在线咨询能力，引导企业优先选择线上渠道办事，网办率明显提高，实现高频事项一次办好，群众满意度显著提升。2022 年 7 月 18 日，国务院《政府职能转变和深化"放管服"改革简报》（第 208 期）专题刊发《济南市高效整合线上线下资源打造政务服务"智惠导服"平台，大幅提升企业和群众办事效率》，推广济南市在线咨询帮办典型经验做法。2022 年 11 月 10 日，山东广播电视台《数字强省》专栏宣传报道济南市政务服务"智惠导服"平台建设经验。

（一）办事咨询更加顺畅

该模式为企业群众畅通了线上办事咨询辅导渠道，有效解决了以往办事电话沟通不畅、语音指导不直观、咨询申报脱节等问题，企业群众只需动动手指即可实现"随办随问"，满意率达100%。同时，平台成为掌握企业群众办事诉求的主要渠道之一，通过分析平台运行情况，为保障政务服务供给提供参考依据。

（二）网办效率明显提高

在引导企业群众优先选择线上渠道办事方面成效显著，通过导服人员有效指引、帮办辅导，使企业群众乐于、善于通过"网上办""掌上办""自助办"等方式在线办事，全市政务服务事项网上可办率达99.12%。

（三）满意度显著提升

"智惠导服"平台上线以来，社会认可度不断增强，帮办服务能力持续提升，解决了以往企业群众办事电话沟通不畅、语音指导不直观、咨询申报脱节等问题。截至2022年10月31日，共为企业群众提供咨询102.27万件，满意度显著提升。

（四）城市治理能力不断强化

该模式全面运用人工智能技术，推进治理理念向社会服务型转变，打破部门限制，实现体系化、协同化治理，在治理模式上达到信息互联、资源共享，在治理效果上体现低成本、高效率。除整合帮办资源外，"智惠导服"平台有效汇聚了政务服务信息流，全面掌握企业群众办事诉求，协助做出科学的决策判断，提升了城市治理水平。

第四节　案例18／天津经开区打造首个国家级经开区"跨省通办"模式

推进政务服务"跨省通办"，是转变政府职能、提升政务服务能力的重要途径，是畅通国民经济循环、促进要素自由流动的重要支撑，对于提升国家治理体系和治理能力现代化水平具有重要作用。近年来，党中央、国务院陆续出台审批有关服务便民化、"互联网＋政务服务"、优化营商环境等的一系列政策文件，各地区各部门积极开展政务服务改革探索和创新实践，政务服务便捷度和群众获得感显著提升，但企业（包括个体工商户、农民专业合作社，下同）和群众异地办事仍面临不少堵点难点问题，"多地跑""折返跑"等现象仍然存在。

为深化"放管服"改革，进一步优化政务服务，2020年9月，国务院办公厅印发《关于加快推进政务服务"跨省通办"的指导意见》（简称《指导意见》），旨在依托政务服务平台打通业务链条和数据共享堵点，推动政务服务事项实现"跨省通办"。2020年12月，天津市人民政府办公厅印发《天津市加快推进政务服务"跨省通办"工作方案的通知》，对"跨省通办"进行具体工作部署。基于此背景，天津经开区就跨省通办开展了一系列相关工作，并取得一定成效。

根据国家、天津市的工作要求，结合国家级经济技术开发区的产业特点和企业需求，在逐步落实建立工作机制、设置通办专窗、培训工作人员和加大宣传力度的基础之上，经开区政务服务办与北京经开区积极对接、共同研究、协同推进，于2021年3月正式制定国家级经开区之间"跨省通办"的服务模式和工作流程，并签署合作协议。在"跨省通办"事项选择方面，两地并未局限于《指导意见》的140项政务服务事项范围，而是聚焦两地服务对象实际需求和政务服务工作模式，在国家清单基础上，额外选取了办件量较大、业务基础较好且符合企业居民异地办事需求的20个事项，纳入天津、北京经开区"跨省通办"事项清单，后期将根据企业实际办事需求分批次扩充，并结合两地工作实际，将"全程网办"和"代收代办"作为目前阶段的主要通办模式。

依托前期工作基础及成功经验，进一步拓展"跨省通办"的广度与深度。2021年8月，天津经开区与北京经开区、广州经开区建立全国首个国家级经开区之间的"政务服务改革创新合作联盟"，在全国首开多地企业类政务服务事项"跨省通办"联动模式之先河，涵盖企业登记、生产经营、特种许可、人力资源服务等领域的268项政务服务事项，在京津穗三个国家级经开区之间实现"跨省通办"，惠及三地34万余家市场主体。

2021年11月，天津经开区与北京经开区等京津冀地区14家国家级经开区举行线上启动仪式，正式建立"京津冀三地国家级经开区优化营商环境改革创新合作联盟"，既是三省市深入贯彻习近平总书记关于实施京津冀协同发展战略的重大决策，落实《国务院关于推进国家级经济技术开发区创新提升打造改革开放新高地的意见》的具体实践，也是三地探索政务服务跨地区、跨部门、跨层级数据和业务协同共享的最新成果。联盟建立后，各经开区之间将陆续建立产业协同共建共享、政务服务互通互办、放管服改革互学互鉴、人才干部互派交流四大合作机制，推动联盟成员间的政务服务"跨省通办"；以业务座谈、高峰论坛作为活动载体，总结经验、互学互鉴，并聘请权威专家，从落实国家战略、推进"放管服"改革、强化产业协同等方面，为各经开区发展建言献策。"借协同之势，聚发展之力"，进一步惠及三地企业，释放改革红利。

　　上述工作自开展以来，在一定程度上解决了企业、群众异地办事的堵点难点问题，减少了"多地跑""折返跑"等现象。目前，这些工作已分别被 CCTV4、《人民日报》和 CCTV13 等中央级新闻媒体正面宣传报道。一是经开区政务服务办与北京经开区行政审批局、北京经开区政务服务中心签署《北京、天津经开区推进政务服务"跨省通办"授权协议》，正式推出国家级经开区"跨省通办"工作机制，见于 CCTV4《今日环球》栏目（2021 年 3 月 11 日）；二是天津经开区与北京经开区、广州经开区携手建立全国首个国家级经开区之间的"政务服务改革创新合作联盟"，在全国创新多地企业政务服务事项"跨省通办"联动模式，见于《人民日报》（2021 年 8 月 10 日第 6 版）；三是天津经开区与北京经开区等京津冀地区 14 家国家级经开区建立"京津冀三地国家级经开区优化营商环境改革创新合作联盟"，见于 CCTV13《朝闻天下》栏目（2021 年 11 月 26 日）。

第十一章　无感监测　创新监管体系

第一节　案例 19／河北衡水：标准引领 创新风险管理服务

河北省衡水市行政审批局以国家级社会管理和公共服务综合标准化试点为基础，试点领域为行政许可审批服务，力图通过行政审批标准化试点建设，实现行政许可的可量化、可操作、可考核、可预期，最大程度规范审批人员自由裁量权。

一、典型做法

（一）引入 SOP，实施深度标准化

借鉴工业企业 SOP 管理的成功经验，将 SOP 引入行政审批领域，通过对每个行政许可事项中各个环节、各项活动的关键要素的精准控制，实现行政许可流程管理标准化。将审批业务分解到最小单元，推进行政许可深度标准化工作。将审批事项按照主项、子项、情形进行分解（比如第三类医疗器械经营许可，分为核发、延续、注销、补发、登记事项变更、许可事项变更 6 个子项，许可事项变更又包含了经营场所变更、库房地址变更、经营范围变更、经营方式变更 4 个情形），对每种业务情形按照输入、

输出、活动、要点、角色、说明 6 个要素进行分解和编写。通过深度标准化工作，将所有审批人员掌握的业务进行规范整理，写到标准里，为推进前台综合受理工作提供有效支撑。通过深度标准化工作，对每一种业务情形的办理流程、办理材料、办理时限进行压减，从而简化审批。通过深度标准化，共有 120 个事项的 355 类业务情形实现了压减，其中 62 个业务情形由原来的审慎审批压减为一审一核，310 个业务情形审批时限进行了压减（平均压减 10.13 个工作日），178 个业务情形要件材料实现了压减（平均压减 6.79 件）。

（二）引入风险管理，实施全流程标准化

行政审批局划转了 24 个部门的 261 项行政许可事项，行政权力集中，积极探索"一枚印章管审批"模式下的风险管理体系，这也是标准化工作重点研究的课题。因此，我们特别将服务风险管理标准列为服务提供标准体系的重要组成，并邀请专家进行专门的风险管理培训。在具体实施过程中，一是建立了以"四分离"为基础的标准化审批流程。实行审批与受理分离、审批与现场勘察分离、审批与中介服务分离、审批与制证分离，建立了从一窗受理到中介服务、现场勘查、制证送达、案卷归档全流程的标准体系。通过"四分离"实现权力制衡。二是建立风控平台，防范服务风险。对现有综合受理平台进行改造，对跑办次数、补正补齐、不予许可、不予受理、满意度评价等数据进行重点监控，对多次取号、多次补正补齐等异常数据进行及时督导核查。三是将 MOR 风险控制理论引入流程管理。实现对审批中各项活动风险的有效识别和科学有效应对。四是建立了自动巡查系统。实现了对审批人员全过程实时音频、视频记录，并实现了对风险的自动识别，发现异常，系统会自动报警。

（三）信息支撑、动态管理，确保标准有效实施

探索将信息技术引入标准化管理，打造数据立方体，通过在最小业务单元和最小数据单元之间建立 E-R 关联关系，探索建立清单、材料、证照管理系统，实现事项库、证照库、材料库的自动化动态调整、各要素同步更新，有效解决"再次梳理""反复梳理"等难题。强调标准化与审批平台的结合，按照"五个协同"的原则，把标准录入到系统，用系统的"刚性"确保标准的落实。

二、经验成效

一是审批生态全面优化，办事效率大幅提升。在试点过程中，利用标准化工作思路和方法，实现了工作环节的无缝衔接，建立了稳定有效的工作秩序，解决了业务服务过程中的难点和盲点，审批耗时大大缩短，审批时限压缩率 46.1%，网上可办率达到 100%，群众满意率高达 99.99%。企业开办通过"全程网办"，实现了"一次不用跑""不见面审批"，企业开办实现了"半日办"。工程建设项目全流程审批，政府投资类和社会投资核准类、备案类项目从立项到取得施工许可的审批用时，分别压减至 20、20、15 个工作日以内。带方案出让土地工程建设项目从立项到开工审批时限不超过 15 个工作日，社会投资简易低风险项目从立项到开工审批时限不超过 14 个工作日；社会投资一般工业厂房（仓库）类项目，从立项到开工审批时限不超过 20 个工作日。通过实现"一窗受理"，做到了让老百姓"来一个窗口，办成所有事"。取消全部复印件，推出"周六周日不打烊"服务，企业和群众的满意度不断提升。

二是审批服务精细把控，智能水平大幅提升。实现高频事项"就近办"。推动高频事项就近办理及政务服务集成自助终端布设，全市共布设政务服务自助终端 31 台（含利旧设备 10 台），布设"政务服务·裕农通"1940 台，基层自助服务水平大幅提升。实现高频事项"网上办"。实现市一体化平台向乡村两级延伸及基层电子证明网上办理，网上可办率达到 100%，共产生办件 4058 件，开具基层电子证明 730 余份，有效减轻了基层人员跑办、代办工作负担。实现高频事项"掌上办"。推进公安、医保、人社、公积金等部门现有移动端应用向"冀时办"迁移，不断提升移动端承载能力，已上线"冀时办"便民应用 180 个，其中办理类 41 个，查询类 139 个，政务服务"掌上办"能力大幅提升。实现高频事项"自助办"。配合省政务办有序推动住建、人社、水利、医保、税务、民政、市监、公安、不动产、公积金等 64 项民生领域高频事项接入政务服务智能终端，自行收集、梳理高频特色应用事项 58 项接入 12 政务服务集成自助终端，进一步扩大了自助办服务范围。

三是工作氛围日益浓厚，人员素质大幅提升。随着试点工作深入开展，通过标准编制、标准实施、监督检查等工作，培养了一批掌握标准化工作方法、有较强逻辑思维能力和文字表达能力的标准化专兼职人员。整个氛围正在从"要我标准化"向"我要标准化"转变，素质高、主动性强的标准化人才队伍正在逐步建立。在推行标准化过程中，建立健全了岗位工作标准，基本杜绝了"乱作为""不作为""慢作为"现象；在窗口服务方面，工作人员统一亮牌、配证上岗、热情服务；在事项办理方面，每个事项都有明确、清晰、条理的工作流程，责任部门、办理条件、受理范围、申请材料、办理时限等一应俱全。标准的实施大大减少或避免了工作的随意性、盲目性，实现了由经验型服务向标准化服务、由"人治"到体系化管理的转变，大幅提升了政务服务规范化水平。开展标准化试点建设以来，衡水市行政审批局获得了省委、省政府授予的"河北省先进集体"，中华全国妇女联合会授予的"全国三八红旗集体"，以及"全国优秀政务大厅服务优化奖""河北省优化营商环境推动高质量发展'先进集体'"等多项荣誉称号。

第二节 案例20 / 绵阳市创新监管体系
打造"营商环境监测平台"

营商环境作为参与竞争与合作、开展国际交流的重要依托，是提高市场竞争力的客观要求，是激发市场活力、推动经济转型升级的关键所在，对区域经济发展具有重要影响。为加快推进优化营商环境工作进度，持续深化四川省绵阳市"放管服"改革，打造市场化、法治化、国际化的营商环境，绵阳市借助大数据等技术手段，开发建设"绵阳市营商环境监测平台"。

按照指标数据"可监测、可追溯、可分析"的原则，结合国、省"放管服"改革要求和营商环境评价内容，监测平台充分挖掘业务系统数据的监测价值，以大数据、可视化等技术手段替代传统营商环境评价，构建了智能分析、工作任务、营商智库、智慧集数、问卷管理、数据资产、营商培训、系统管理八大子模块，实现了在线核验、督查督办、智能监测、企业诉求分析等功能，有效提升了营商环境动态监测效能。

一、企业样本全量挖掘

通过数据共享、数据对接、数据爬取等方式，获取营商环境各指标企业实际业务办理情况的全量数据，解决传统评价中随机样本及低样本量现状导致的数据偏差问题，同时通过挖潜数据价值探索更精准的分析维度，有力推进传统评价的"样本数据"向实时监测的"全量数据"转变，从而更加全面、更高层次、更加精准地观察营商环境发展现状。

二、指标表现连续监测

以国、省营商环境评价指标体系为靶向，每项指标开发建设独立展示页面，根据数据更新周期实际情况进行月更新、季更新或年更新，力求转变以往通过节点数据反映营商环境现状导致的评价结果滞后性问题，实现对绵阳市及下辖各县市区（园区）时间序列数据连续监测的目标。

三、改革成果一屏可见

各指标分别通过"一屏"展示关键数据及改革成果。从展示内容上看，包括重点指标实时监测、时间序列趋势监测、区域表现差异监测、多源数据比对监测、先进城市对标监测、便利度指标监测等细分板块。各部门可通过"一屏"了解营商环境发展现状，同时改革成果"一屏可见"功能与绵阳市持续开展的营商环境深度研究工作会形成相辅相成、相互验证的良性互动氛围。

四、短板问题提前预警

着眼时间序列监测板块，展示重点数据月度变化情况，对奇高、奇低、变化幅度奇异等数据进行突出显示。根据数据变化，实时计算同比、环比等情况，便于及时预警数据反馈的短板问题。着眼区域数据监测板块，展示当前时点下各县市区（园区）数据表现情况，对前沿者与落后者突出显示，实现问题预警、区域归因，便于各指标牵头部门有的放矢、精准督办。

五、政府部门数据赋能

"绵阳市营商环境监测平台"将对不同用户开放，包括市级领导、营商环境总牵头协调部门、各指标牵头部门、各指标责任部门、各县市区（园区）相关部门等，针对不同使用场景实现部门数据赋能。

针对市级领导，通过该平台可实时掌握营商环境月度、季度、年度工作任务完成情况，对提前、如期、延期完成工作任务便于采取差异化管理举措；可实时掌握各指标数据变化情况，对先进案例进行宣传推广，对短板预警进行顶层督办。

针对营商环境总牵头协调部门，考虑到营商环境建设工作涉及部门众多，沟通工作量大、沟通内容无法留存等情况，转变以往仅通过电话、微信等进行沟通的沟通方式迫在眉睫。本平台将通过"工作任务模块"中的任务下发、任务转办、任务督办、任务审核闭环流程进行线上管理；通过"营商环境智慧集数模块"一定程度上减少协调问卷填报与数据更新工作量；通过"优秀案例上报模块"定期征集优秀案例，强化绵阳市营商环境改革历史沉淀，同时避免国家营商环境评价与四川省营商环境评价周期内的材料征集时间短、不全面、质量低等问题。

针对指标牵头与责任部门，通过数据对接、数据爬取等大数据手段，逐渐减少重复填报工作量，实现轻量化填报与高准确度数据日趋平衡的目标。

此外，"营商智库模块"将对国家及省市级政策、先进城市优秀案例等内容进行定期更新，对全体用户开放，为各部门营商环境持续改革赋能。

六、历史资料资产管理

实现营商环境历年考核要点、绵阳市历年参评数据、国家及各省市政策沿革文件、绵阳市改革沿革资料、先进城市优秀案例等内容资产化管理，便于一键调取、实时下载。

绵阳市营商环境监测平台自2022年6月投入使用以来，目前正常运行。该平台充分发挥了加强部门沟通、准确落实任务、强化监督管理等积极作用，深化对营商环境指标数据的分析功能，有利于掌握县市区（园区）营商环境改革的成效，实时动态监测问题整改、工作进展等情况，实现不同时间段数据的比较、可视化等。

在智能分析板块，展示 18 个指标相关的营商环境部门数据和企业满意度分析数据，其中政府端数据涉及 1100 余条，企业端数据涉及 400 余条。开办企业、招标投标指标的部分数据与相关部门实现了数据对接，办理建筑许可、获得电力、获得用水用气、登记财产、劳动力市场监管、政务服务、知识产权创造保护和运用 7 个指标部分数据实现定期导入，其他数据实现定期填报。在工作任务板块，共发放任务 370 条，上报案例 53 个，涉及了 55 个市级部门和 13 个县市区（园区）。在营商智库板块，共分享全国各地标杆做法 400 余项，分享国家、各省（市、区）营商环境相关政策 1500 余条。

有利于促进部门协同，提高行政效率。一方面，搭建相关领导与营商环境统筹部门、营商环境统筹部门与任务牵头部门、任务牵头部门与责任部门的线上沟通桥梁，实现案例上报、问题反馈、建议提报的日常跟踪；另一方面，打破数据壁垒，强化部门协同，加强数据共享，避免数据"沉睡"，切实提高行政效率，实现数据赋能。

有利于优化政务服务，提高施政能力。通过对企业经营全生命周期营商环境的日常监测，便于及时预警，对政策先进性、施政内容与企业实际需求、政策落实效果与企业实际感知等情况及时摸排、及时调整，减少政策滞后性，促进政务服务水平快速滚动式提升。

第三节　案例21／衢州"企业管家"探索"五自"监管服务新模式

近年来，浙江省衢州市以"有感服务、无感监管"为目标，基于省"互联网＋监管"、信用信息等平台，开发"企业管家"应用，探索企业自知、自检、自查、自治、自律的"五自"监管服务新模式，持续强化部门合规指导、企业自主监管、群众社会监督，全力降低企业违法违规概率，打造"企业违法违规率最低城市"。经验做法相继在国办职转办简报、国家公共信用信息中心简报、信用中国等刊发，获得肯定。

一、需求分析

（一）从政府侧看，监管模式需要迭代升级

要推进跨部门联合监管和"互联网＋监管"，实现从职能部门"单打独斗"转变为综合监管、智慧监管。国务院《关于加强和规范事中事后监管的指导意见》等文件，对事中事后监管提出了更高的要求，要求积极探索推进智慧监管，形成大数据监管的一张网。

（二）从企业侧看，监管服务需要优化提升

长期以来，企业作为监管对象，政企监管沟通渠道不畅，对经营中涉及的监管部门、监管事项、监管内容等不知晓。部门监管涉及法律法规过于专业，企业不知晓常见的监管风险点，容易造成非主观故意原因违法违规，日常迎检压力大。同时，监管服务中还存在企业查询档案、开具相关证明手续烦琐、过程漫长等问题。

二、场景建设

（一）总体架构

打造"一码四端四色"架构体系。"一码"是指以国家市场监管总局的电子营业执照"企业身份码"为通道载体，全面归集市场主体名下证照、许可、监管、信用、档案等数据，实现监管服务全流程场景的集中展现应用。"四端"是指执法端、企业端、公众端和政务端。执法端由执法人员使用，可针对性地开展执法检查，或通过远程核查和任务流转，进行"非接触式"线上监管；企业端提供网店地址维护、监管任务自查自治、信用承诺及修复、电子印章管理与在线签章、法律文书送达、无违规记录信用报告下载等管家式服务；公众端为企业提供对外展示、服务互动通道，可在线下单、消费互动、评价举报；政务端为企业打上属性标签，由窗口工作人员使用，授权后可调取企业信息和证照，实现办事免材料。"四色"是指使用"蓝码、绿码、黄码、红码"进行风险预警，蓝色代表已准入准营，经营状态优异；绿色代表已准入准营，经营状态一般；黄色代表已准入但未完全准营，经营较差或存在待办许可事项或轻微提示预警情形；红色代表已准入但未准营，严重经营异常，存在禁止许可事项或严重警示事项。

（二）重点场景

1. 企业自知

建立企业空间，将企业身份码、企业档案、电子证照及许可证等涉企数据汇聚展示，形成监管画像。依托全国电子营业执照应用试点，规范化梳理经营范围和许可证对应关系，取得营业执照后自动形成需办理许可证清单，证照已到期或将到期自动提醒并提供办理链接。企业可查看涉企检查事项清单，部门监管提前告知，并提示高频违法违规行为，提出合规建议，强化企业行政合规指导，推动执法监管向源头治理转变。

2. 企业自检

企业能"一键体检"知晓违法违规风险点，包括证照到期情况、自治任务完成情况、信用评价情况、受到大众负面评价情况等，企业根据自检情况可针对性开展查漏补缺。

3. 企业自查

部门梳理非现场监管事项清单，按照监管规则制定检查表单，将任务推送至企业，企业根据检查表单开展自主检查，并上传相关材料，部门可在线审查企业提交的材料，实现非现场执法监管闭环。

4. 企业自治

企业经营过程中，出现监管部门发现企业存在问题、企业自查材料不符合要求等情况，部门指导企业自行整改，企业上传整改佐证材料，实现自我治理。

5. 企业自律

消费者可以参与大众评价，系统发现评价中出现卫生、环境、价格等方面问题时，能自动预警，并将信息推送执法人员上门核查，以社会监督倒逼行业自律。同时，为企业提供在线信用修复、合规证明开具等监管服务，进一步提升企业对自身信用的珍视。

三、改革突破

（一）涉企服务更便捷

"企业管家"应用为企业一站集成监管任务自查、信用承诺及修复、电子印章管理与在线签章服务、法律文书送达等30余项"管家式"服务。以"企业身份码"实现"身份展示＋身份认证＋意愿确认"集成，建立企业和经办人双向授权的电子证照亮照亮证机制，实现企业监管服务"减材料"。企业开具合规证明，以往需要每个部门至少跑1次，花费几个月的时间，启用企业信用报告（合规记录）替代后，只需要线上提交 1 次申请，3 天以内办结。

（二）监管服务更高效

将"服"做在"管"前面，企业能第一时间了解监管事项详情，发现问题自我整改，主体责任意识得到增强，实现"风险自知、安全自查、管理自治、隐患自改"。以企业自治的方式，市场监管、应急管理、气象等 12 个监管部门上线 54 个非现场监管事项，向企业下发非现场监管任务 6.7 万次，减少不必要的上门核查，推动政府监管方式的改进和监管结果的共享，实现监管向源头化解和事前防范转变。监管过程中，执法人员可扫码了解其最新状态、社会评价、其他部门反馈异常情况，有针对性地开展现场检查，提升监管效能。

（三）政府治理更精准

应用基于省"互联网＋监管"平台架构，以一套技术体系整合事中事后全流程监管业务，实现执法监管一个口径、一个标准，推动 29 个领域纳入跨部门"双随机、一公开"监管（和省级相比增加气象、档案、城市管理、民宗 4 个领域），细化 83 类联合抽查检查对象（和省级相比增加 29 类），增加 159 项权力事项库检查事项，共归集检查对象近 87 万个，全面涵盖机构类主体、自然人主体以及附属类客体等对象，有效积累 36 万条监管数据。监管部门为企业打上属性标签，可通过后台综合管理，精准发布监管提示、自查任务，后续通过监管数据治理、动态数据分析、多维数据挖掘，结合行业专项风险监测模型，实现监管对象行为的预测预警，有效支撑政府决策分析研判从定性到定量的转变。

（四）公众参与更便利

"企业管家"应用推动线上服务领域亮照亮证，为企业提供对外展示、服务互动通道，有网店地址的企业，大众可扫码后通过微信、支付宝等在线下单、互动消费、评价举报等。目前，已在吾悦广场、水亭门等 11 个试点商圈 3300 多家商户开展线下试点，收到群众为企业"打 call 点赞" 150 余万次、为企业星级评价 10 余万次，加快形成了政府监管、企业自治、社会监督的监管格局，构建了政银企社等多方主体共同参与、权责明确、简约高效的社会治理体系。

第四节　案例22／陕西凤县推行"项目审批管家"保姆式服务

针对项目审批分散、事项繁多、流程复杂、耗时较长，建设单位不清楚怎么办，需要提供哪些资料，经过哪些环节等问题，陕西省凤县牢固树立"项目为王"的新发展理念，量身制定印发《凤县工程建设领域"项目审批管家"实施方案》，以项目审批管家"硬举措"，进一步提升营商环境"软实力"。

"项目审批管家"的主要创新点是：坚持线上线下齐步走，充分运用线上审批平台，进一步丰富和细化"前台综合受理、后台分类审批、综合窗口出件"的三步审批流程。建设单位可登录陕西政务服务网或者到县政务服务大厅综合服务窗口，由窗口工作人员负责提供咨询、指导、受理和帮办代办等服务，并可辅助进行网上信息填写，还可以通过"项目审批管家"一码通，随时随地查询项目各阶段涉及的行政许可事项，以及各许可事项的申请条件、申请材料、办理流程和实施单位等信息，做到了项目审批有管家、审批服务"码"上知，为企业营造了省时省力又省心的办事环境。同时，将工程建设项目划分为"4+3"模式的 7 类项目，按阶段分别明确牵头的"项目审批管家"，实行清单化的审批服务。

一、主要做法：强力推行"3737"工作法

（一）坚持三步流程审批，实现流程科学化

坚持线上线下受理齐步走，充分运用线上审批平台，进一步丰富和细化"前台综合受理、后台分类审批、综合窗口出件"的三步审批流程，按项目类别分类制定审批事项清单和审批流程图，实现工程建设项目审批清单化、流程化、科学化。

（二）明确 7 类项目管家，实现服务清单化

将工程建设项目划分为"4+3"模式的 7 类项目，按阶段分别明确牵头的"项目审批管家"，实行清单化的审批服务。对政府投资类项目，细化为政府投资一般类、政府投资改造类、政府投资线性工程和政府投资小型类 4 类项目，按照立项用地规划许可阶段、工程建设许可阶段、施工许可阶段、竣工验收阶段分别确定牵头的"项目审批管家"。对社会投资类项目，细化为社会投资一般类、社会投资小型类、社会投资带方案出让类 3 类项目，按照立项用地规划许可阶段、施工许可阶段、竣工验收阶段分别确定牵头的"项目审批管家"。

（三）落实三位一体责任，实现分工精细化

从牵头抓总、阶段牵头和责任单位三个层面，细化夯实"项目管家"分工，构建一个总牵头、三个阶段牵头单位和七个责任单位的"一三七"三位一体工作格局。县工改办（设在县行政审批局）作为总牵头单位，负责总体组织协调，联合牵头的"项目管家"单位，解决工作推进过程中的困难和问题。县发改局、县自然资源局、县住建局作为各阶段"项目审批管家"牵头单位，负责组织相关单位会商会审、联合踏勘、联合图审，协调处理阶段内有关审批事宜，在承诺时限内及时依法出具审查意见。

（四）坚持 7 措并举保障，实现审批高效化

一是建立审批"管家"台账。围绕全县重点建设项目，主动深入项目建设单位，摸清项目前期进展情况和需求，形成审批管家服务台账。二是实行容缺受理。对符合容缺受理条件的建设项目，全面实行容缺受理，提升审批事项一次办成率。三是加强专家技术指导。以专家顾问团这个技术平台为抓手，为建设单位提供勘查设计、招标投标、联合图审等全流程业务咨询辅导和技术咨询，推进贴心项目管家服务。四是坚持并联审批机制。通过联合图审、联合踏勘、会商会审等措施，强化各单位之间的配合和支持。五是召开联席会议解题。对项目审批中遇到的困难和问题，县工改办及时组织各相关单位召开联席会议，研究解决重大问题，确保项目顺利落地。六是加强业务培训。加强对业务工作人员的常态化培训，经常进行学习研究讨论，对标先进经验做法，不断赋予项目管家审批模式新内涵。七是加强宣传引导。持续做好项目管家审批服务相关政策和行政审批措施的广泛宣传，增强企业知晓率、获得感，获得社会各界的支持，营造良好的舆论氛围。

二、改革成效

经过推行"项目审批管家"，政府投资类项目全流程办理时间从 280 个工作日缩减至 80 个工作日，社会投资类项目全流程办理时间从 230 个工作日缩减至 50 个工作日，社会投资简易低风险工程建设项目办理时间从 180 个工作日缩减至 15 个工作日，为全县企业投资节省了项目管理、融资贷款等费用，为工程建设项目提供了优质、高效、便捷的审批服务，有力促进了重点项目早落地、早开工、早见效，得到了市场主体的一致好评。已对凤县医院医技综合楼、陕西汉和动力电池负极专用铜箔二期、凤州汽车客运站、西豪车城、天一生物医药健康品基地项目、岭南冰雪小镇、县城供水工程等 28 个项目提供了"项目审批管家"服务。比如，

在陕西汉和年产 1.5 万吨动力电池负极专用铜箔项目审批中，对该项目推行"项目审批管家"，运用"拿地即开工"审批模式，15 个工作日内完成了全部工程审批手续，为企业节省融资、银行贷款 2000 余万元，2022 年 6 月该项目正式投产，"拿地即开工"快捷式服务得到了企业高度好评。截至目前，全县共受理工程建设项目审批事项 146 项，办结 146 项，办结率 100%。1—8 月，全县 160 个重点项目全部开复工，完成投资 113.63 亿元，占年度计划投资的 72.5%，超序时进度 5.8 个百分点。

三、经验启示

（一）先破后立整合资源要素

打破传统审批模式，重新确定项目类型，梳理确认符合县域发展的工程建设项目审批事项，划分审批阶段，调整审批方式，为工改工作实质性突破迈出关键一步。

（二）事权集中打通审批通道

由政府审批部门统一承接工改主流审批事项，实行集中办理，打破互为前置，相互制约的瓶颈，实现了工程建设项目从土地供给、项目规划到竣工验收全流程的集中审批。

（三）改革创新建立审批标准

结合县情实际，科学制定并联审批、联合踏勘、联合图审、多评联审等管理制度，确保各审批事项有序衔接、规范运行，有效推动了审批流程优化和标准化。

（四）强化服务确保高效运行

集中一窗受理，对外开展咨询、申办全程服务，加强与企业和群众的互联互动，统筹开展会商会审，完善审查要素保障，提供延时服务，全面提升审批服务能力。

第十二章　数字赋能　打造高质量营商环境

第一节　案例 23 / 从"营商"到"宜商"
——中国信息协会营商环境专委会推出中国营商环境综合服务平台

"中国营商环境综合服务平台"（页面见图 12-1-1）是全国首创的集数据治理与营商管理于一体的可视化全景分析平台，覆盖营商总览、产业营

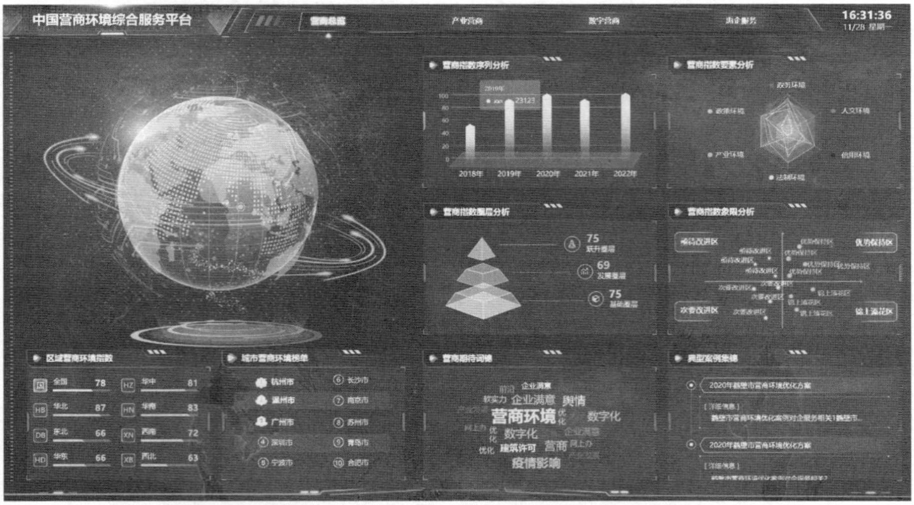

图 12-1-1　中国营商环境综合服务平台"营商总览"分析模块

商、数字营商、惠企服务与园区分析五大场景，全方位展示国内各地营商指数、不同产业营商要素及数字经济发展潜能等"硬实力"与"软环境"。

该平台以对营商环境的业务理解为根，以强大的数据算力为脉，后台设置八大营商环境子系统支撑运行，集合城市运行、政务服务、产业发展等垂直领域政府部门实时产生的管理类数据、经济运行类数据、政策文本类数据、企业诉求类数据、GIS 定位数据等，汇聚形成"数源"底座，激活营商服务"乘数效应"，为高质量发展注入强劲动能，为数字政府建设提供有力保障。

一、子系统一：产业要素规划配置服务平台

"产业要素规划配置服务平台"基于政府对接数据、天眼查数据、GIS 定位数据等，运用系统内嵌的算法模型，分析地区产业营商环境指数及其制度法规保障指数、公共服务保障指数、产业服务保障指数等多维数据。该平台着眼区域维度，挖掘区域核心竞争力，助力错位包装与差异化发展；着眼产业维度，有效识别产业链重点企业，为招商引资提供决策支撑；着眼企业维度，提前预警影响区域企业外迁与资金流出的不利因素，提前介入巩固对企服务。

二、子系统二：产业营商环境优化服务平台

"产业营商环境优化服务平台"重点监测地区重点产业的营商质量，既涵盖市场准入与清算、产业监管、基础设施建设、公共服务平台、产业生态、产业服务、投资建设、生产保障等要素供给表现情况，又关注如生物医药、软件产业、电子制造等战略性新兴产业的阶段性与个性化发展诉求。

该平台着力于实现三个目标，一是扎根产业"解剖麻雀"，从政府看产业，从产业看产业，从企业看产业，基于不同视角观察产业链、产业配

套与产业生态；二是上接天线沿袭国家营商环境指标框架并结合产业特点有效"换血"，构建契合产业脉络，能够与市场主体平等对话的指标体系；三是响应诉求调整要素结构，以"场景化、模块式政策供给"及"产业营商环境发展标准"为研究成果，助力产业营商环境快速优化，"产业营商"及"数字营商"分析模块见图 12-1-2、图 12-1-3。

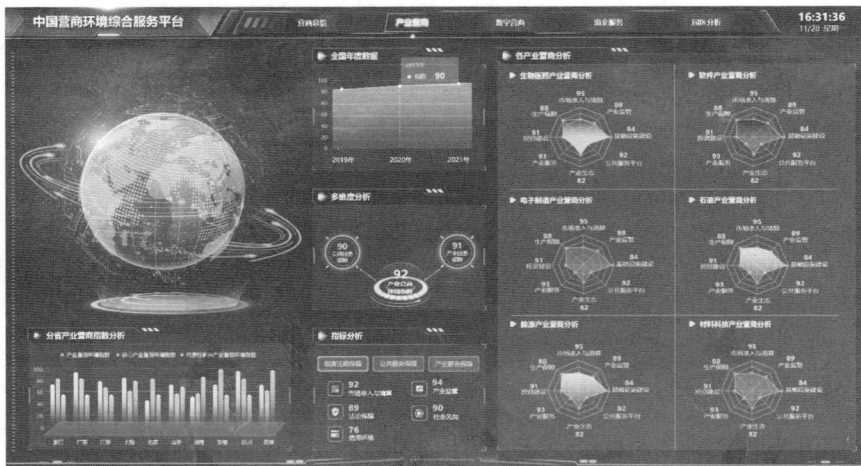

图 12-1-2　中国营商环境综合服务平台"产业营商"分析模块

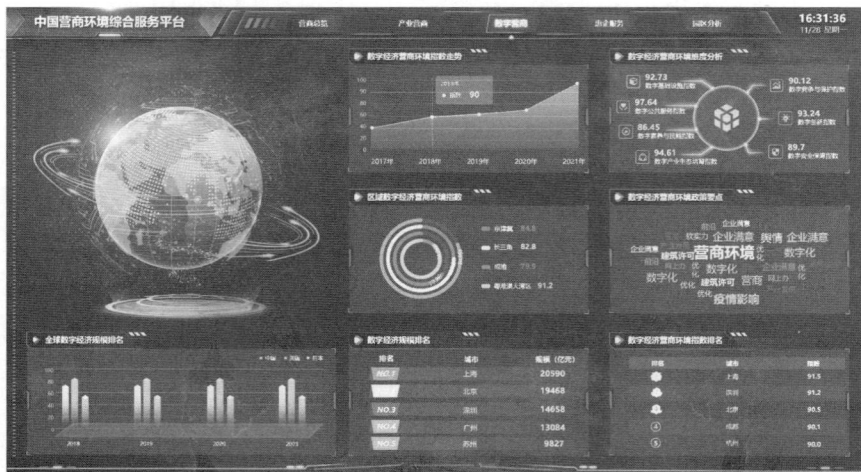

图 12-1-3　中国营商环境综合服务平台"数字营商"分析模块

三、子系统三：重大项目全链跟踪系统

"重大项目全链跟踪系统"从数字化角度发力，将项目筹建诉求从"看不见"的线下流程向"看得见"的线上流程过渡。一是全阶段统筹。针对招商引资全阶段设置多库管理（遴选库、储备库、拟开库、立项库、在建库等），对项目数量、规模、行业、阶段等实时分析，构建全景感知。二是全链条管控。"开工建设链"与"手续办理链""双链"追踪，形成全链感知。三是多主体共商。针对无法定位单一部门的问题，发起线上"特事特办"，绿色通道直达领导协同会商，依托数字手段更好发挥"围着产业转，盯着项目干"的精神，保障重大项目建设无忧。

四、子系统四：园区企业智慧管理系统

"园区企业智慧管理解决方案"重在算法。以产业集群自有数据、政府共享数据、实地采集数据等为基础，以园区运营管理多场景为核心，通过算法分析园区地块数据、厂房数据、企业数据，进而形成闲置厂房分析、企业分级分类分析、特色园区分析、企业达产分析、一企一档分析等，为园区科学高效运营决策提供支撑。

五、子系统五：企业诉求一网统管系统

"企业诉求一网统管解决方案"起点在"汇"，以一网统管平台为核心阵地，通过数据对接、表单传输等方式汇聚分散于各平台的企业诉求，进行集中管理、统一分析与推演预警，培养企业"一站式"使用习惯；重点在"智"，将企业诉求接办部门均纳入服务资源库，持续更新"诉求词条库"，实现机器学习，推进智慧派单与跟踪闭环。

六、子系统六：惠企政策精准触达系统

"惠企政策精准触达解决方案"致力解决惠企政策纷繁冗杂，"酒在深巷无人知"的现实问题。利用政策触达系统，一方面致力于实现由"人找政策"向"政策找人"过渡；另一方面实现政策供给数据的汇集分析，如政策发布趋势、精准推送次数、资金兑付金额等。依托政策标签与企业画像，以政策拆解点为"靶心"，以企业标签点为"准镜"进行智慧匹配，为企业推荐靶向政策，为政府圈定目标受众，根据政策拆解与企业标签情况进行契合度匹配，实现双向感知的靠前服务，平台"惠企服务"分析页面见图12-1-4。

图 12-1-4 中国营商环境综合服务平台"惠企服务"分析

七、子系统七：营商效能动态监测系统

"营商效能动态监测解决方案"覆盖多类应用场景，可实现自主组织营商环境仿真模拟评价；营商改革任务定期督办、全程留痕、绩效考核；

核心数据无感监测、动态预警等应用场景，同时定期汇总营商环境前沿政策与标杆做法供借鉴参考，营商环境相关工作通过可视化平台实现实时调度，以营商环境数字化工具为载体，为政府科学决策与精准施策提供支撑，营商效能动态监测平台的指标分析及督办分析页面见图 12-1-5、图 12-1-6。

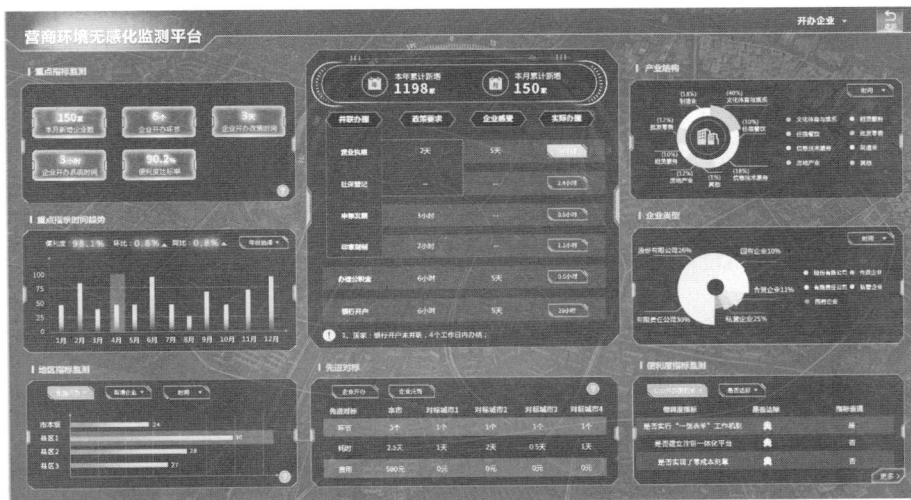

图 12-1-5　营商效能动态监测平台指标分析

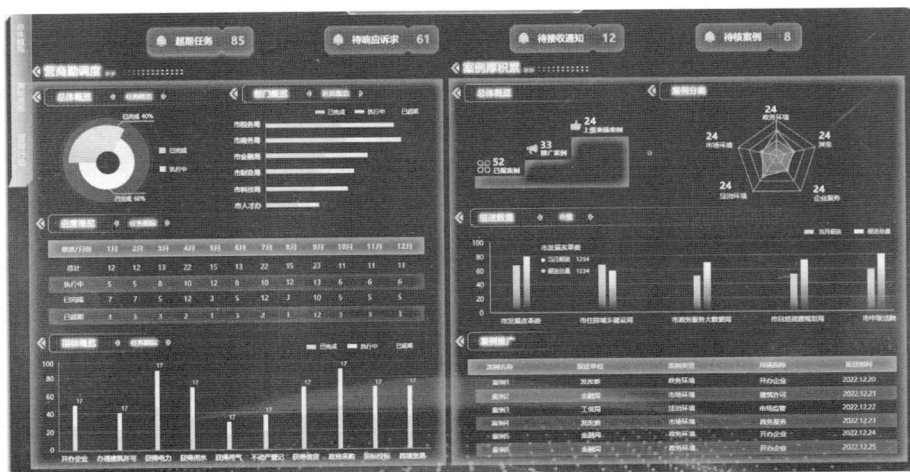

图 12-1-6　营商效能动态监测任务督办分析

八、子系统八：服务标准鹰眼巡查系统

"服务标准鹰眼巡查解决方案"基于"物联网"理念构建，是融合导航定位系统、电子地图 GIS 系统、无线数据传输系统、工作流管理系统、智能算法集成系统于一体的远程智慧点检平台。针对政务服务大厅、服务网点、营业厅等一定程度已具备检核点位的情况，通过随时抽查点位、定时上传反馈、机器智慧核验方式进行日常巡检管理。一方面减少明察暗访工作量，压缩日常督办时间周期；另一方面循序渐进培养基层工作人员自察自纠习惯，将服务标准等细节工作落于日常。此外，每日抽查核验将自动形成简报，实时推送领导，支持交互沟通，智能巡查点检平台抽查结果分析页面见图 12-1-7。

图 12-1-7　智能巡查点检平台抽查结果分析

"中国营商环境综合服务平台"具有"咨询"与"技术"并重的双栖性。脱离对营商环境的研判，脱离业务逻辑和算法所研发的系统平台往往好看不实用；反之，缺乏大数据算力支撑、技术研发支撑与可视化结果

呈现，营商环境研究领域的重要研判也难以直接转化为治理工具。平台将在咨询与技术双向赋能中持续自我革命，为政府部门提供更优质高效的服务。

第二节　案例 24 / 北京海淀区：区块链技术助力市场主体住所标准化登记

为推进市场主体住所（经营场所）登记标准化，进一步激发市场主体活力，放宽市场准入条件，压减市场主体等经济材料，提升登记便利性，北京市海淀区依托海淀政务服务联盟链，构建以海淀区政务区块链平台为数据通道，实现标准化地址在登记中运用的新模式。通过市监局企业数据、区规自委不动产数据、区标准地址信息库数据互联互通以及业务智能协同，减少企业登记材料，激发主体办事效率，进一步促进海淀区营商环境优化，助推经济高质量发展。

一、典型做法

（一）改革理念

依托海淀区政务服务局区块链平台，与规自委不动产登记数据库建立了信息共享机制，打造了房产登记信息共享、在线比对以及产权人在线确认的住所登记新模式。

以企业申请便利、探索许可协同为目标，以部门数据互证、风险有效监管为保障。创新运用区块链技术比对生成存证证书的方式，替代传统纸质住所证明材料，实现市场主体登记阶段材料"双减"。

（二）制度设计

打破传统的准入和监管制度相互独立的格局，建立风险地址负面清单，通过事前校验、事中比对、事后推送等工作机制，形成登管联动的准入监管新格局。

（三）实施机制

建立海淀区住所标准化数据库，与市大数据平台建立不动产登记信息数据共享机制，通过海淀区政务服务区块链平台对市场主体住所（经营场所）登记信息进行智能校验，并生成不可篡改的区块链存证证书即可完成登记，通过登记信息"双告知"工作机制，保障产权人知情权，为监管部门提供工作支撑。

二、实施成效

（一）运用创新能力实现材料双减

以市场主体住所（经营场所）标准化改革试点为支点，搭建住所（经营场所）标准化登记数据库，利用区块链技术实现数据对接和智能校验，帮助企业匹配生成标准化住所（经营场所）地址。推进名称和经营范围登记规范化，建立重点项目企业名称直报通道，全面清理涉企经营许可事项，规范企业登记经营范围与申办经营许可衔接。开展市场准入阶段专项评估，畅通面向市场主体的意见征集和反馈渠道，深入破除市场准入隐性壁垒。

通过搭建住所标准化登记数据库，利用区块链技术打通数据壁垒，实现企业住所信息与房产登记信息的自动校验和智能匹配，打造出一种全新的市场主体登记模式。在此模式下，房产登记信息和住所使用证明均可自动在线生成不可篡改的区块链存证证书，企业申请登记时，系统可自动调取存证证书，企业只需在线点几个选项按钮即可完成住所证明等信息的

"点选"，代替传统模式下的房产证明、使用证明、委托协议等纸质材料，真正实现企业登记网上全程办理"零材料"。

（二）信息智能填报办事更加便捷

经过北京市市场监管局对"e 窗通"系统的改造适配，企业通过住所标准化登记模式进行网上信息填报时，"e 窗通"系统可自动调取标准化登记数据库信息，辅助申请人自动补录住所数据，实现智能引导填报，进一步减少了申请人录入信息，使得企业登记申报流程更智能、更便捷，信息数据更规范、更标准，群众办事更高效。

（三）依托负面清单强化登管联动

建立住所（经营场所）登记负面清单，开展登记信息双告知。一方面，可将存在监管风险地址纳入负面清单，在准入环节，系统可对照负面清单地址进行自动校验，降低虚假登记风险，实现事前准入管理；另一方面，通过向产权人和监管部门及时双向推送企业登记信息，既能保障产权人知情权，又为监管部门进行风险预判和开展检查提供了数据支撑，可以有针对性地开展事中事后监管，强化日常监管精准度，降低社会风险，实现登管联动。

（四）改革效果显著惠及范围扩大

区住所（经营场所）标准化服务平台于 2022 年 4 月底正式上线运行，顺利实现智能便捷"零材料"登记的改革目标，创建了市场主体住所登记新模式，打造了准入监管联动工作新格局，通过组织开展多轮改革政策线上宣讲，受众范围持续扩大。截至 2023 年 1 月，已有 710 个产权方（运营机构）主动申请加入平台试点，3581 处经营性房产已纳入住所（经营场所）标准化登记数据库，共计 114 户企业按照住所标准化登记模式完成了设立登记，已纳入住所（经营场所）负面清单地址 301 处。

三、经验概括

（一）技术革新，推动服务提效增能

借助海淀区政务区块链平台，打通部门间信息壁垒，实现标准化地址在企业登记注册和市场监管中的运用，推动企业住所标准化登记改革创新。通过标准化地址统一公示，可进一步提升区域经济资源透明度，便于市场主体和群众了解选择，大幅提高市场主体办事便利度和可预期性，降低办事成本。

采用"标准化地址智能填报＋住所承诺制"模式，系统自动匹配生成标准化住所（经营场所）地址，申请人通过自主承诺住所（经营场所）的真实性和合法性，即可办理营业执照和变更登记，无须提交住所产权证明材料，进一步降低了企业制度性交易成本，有效推动了企业开办申请材料进一步精简，提升了登记审批效率，企业办事体验感不断增强，实现了从"多次跑"变为"一次跑"。

（二）强化手段，构建协同监管体系

结合多部门联合机制，搭建住所标准化登记数据库，利用区块链技术打通数据壁垒，实现企业住所信息与房产登记信息的自动校验和智能匹配。住所标准化登记还创新建立了住所负面清单管理和登记信息双告知工作机制，确保企业登记事前数据校验和事中事后监管的有效衔接，保障了不动产信息和产权所有人意愿的"双真实"，可以有效遏制虚假住所登记问题，提升了共享共治的能力和水平。

同时推动监管方式转变，一是对新设立市场主体监管由"一户一核查"的全覆盖制监管向"双随机、一公开"的抽查制监管转变；二是监管手段转变，由传统"拉网巡查式"监管手段向分级分类定向抽查监管手段转变。

（三）信息共享，打造多维服务模式

建立标准化地址管理办法和机制，便利跨部门调用，便利登记和防范虚假住所申报、登记，为市场主体的登记和后期各部门的事中、事后监管提供有力支撑。通过联盟链的方式，将住所（经营场所）标准化登记数据汇聚共享，市、区部门在数据共享应用、业务高效协同、信息安全可信等方面提供了数据支撑。

充分发挥标准地址库"应用根"作用，通过标准化地址的地图功能，各部门根据自身业务特点，结合企业的现实需要，在"e窗通"系统中增加更加契合企业发展的服务功能，实现精准服务企业。

四、启示借鉴

（一）厘清住所功能，明确管理责任

基于市场主体住所（经营场所）标准化改革，在法律属性上厘清登记住所与经营场所功能，明确住所登记为行政确认或者信息采集与公示行为。企业登记的住所只能有一个，经营场所可以与住所合一，也可以相分离，由企业自行对外公示。同时严格落实"谁审批，谁监管，谁主管，谁监管"责任制。建立住所（经营场所）管理责任清单，进一步明确政府各职能部门协同监管责任，明确企业、个人、业主等相关责任人的责权关系。

（二）依托承诺制度，强化信用惩戒

着力市场主体住所（经营场所）标准化改革，强化对提供虚假住所证明相关人员的信用惩戒力度，完善申报承诺制相应的信用惩戒措施，加大对提供虚假住所证明以及虚假登记等的违诺失信申请人的信用约束力度。完善公共信用、企业信用、个人信用社会综合诚信体系建设，健全失信联合惩戒对象认定机制，依法严厉追究违诺失信责任。

（三）加强行刑衔接，共筑市监防线

通过市场主体住所（经营场所）标准化改革，逐步健全行政执法与刑事司法衔接机制，加大公安、检察院等司法部门对使用伪造、变造房屋产权证书办理虚假登记等违法犯罪行为的打击力度。同时推动执法与司法信息互联互通，基于海淀政务服务联盟链，不断完善信息共享区块链平台，打破"数据孤岛"，加强行政执法与刑事司法衔接，有力打击市场监管领域违法犯罪行为，共筑市场安全防线。

第三节　案例 25 / 河北省税务局依托 5G 消息新技术赋能营商环境

河北省税务局积极探索新技术在税务场景上的应用，运用 5G 消息技术打造"冀税通—5G 掌上税管家"，通过融合 5G、云计算、大数据等新技术，精准推送优惠政策信息，促进市场主体充分享受政策红利，让纳税人缴费人畅享"指尖办税"新体验，进一步提升服务质效，切实增强纳税人缴费人的获得感和满意度，不断优化营商环境。

一、典型做法

目前，5G 技术相关开发应用方兴未艾，各行业领域都在积极寻找和挖掘与 5G 技术融合融通的应用场景，推动本行业信息化创新发展。河北省税务局聚焦 5G 消息这一技术热点，集中研讨、提前布局，主动拓展电子税务局服务新渠道，以小切口打造"冀税通—5G 掌上税管家"。"冀税通—5G 掌上税管家"通过手机自带短信渠道传送，以电子税务局数据中台和业

务中台为支撑，通过数据服务共享、智慧规则机制和 5G 消息门户平台，进一步完善税费征缴服务、征纳互动交流、税企社交平台、城市财税服务等应用，为纳税人缴费人尤其是小企业和广大个体户、自然人提供全程互动、问办一体、服务定制、精准直达的高效便捷服务，使诉求响应更及时、税费办理更便捷、分类服务更精细。

二、实施成效

"冀税通—5G 掌上税管家"项目是税务部门基于 5G 消息税务应用的创新尝试，是对传统短信形态的全面革新，以手机短信渠道为入口，将单一、有限的文字消息，转换为文字、图片、动画、语音、视频等相融合的富媒体消息，用户在消息窗口内即可完成服务、搜索、发现、交互、支付等一站式业务体验。该项目包括征纳互动、移动办税及财税论坛三大功能共计 76 项功能点，目前已在雄安新区试点运行，覆盖雄安新区 4.5 万余户纳税人。通过优化业务逻辑，简化办税事项，以"简事快办""确认式""一键式"等方式将移动端办税时长压缩至 3 分钟以内，切实增强纳税人缴费人获得感，取得良好效果。

该项目于 2022 年 9 月参加了工业和信息化部主办的第五届"绽放杯"应用征集大赛—5G 消息专题赛，并从初赛 396 个项目中脱颖而出，在复赛决赛阶段荣获项目优秀奖。这是参赛项目中唯一一个全国税务领域及河北省的获奖项目。

河北省税务局将在试点成功的基础上，对相关功能做进一步优化，并计划于 2023 年在全省范围内进行推广使用。同时该项目被省局列为可复制可推广的成功案例将向税务总局推荐。

三、经验概括

一是破解广大个体户和自然人的涉税渠道难题。无须安装第三方 APP 或者小程序，并且无须注册，手机号码即用户账号，通过手机自带短信渠道传送，用户对使用媒介的过程无感知，可有效减少用户个人信息泄露，保障用户的数据安全，节约推广成本，极大地拓展了纳税人缴费人特别是小微企业和广大个体户、自然人的办税新渠道，破解了该类群体的涉税渠道难题。

二是为纳税人缴费人提供个性化的富媒体服务。依托 5G 消息技术的无感、便捷、精准特性，通过对纳税人缴费人精准画像，对办税场景进行富媒体化的创新服务，及时、主动为纳税人缴费人提供个性化定制服务，点对点为纳税人缴费人提供不受空间、时间、媒介等限制的包含小视频、直播课堂等的富媒体服务，实时推送红利账单，让退、减、免、缓税明细信息一目了然，同时定期下发退税"体检报告"，防范退税风险，保障组合式税费支持政策落地，助力退税减税降费提质增效，切实增强纳税人缴费人获得感。

三是提供如影随形的征纳互动新体验。通过全程互动、问办一体的形式，为纳税人提供"送、问、办、评"的征纳互动新体验，基于大数据分析，实现对纳税人和关键涉税人员更加精准的感知和洞察，精准引导纳税人顺利完成涉税业务操作，让纳税人办税更容易、更便利，切实提高涉税业务办理的质量和效率，拓宽"非接触式"办税应用场景，降低征纳成本，使纳税人满意度不断提升。

四、工作启示

一是以技术赋能为导向，创新工作思路。河北省税务局积极转变工作思路，牢固树立数字税务思维，突出创新导向，立足工作难点堵点集中发力，积极探索以智能技术为税收赋能的新路径新方法，通过技术引领来推动业务创新，真正让技术赋能发挥"四两拨千斤"的效果，将新技术与业务融合贯通形成组合优势，利用数据驱动实现税务与大数据智能化应用的深度融合、高效联动，服务税收中心工作，使"数据驱动更有力，智慧赋能更有效"。

二是以紧贴需求为核心，聚焦工作重点。结合纳税人缴费人诉求多元化、个性化的发展趋势，对电子化、智能化服务要求越来越高的新需求，始终围绕税费业务和纳税人缴费人需求，特别是纳税人缴费人反映强烈的"急难愁盼"问题来推进，更深更广更快地推动新技术与税收工作融合，用技术化思维解决税收工作中存在的短板和不足，让纳税人缴费人感受到实实在在的获得感。

三是以提升能力为基础，打造工作团队。通过采用课堂授课、小组讨论、现场观摩等形式，分类分批分专题开展新技术、新应用的宣讲和培训，提高税务干部树立新理念、运用新科技的能力。成立了以高端人才、业务骨干为主体的技术创新小组，紧跟技术前沿、紧贴税务需求，探索人工智能、机器学习、数据挖掘等技术在税收领域的应用，形成30个研究课题。

第四节　案例 26 /"零点有数"：内外兼修走出数智化电力营商环境新路径

营商环境需要"数智化"。"零点有数"助力供电公司构建大数据驱动的电力营商环境新平台、新渠道，促进供电公司打通内部管理提升和外部服务优化两条路径，全面优化营商环境。

一、内部管理提升：开发"获得电力"评价仿真系统，让优化营商环境更高效

（一）构筑营商环境评价一链平台，内部测评更方便快捷

一是内嵌营商环境评价常用题库，支持随调随用；二是搭建仿真模拟全流程自主可控系统，实现题库管理、问卷组建、在线填答、敏捷校验、数据核验修正、自动评分、自动报告闭环管理，推进营商环境评价数字化演进，快速生成结果，助力快干、快落、快见效，指标评价页面见图12-4-1。

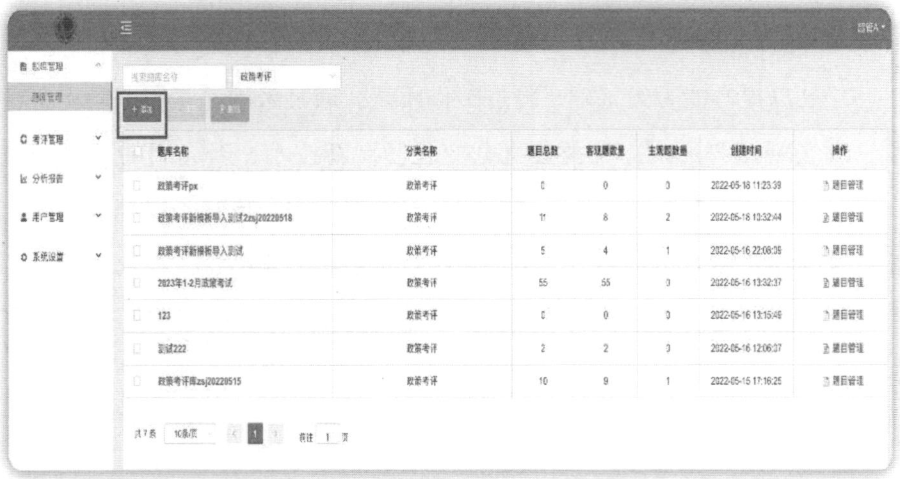

图12-4-1　模拟营商环境"获得电力"指标评价页面

（二）建设改革创新任务单，推动改革创新任务落地见效

任务单转变以往传统式、零散式、非标准式的督办模式，明确里程碑节点，定期督办，实现任务下发、任务接收、节点督办、任务反馈、任务统计全链公开透明，督办记录全程留痕，实现改革创新任务逐级压实。

（三）建立企业全量样本库，助力实现服务常态化跟踪

样本库通过"走访计划—走访反馈—走访统计"线上闭环管理，不仅可以为供电公司制定"一企一策"方案奠定技术基础，也可帮助供电公司避免营商环境评价周期内密集走访企业导致的措手不及，样本采集、审核与管理页面见图 12-4-2。

图 12-4-2　企业全量样本的采集、审核与管理页面

（四）搭建"汇—学—考—练"平台，促进营商环境政策全链学习

平台以"汇"为前提，多渠道集中政策，政策库一键可查；以"学"为靶向，推进实现全域、全员、全时的学习目标；以"考"为基础，以考促学，定期跟踪政策掌握情况；以"练"为脉络，错题自动收藏，强化以练夯行，全链条帮助供电公司员工深入学习、掌握营商环境政策。

（五）打造先进经验案例库，充分调动地方主观能动性

案例库通过案例上报、案例审核、案例学习、案例推广等功能，激发各供电公司/供电所自下而上、敢为人先、勇于创新、乐于分享、比学赶超的氛围，促进区域内良性互动。

（六）建立历年报告库，促进发挥历史报告作用

报告库通过线上方式实现报告上传、查阅、下载管理，操作便捷，有助于供电公司员工学习、利用历史报告。

二、外部服务优化：打造用心电管家，让供电服务更贴心

（一）搭建台区经理、用户、公司管理三方立体沟通平台，降低沟通管理成本

服务对象可通过微信小程序将需求／建议上传，上传后，可直观看到供电公司处理进度，也可对相关人员做出评价；公司管理方可通过小程序了解用户提交的各项需求／建议，并且实时监控台区经理服务进度及质量；公司管理方也可通过微信小程序，发布各项通知，促进用户提前了解各项信息。台区经理不仅可在小程序后台管理用户（台区经理后端操作页面见图12-4-3），

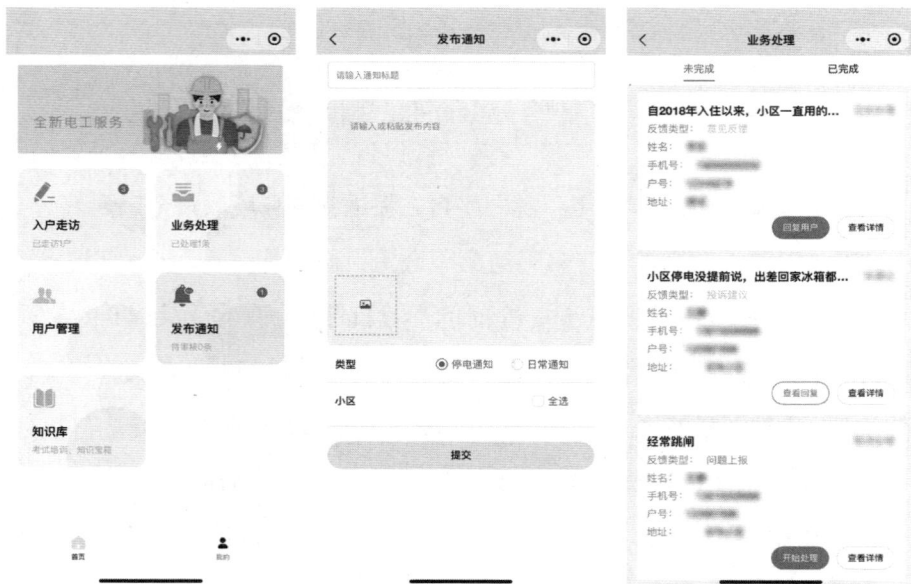

图 12-4-3 台区经理后端操作页面

标注用户服务提示，还可通过小程序完成入户巡检等数据录入工作及电力服务知识汇练工作，有效提升工作质量和效率。

从客户服务而言，立体沟通平台不仅可以实现对客户需求的及时响应、快速解决，还可以为客户提供知识及政策宣贯、办事指南提示等更为个性化的主动服务；从公司管理而言，立体沟通平台建立了对台区经理的即办即评监督机制和培训提升机制，多方位提升了台区经理的服务质量。

（二）持续沉淀平台数据，构建多维画像

以立体沟通平台为基础，后台不断沉淀数据，通过"零点有数"智能算法，形成 4 类数据池：一是客户画像数据池，包括客户沟通意愿、满意度、需求情况等；二是问题画像数据池，包括不同客户常见问题及问题的解决情况等；三是服务画像数据池，包括不同台区经理、不同问题类型的服务项目等；四是科普画像数据池，包括不同知识 / 政策在客户及台区经理中的掌握情况等。

融合以上多源数据池，最终实现两个层面的应用：一是客户服务层面，丰富对客户的理解和洞察，为重点客户建立服务标签，用于主动服务和防范不满，同时可快速发掘现有不满点，通过告警功能及时消除；二是公司管理层面，通过对重点客户需求及服务问题的数据监测和风险识别，实现服务风险点的预判和告警，为进一步改进服务策略提供依据。

三、数智化工具提升电力营商环境成效

优化营商环境要久久为功。"零点有数"开发的优化电力营商环境内外两个数智化工具，助力供电公司形成"用数据对话、用数据决策、用数据服务、用数据创新"的现代化管理模式。

对供电公司内部提升而言，促进供电公司提高对自身营商环境现状的

认知，提升优化营商环境的能力，实现用户、事项、员工的精细化管理。对供电公司外部服务而言，有效降低工单量，提高用户满意度，并且结合工具沉淀数据，融汇系统内其他数据源进行综合分析，预判服务风险点并提前告警，实现主动服务。

参考文献

［1］周伟.数据赋能：数字营商环境建设的理论逻辑与优化路径［J］.求实，2022（04）：30-42+110.

［2］马源，高太山.数字经济营商环境：国际指标框架及政策指向［J］.发展研究，2020（11）：45-50.

［3］孙源，章昌平，商容轩，米加宁.数字营商环境：从世界银行评价标准到中国方案［J］.学海，2021（04）：151-159.

［4］廖福崇.数字治理优化营商环境的机制研究［J］.首都经济贸易大学学报，2022，24（04）：3-15.

［5］郭燕芬.营商环境协同治理的结构要素、运行机理与实现机制研究［J］.当代经济管理，2019，41（12）：13-21.

［6］陈孟强.基于数字技术赋能的营商环境构建研究——以广东省为例［J］.中国商论，2022（16）：135-138.

［7］马晓瑞，畅红琴.营商环境与数字经济发展的定性比较分析［J］.管理现代化，2021，41（04）：51-54.

［8］韩春晖.优化营商环境与数字政府建设［J］.上海交通大学学报（哲学社会科学版），2021，29（06）：31-39.

［9］陈涛，部啊龙.政府数字化转型驱动下优化营商环境研究——以东莞市为例［J］.电子政务，2021（03）：83-93.

［10］范合君，吴婷，何思锦."互联网＋政务服务"平台如何优化城市营商环境？——基于互动治理的视角［J］.管理世界，2022，38（10）：126-153.

［11］张丙宣.政府的技术治理逻辑［J］.自然辩证法通讯，2018，40（05）：95-102.

［12］宋林霖，陈志超.中国营商环境治理：寻求技术逻辑与制度逻辑的平衡［J］.行政论坛，2022，29（05）：44-51.

［13］彭向刚.技术赋能、权力规制与制度供给———"放管服"改革推进营商环境优化的实现逻辑［J］.理论探讨，2021（05）：131-137.

［14］王丹，刘祖云.乡村"技术赋能"：内涵、动力及其边界［J］.华中农业大学学报（社会科学版），2020（03）：138-148+175.

［15］冯世联，李承哲，赵侨琪.杭州商事制度改革的数字化实践［J］.中国市场监管研究，2021（11）：63-65.

［16］李育林.基于权变理论的海洋灾害应急管理研究［J］.太平洋学报，2014，22（05）：85-94.

［17］钟开斌.国家应急管理体系：框架构建、演进历程与完善策略［J］.改革，2020（06）：5-18.

［18］周伟.数据赋能：数字营商环境建设的理论逻辑与优化路径［J］.求实，2022（04）：30-42+110.

［19］陈煜波.大力发展数字经济［J］.上海企业，2021（02）：67.

［20］孙友晋，高乐.加强数字政府建设推进国家治理现代化：中国行政管理学会2020年会会议综述［J］.中国行政管理，2020（11）：147-150.

［21］我国数字经济发展进入快车道［EB/OL］.http：//www.gov.cn/shuju/2022-01/21/content_5669809.htm，2022-01-21.

［22］郭雅囡.权变理论对现代领导科学发展的指导价值［J］.人民论坛，2014（19）：164-166.

后　记

　　习近平总书记指出，"营商环境只有更好，没有最好"。提升营商环境没有休止符，优化营商环境永远在路上。好的营商环境就像阳光、水和空气，营商环境是市场经济的培育之土，是市场主体的生命之氧，对市场主体而言，营商环境不可或缺。良好的营商环境是经济高质量发展的重要基础，当前，我国经济已由高速增长阶段转向高质量发展阶段，推动经济高质量发展，不仅需要持续改善基础设施等"硬环境"，更需要深化体制机制改革创新，进一步优化营商环境，激发市场主体活力，在"软环境"上实现新的突破。优化营商环境，对建设现代化经济体系、实现新旧动能转换、推动经济高质量发展，具有十分重要的意义。我们要树立"抓营商环境就是抓发展、抓发展必须抓营商环境"理念，继续深化改革减繁去苛，推动营商环境迭代升级，为壮大市场主体加油鼓劲，为经济社会高质量发展赋能增力。

　　随着大数据、云计算、人工智能等新一代数字技术的迅速发展，全球数字经济蓬勃发展，与传统的营商环境相对应，数字时代的新型营商环境成为广泛关注的议题。与传统的营商环境相比，数字营商环境具有更大更多的优势。党的十九届五中全会强调，要加强数字社会、数字政府建设，提升公共服务、社会治理等数字化智能化水平。《中华人民共和国国民经济和社会发展第十四个五年规划和2035年远景目标纲要》提出，将数字技术广泛应用于政府管理服务，推动政府治理流程再造和模式优化，不断提高决策科学性和服务效率。2021年9月，国务院常务会议部署在北京、上海、重庆、杭州、广州、深圳6个城市开展营商环境创新试点。2022年1月发布的《"十四五"数字经济发展规划》提出，"要更加优化数字营商环境、加速弥合数字鸿沟"。党的二十大报告提出，建设"网络强国、数字中国"。在这个大背景下，建设发展数字营商环境已是大势所趋。

我国数字营商环境发展迅猛，各地不断涌现出一大批数字营商环境建设的典型做法，为在全国复制推广提供了经验和启示，有力地推动了我国营商环境迈向数字新高度。尽管存在着数字基础设施和发展阶段水平等各方面的差异，也面临着来自数字技术自身，比如网络安全风险、法律体系不同、数字人才紧缺、知识产权保护缺位等多重压力与挑战，数字营商环境建设仍将展现出超强的活力和强大动力，数字营商环境优化，必将为广大市场主体和消费者切实提供实惠，必将为数字中国建设增添新优势，必将为经济社会高质量发展作出积极贡献。

最后，感谢为协助本书完成而作出贡献的实践案例创作者、研发者及提供者，他们的工作至关重要。特别感谢国家发展和改革委员会营商环境发展促进中心吴小雁主任、王大伟副主任的精心指导，他们的真知灼见为本书顺利完成指明了方向。